责任信息学

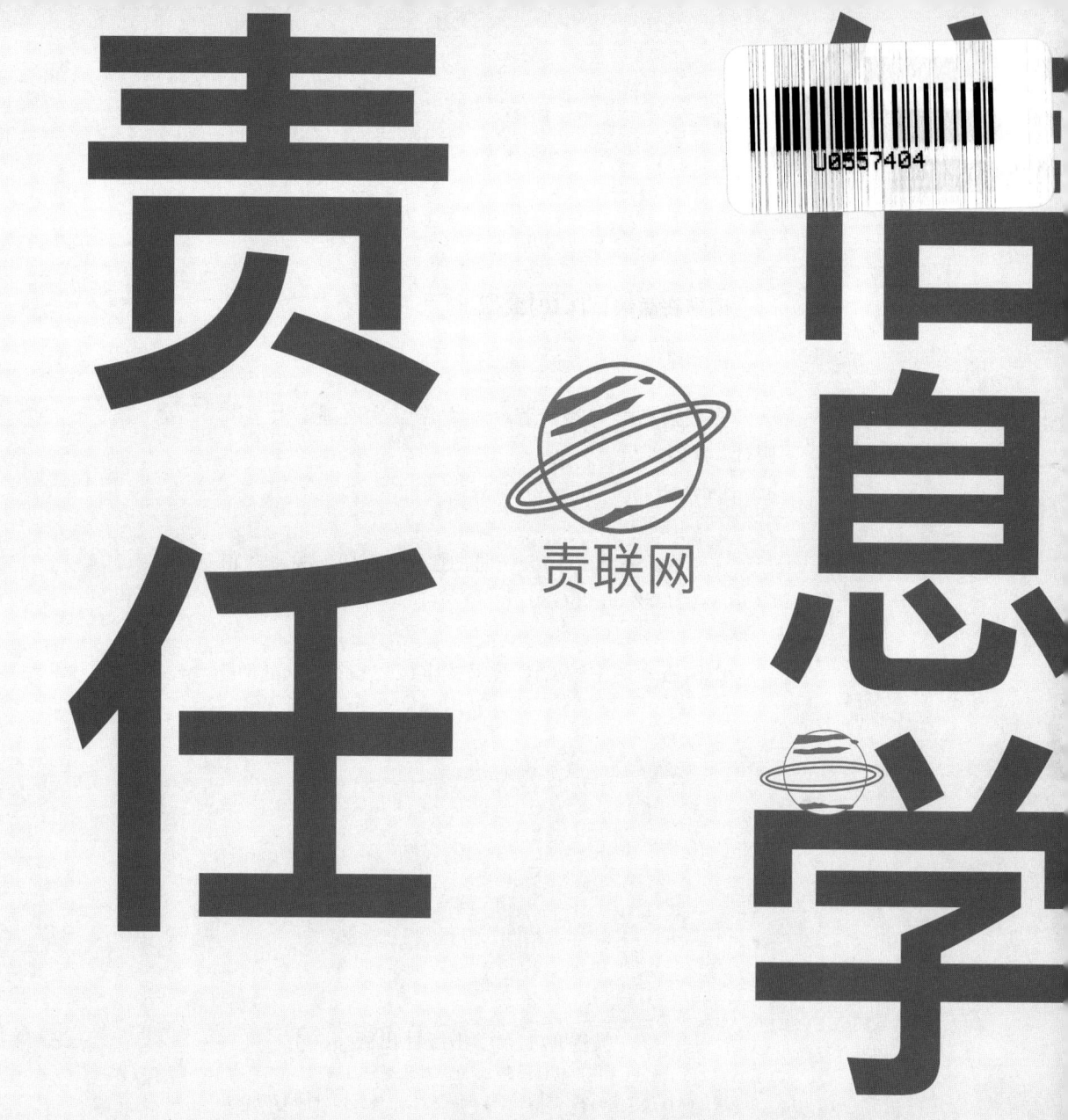

责联网

裘炅 著

ZEREN XINXIXUE

大连理工大学出版社

图书在版编目(CIP)数据

责任信息学／裘炅著．— 大连：大连理工大学出版社，2021.12
ISBN 978-7-5685-3074-3

Ⅰ.①责… Ⅱ.①裘… Ⅲ.①企业责任－关系－信息学 Ⅳ.①F272-05 ②G201

中国版本图书馆CIP数据核字(2021)第126655号

大连理工大学出版社出版

地址：大连市软件园路80号　邮政编码：116023
发行：0411-84708842　邮购：0411-84708943　传真：0411-84701466
E-mail：dutp@dutp.cn　URL：http://dutp.dlut.edu.cn

大连图腾彩色印刷有限公司印刷　　大连理工大学出版社发行

幅面尺寸：185mm×260mm　　印张：13.75　　字数：316千字
2021年12月第1版　　　　　　　　　　　　2021年12月第1次印刷

责任编辑：王晓历　　　　　　　　　　　　责任校对：李明轩
封面设计：张　莹

ISBN 978-7-5685-3074-3　　　　　　　　　　　　定　价：80.80元

本书如有印装质量问题，请与我社发行部联系更换。

前言 Preface

为什么说高质量的管理是管责任？想要理解和掌握什么是责任，怎么才是"人人有责"，怎么证明"人人尽责"，怎么样才是"人人享有"，就需要从信息学的角度来理顺责任的本质和责任管理的本质。

本书从责任认知原理、责任实践（责联网）、责任智能三个部分展开：

1. 责任认知原理

认知主要是权责利的认知。本部分从原理上将信息域拓展到认知域，主要包括：责任信息空间、责任大数据、责任知识挖掘、责任智能计算。责任认知管理是整本书的基础，涉及责任建模，通过其可理顺责任在数据层、信息层、知识层和智能层的相应管理机制。

2. 责任实践

责任实践是从认知域到管理的抓手，需要从工具、责任源头、责任网络动态管理、主动设计等方面全方位实现。本部分主要包括：责任管理工具、安全责任管理、风险责任管理、责联网及责任设计，并举例阐述为什么要做责联网以及怎么解决实际问题。

3. 责任智能

本部分从前沿技术理透认知域的未来方向，主要包括：大数据治理责任、责任区块链、人工智能责任计算、责任文化及文化智能。

本书在管理学上的解读：从物理—赛博空间管理，进入一个认知空间、创造力管理的新模式，试图开启一个以责任智能为抓手的管理时代。

本书在文化上的解读：从文化价值观认同的无形的手，到量化文化管理的有形的手，实现一定程度上的文化智能。

本书在哲学意义上的解读：试图解决分析哲学的发展困境，完善新的认知哲学体系。（但这不是本书的目的，只是有所涉及，并没有系统展开）

相关观点或问题：

(1) 正确地创新不是技术问题，而是哲学问题。

(2) 不能分割技术、管理和文化，要将技术、管理和文化融合在一起，责任是融合的天然工具。

(3) 前三次工业革命是机械化、电气化、信息化，那么下一次工业革命是智能化还是责任化？对人类而言，智能化等于责任化？

(4) 牛人层次：从技术控到产品控，再到行业控、管理控、文化控，广义而言都是泛技术控。

(5) 认知的边界在哪里？如何鉴别新认知的创造力？颠覆式创造力是怎么来的？

在著作本书的过程中，著者参考、引用和改编了国内外出版物中的相关资料以及网络资源，在此表示深深的谢意！相关著作权人看到本书后，请与出版社联系，出版社将按照相关法律的规定支付稿酬。

限于水平，书中仍有疏漏和不妥之处，敬请专家和读者批评指正，以使教材日臻完善。

著　者

2021 年 12 月

所有意见和建议请发往：dutpbk@163.com
欢迎访问高教数字化服务平台：http://hep.dutpbook.com
联系电话：0411-84708445　84708462

目录 Contents

第1章　绪　论 ………………………………………………………… 1
　　1.1　为什么要做责任研究 …………………………………………… 1
　　1.2　对责任研究逐步深入 …………………………………………… 6
　　1.3　法治社会和责任型政府的关系 ………………………………… 7
　　1.4　责任信息学的范围 ……………………………………………… 7

第2章　责任信息空间 ………………………………………………… 9
　　2.1　从信息级存取控制到认知级存取控制 ………………………… 9
　　2.2　权责对等 ………………………………………………………… 13
　　2.3　责利对等 ………………………………………………………… 19
　　2.4　责任分类 ………………………………………………………… 21
　　2.5　责任层次信息化 ………………………………………………… 23
　　2.6　KPI、OKR 的综合指标对比 …………………………………… 24

第3章　责任大数据 …………………………………………………… 29
　　3.1　责任集数学 ……………………………………………………… 29
　　3.2　责任边界 ………………………………………………………… 32
　　3.3　量化明责 ………………………………………………………… 33
　　3.4　量化履责 ………………………………………………………… 34
　　3.5　量化问责、追责 ………………………………………………… 37
　　3.6　量化减责 ………………………………………………………… 39

第4章　责任知识挖掘 ………………………………………………… 44
　　4.1　岗位个性化评估 ………………………………………………… 44
　　4.2　利益链知识层次 ………………………………………………… 50

第5章　责任智能计算 ………………………………………………… 51
　　5.1　责任综合评估 …………………………………………………… 51
　　5.2　责任边界计算 …………………………………………………… 52
　　5.3　责任知识挖掘 …………………………………………………… 53
　　5.4　责任目标分解 …………………………………………………… 54

第6章　责任管理工具 ………………………………………………… 72
　　6.1　会　责 …………………………………………………………… 72
　　6.2　责管通 …………………………………………………………… 74
　　6.3　尽责宝 …………………………………………………………… 76
　　6.4　岗位责任大数据管理 …………………………………………… 77

第 7 章 安全责任管理 ……………………………………………………… 79
7.1 存在的问题 …………………………………………………………… 79
7.2 安全主体责任 ………………………………………………………… 80
7.3 监管责任 ……………………………………………………………… 81
7.4 领导责任 ……………………………………………………………… 82
7.5 以消防安全为例的综合管理 ………………………………………… 83
7.6 安全责任文化 ………………………………………………………… 99

第 8 章 风险责任管理 ……………………………………………………… 100
8.1 风险致因 ……………………………………………………………… 100
8.2 各种风险 ……………………………………………………………… 101
8.3 风险责任评估 ………………………………………………………… 109
8.4 物联网风险责任管理 ………………………………………………… 116

第 9 章 责联网及责任设计 ………………………………………………… 117
9.1 责联网概述 …………………………………………………………… 117
9.2 责联网总体架构 ……………………………………………………… 119
9.3 责联网层次 …………………………………………………………… 119
9.4 责联网平台 …………………………………………………………… 121
9.5 责联网应用架构 ……………………………………………………… 122
9.6 责任综合设计 ………………………………………………………… 125

第 10 章 大数据治理责任 ………………………………………………… 131
10.1 大数据治理概述 …………………………………………………… 131
10.2 大数据治理中的风险 ……………………………………………… 132
10.3 大数据治理的岗位责任管控体系 ………………………………… 134
10.4 数字孪生的岗位责任管控体系 …………………………………… 135
10.5 智慧城市中的大数据治理 ………………………………………… 137
10.6 智慧企业的大数据治理 …………………………………………… 138
10.7 大数据治理的责任大数据 ………………………………………… 139

第 11 章 责任区块链 ……………………………………………………… 140
11.1 区块链和责任管理 ………………………………………………… 140
11.2 人与人之间的责任区块链 ………………………………………… 141
11.3 人与组织间的责任区块链 ………………………………………… 143
11.4 人与设备间的责任区块链 ………………………………………… 157

第 12 章 人工智能责任计算 ……………………………………………… 164
12.1 人工智能和机器智能 ……………………………………………… 164
12.2 有责任行为的人工智能机器人 …………………………………… 165
12.3 人机协同和责任智能 ……………………………………………… 167
12.4 责任意识的智能化 ………………………………………………… 168
12.5 智能认知和强人工智能 …………………………………………… 168

第 13 章 责任文化及文化智能 ·············· 170
13.1 可量化的责任文化 ·············· 170
13.2 干部及员工责任评测边界及培训课程 ·············· 171
13.3 责任综合评分依据 ·············· 172
13.4 全视人力资源水平评估表 ·············· 176
13.5 评估及提升 ·············· 177
13.6 文化智能 ·············· 178

参考文献 ·············· 181
附　录 ·············· 182
附录1 某单位安全生产责任制规定 ·············· 182
附录2 推进消防监管责联网应用的工作实施细则（讨论稿）·············· 197
附录3 会责软件介绍 ·············· 200
附录4 尽责宝软件介绍 ·············· 209

与责任相关的发明专利(申请)列表

其中2021年申请的没列入书中,已授权的"一种智能锁系统"没有全部列入,但也是作为责任的锁定器,其余都有列入。

可以在国家知识产权局网站上查到 http://pss-system.cnipa.gov.cn/。

专利申请号/专利号	专利名称	申请日期	专利类型
2021114613171	一种基于物联网消息协议的责联网协议生成方法及系统	2021.12.3	发明专利
2021112686318	一种基于责任信任的信任评估方法及系统	2021.10.29	发明专利
2021110927343	一种责任可视化的评估系统及方法	2021.9.17	发明专利
2021104484140	一种新型责任分级评估系统及方法	2021.4.25	发明专利
2021102284718	一种基于风险图谱的数据治理系统及方法	2021.3.2	发明专利
2020109271108	一种人力资源的评估系统及方法	2020.9.7	发明专利
2020105134667	一种岗位责任清单生成、调整的系统及方法	2020.6.8	发明专利
2020103423681	一种网络担责的评估、标识和问责系统及方法	2020.4.27	发明专利
2020102954382	一种问责无漏洞的管理系统及方法	2020.4.15	发明专利
202010123356X	一种以责定权、以责定利的系统及方法	2020.2.27	PCT
202010084664.6	一种基于终端的快速问责方法及系统	2020.2.10	发明专利
201911138218.2	一种基于责任的任务生成方法及系统	2019.11.20	发明专利
201910800962.8	一种基于责任的风险因子评估系统及方法	2019.8.28	发明专利
CN110298572	一种基于责任的自动评分系统及方法	2019.6.20	发明专利
CN110222917	一种基于有向无环图的责任管理方法	2019.4.17	PCT
CN110020791A	一种基于责任管理的产品设计方法	2019.3.19	PCT
CN109740771A	一种责任评估的智能控制管理系统及方法	2019.1.08	PCT
ZL201810365884.9	一种智能锁系统	2018.4.23	PCT(已授权)
ZL201711331666.5	一种智能终端认证管理的方法	2017.12.13	PCT(已授权) 商标:责任芯
CN107480945A	一种责任的区块链管理方法	2017.8.10	PCT
CN107133353A	一种基于生物信息的自治式责任管理方法	2017.5.25	PCT

第 1 章

绪 论

本书系统深入地论述了责任信息化管理、责任大数据的基本原理与基本分析方法,是编者多年从事责任管理研究的经验和成果。

编者申请了大量的发明专利,并将发明专利的内容改编到本书中,请各位读者尊重知识产权。全社会每个人都需要有社会责任,让创新产出比创新投入更大,创新才能成为社会核心竞争力的驱动力。创新是责任,是对财富的真正创造,当今时代背景下,可以说创新环境和创新精英质量是一个国家核心竞争力的综合体现。

1.1 为什么要做责任研究

责任只是感觉应该做的事,以前从未想过将责任当成研究的对象,但自从接触了消防安全管理,整个思路就转变了。

1.1.1 消防安全行业的核心是责任

2011 年,在向客户推销消防安全信息化产品时,客户会有一个直观反应:如果让我免于法律责任(简称免责),我就会考虑购买。同时也发现了责任是消防安全管理中最核心的内容。因为消防涉及责任倒查,又是责任终身制,所以相应的责任人不敢造假、不敢以次充好、不敢设计逾规。

那么怎样才算是责任到位了呢?怎么样才能让用户免责呢?信息安全有可验证安全的概念,即安全是可以用数学方式证明的。那么责任是否也用数学方式来证明是已经到位了呢?

只有解决这个核心问题,才能让用户接受产品,才能让整个管理过程更顺畅。

消防安全管理中如果每个人都有责任心,就不会出现 2015 年 8 月天津港重大火灾爆炸事故,正是因为这个事故才让消防安全管理进行了重大反思。

消防以前是产品备案制的,即未经过消防部门备案的消防产品进行销售就是违法的。

2001年,实行消防产品准入制,即消防产品符合准入规则的就可以进行销售。从责任的角度来说,也就是消防部门早期就是职能全包的,利益也是全包的,准入制实行之后,消防部门既当"裁判员"又当"运动员",承担了准入规则制定的责任和准入监管的责任,说到底当时的消防部门还是消防管理的责任和利益部门。

天津港重大火灾爆炸事件后追责时,毫无疑问消防部门是重点追责的对象。2017年3月,公安部出台了《消防安全责任制实施办法》(征求意见稿)。

2017年10月,由国务院办公厅正式发布了《消防安全责任制实施办法》,并在各省陆续发布了每个省的消防安全责任制实施细则。2021年修订的《安全生产法》提出新的要求:全员安全生产责任制。从计划式管理,到全员制管理,责任管理都是最核心的部分。责任管理本质上就是全面对人的管理。

1.1.2 逐步研究阶段

逐步研究经过以下五个阶段:

1. 信任机制的营建

首先,从消防安全责任入手,需要采用一些新技术来理解消防安全责任。责任就是要营建一个信任关系,但因为信息的不对称等原因导致大家不敢去担责。

其次,引入了区块链技术,将人和人之间的责任进行清晰化,将法律证据的"三性"(真实性、关联性和合法性)引入责任链管理中。

再次,2014年李克强总理在夏季达沃斯论坛上开出三张施政"清单",理出"责任清单",明确政府该怎么管理市场,做到"法定职责必须为"。所以责任清单应该用在人和组织的信任上,形成岗位的责任清单区块链管理,以实现人和组织、组织和组织之间的信任关系。

最后,物联网、智能硬件的信息可信度,结合区块链的设计原理形成人和硬件之间的信息和信任机制。我们把这个机制称为责任区块链,但是通过对区块链技术的整合开发,发现这一信息化方式解决具体问题的价值不是很大。

2. 物联网驱动责任机制的建立

每个岗位责任清单建立后,对数据的提交是非常不方便的。尤其是区块链,怎样达到大家的共识,也是非常不容易的。所以用物联网的信息来驱动责任机制的建立,是一个既科学又快捷的方式。

物联网目前主要以信息感知为主,既没有对人的管理,又没有对任务的管理,所以大量的信息能反映出是否有责任行为,而没办法很好地体现具体岗位的责任结果。

所以要将物联网和人联网集成起来,既有物联网的一面,又有人工数据处理的一面,也包括物联网出错时,需要申请、核实、撤销等人为处理的过程。

物联网很难和区块链认证进行整合,所以这一阶段需要更多地强调责任可视化,即通过物联网等信息,将责任的到位情况直接显示在相应界面上,实现岗位责任的可视化,便于管理。

3. 责联网管理机制的建立

基于责任可视化的管理方式，开始对责任可视化软件的功能进行规划和开发。

开发的过程中发现物联网对责任可视化的作用不大，如果能研发一种硬件，可以自动将责任信息设计到硬件中就好了。所以当时就提出从早期的硬件层再发展到物联网的信息层，今后会向更高的认知层发展，这个认知层就是责任信息，希望可以通过认知层影响信息层和硬件层，所以就有了将责任节点设计到硬件中的想法。

同时在物联网基础上结合上述理论就提出了责联网的概念。

为了更好地实现主体责任、监管责任之间的管理，以及进行高效的区块链管理，因此引入了有向无环图。有向无环图对整个责任管理进行细化，但是这个专利在申请时，直接就被拒绝了，当时编者认为接收人觉得有向无环图就是树状结构，但是责任管理的监管关系本身就是树状结构，所以经过有效说明后，才被接收。

责联网需要对每个岗位进行责任评估，通过评估规划的设计，实现了责任分的生成。

由于2019年危化学品企业的重大事故比较多，因此有必要理透危险化学品的安全责任管理，所以编者深入研究了安全风险管理办法，将责任引入其中，实现了安全风险的责任因子管理。

责联网开发的过程中，发现责任管理主要还是在开会中应用，特别是会议中需要将月初计划、周检查、周整改、周评审和月末评估的PDCA（计划、执行、检查和整改）很好地管理起来，包括可以快速地将履责提交上来，所以就开发一个开会议责的模式，称为会责，即随时会一会责任，必要时再问责和追责。

此时责联网已经开始关注权责利平衡的管理方式了，同时在数学上也提出责任模糊集、责任大数据集等数学模型，试图更好地解决以上管理问题，形成对责任的智能计算。管理上较重要的是责任大数据，此时责任信息学已初步成形了。

4. 以责定岗机制的建立

经过对组织责任和法律责任的研究，发现其中经济责任是较重要的，再扩展到社会责任，也是因为利益关系涉及的沟通等模式，才能更好地对社会责任进行梳理。所以就提出了基于利益链的责任体系，同时提出需要激励、问责或追责来实现责任治理的想法。

另外受新冠肺炎疫情的影响，更觉得整个管理需要以责定岗的价值观，即以责定权、以责定利，才能真正从根本上解决社会治理和安全管理的问题。以责定岗机制有利于打造智能型组织，优化组织机构。

5. 管理通用化、文化量值化的过程

如何对各行业，甚至整个管理都可以通用化，为此编者对不同行业的不同管理方式进行了长期的调研，并做出解决方案，最后都统一到风险责任管控上。尽管很多人都觉得风险太多不可罗列，但是对事物的认知基本都停留在习惯性思维和所谓的大数据思维中，因此需要有智能认知的突破。

从风险的角度思考，大家对整个事物的认知水平较低，就是害怕模糊风险和不可预知的风险；另外当主动去挑战这些风险时，往往会感到准备不足、能力不足或资源有限，总会担心事情做不成；还有就是当挑战这些风险时，需要与自己人性的弱点进行抗争，如同要跳出自己的舒适圈,这也是非常不容易的。

以上三点就形成了责任意识、责任能力和责任行为,通过智能计算方法的建模对这几个方面的内容进行分级,形成了确保责任成果的责任素质,即责任素质就是由责任意识、责任能力和责任行为这三项组成的,这样责任素质分和责任成果分都可以评估出来,也就形成了文化的量值化管理。

1.1.3 责任创新研究和理论重构

责任创新研究是需要建立一些理论基础的,首先是对责任的建模,责任模型如图 1-1 所示,将岗位、岗位职责、责任清单项、类型、履责信息、履责目标进行了综合,并把人事管理结合进来。

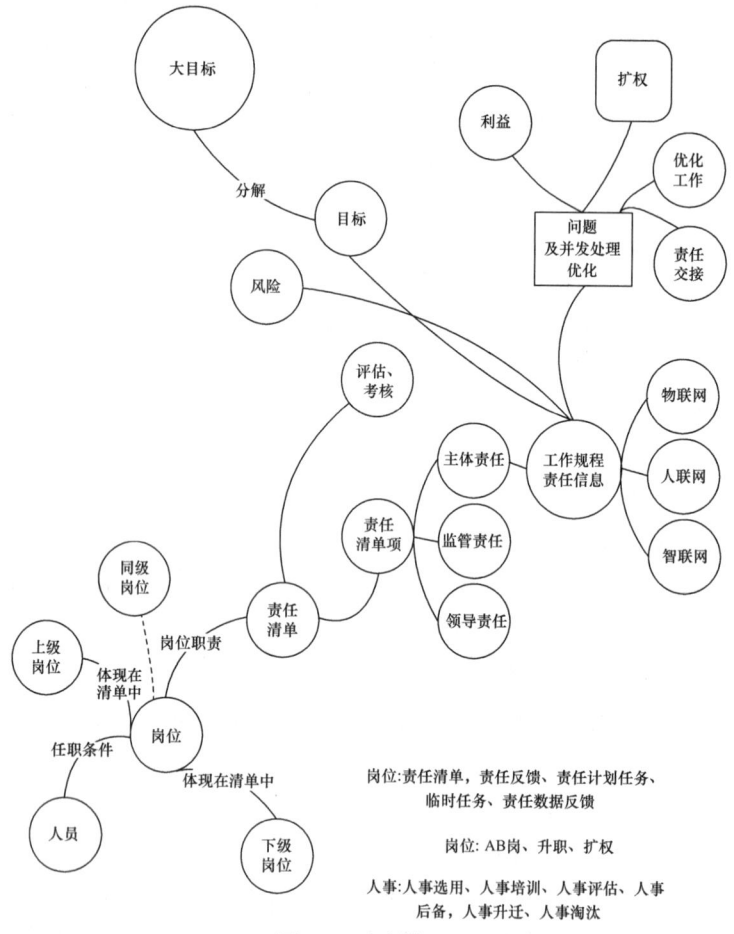

图 1-1 责任模型

图 1-1 的责任模型只是进行了初步建模和一定的形式化,当进行理论结合时,需要梳理责任之间的关系,比如责任任务是怎么生成的。如何在区块链管理里更好地进行一些数学上的建模,如图 1-2 所示。当任务生成时,可以结合物联网信息和人联网信息管理前序责任任务和后序责任任务之间的关系。

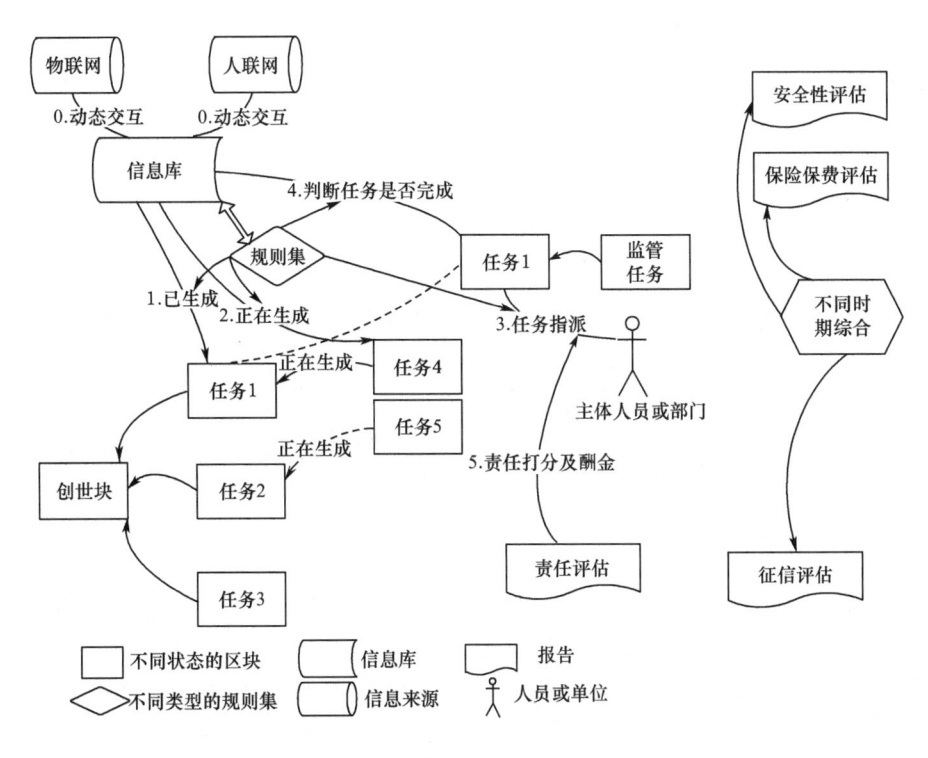

图 1-2 责任任务之间的模型

进一步将有向无环图引入责任任务之间的关系模型中,如图 1-3 所示,用有向无环图表示责任任务也是一种区块链技术,再将责任关系结合起来,即形成监管主体责任任务的监管责任任务。

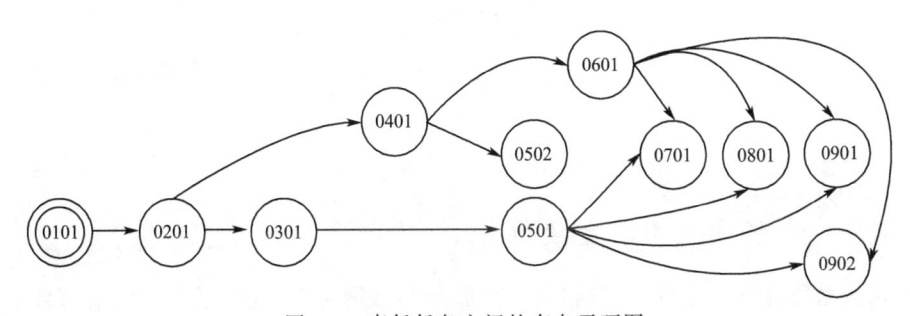

图 1-3 责任任务之间的有向无环图

以上模型在实际应用中都还是不够的,在对责任进行履责评估时,发现责任评估规则需要对责任数据进行管理,所以就引入了责任粗糙集的理论。责任粗糙集的优点是可以不用前验条件,这也比较符合责任的主观能动性;缺点是责任是一种动态的集合,粗糙集的边界会动态变化,对于算力要求比较高。

因此就建立了责任大数据集的理论,并结合利益关系,建立了基于利益链的责任管理学。

至此,责任信息学的理论基础就形成了,同时也改变了大家对责任的认知,从而确保数字化、智能化的良性发展。

1.2 对责任研究逐步深入

1.1.2 节描述了逐步研究的过程,以下是具体的、更详细的深入描述,以帮助读者更好地理解后续的内容。

1.2.1 最初的安全责任可验证

因为早期研究过可证安全,所以也想用可证安全的思路来解决安全责任可验证的问题。

一开始建立责任安全的模型,是为了将已有的责任行为进行逐一验证,但是这只是前期的一种猜想,没有进行有效建模。注:编者已通过构建多维的责任时空,结合可量化的零信任监管机制来实现验证。

1.2.2 责任关系

有人与人之间的、人与组织之间的责任关系,有组织内和组织间的责任关系,也有人与设备之间的责任关系,甚至对于人工智能设备,还有设备与设备之间的责任关系,如图 1-4 所示。责任关系可以采用责任区块链机制、责任可视化(量化责任闭环)和责任化来实现相应的管理。

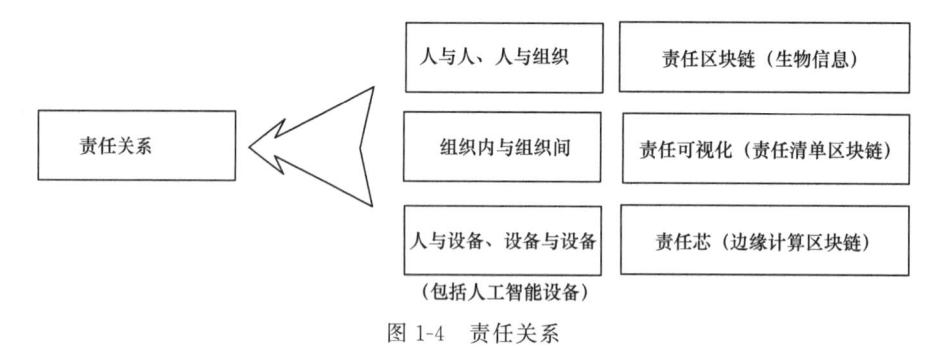

图 1-4 责任关系

1.2.3 责任平台化、大数据化

责联网是物联网发展到一定时期的产物,与物联网一样,也有平台和大量的数据。但不同的是责联网平台更注重管理和效果,所以平台的面更广,高度更高。责联网平台形成的大数据称为权责大数据,本书中简称为责任大数据。

1.2.4 责任闭环化管理

从明确责任、履行责任、问责(追责)或激励,到对整个责任过程的 PDCA,对追责过程中的有效减责、免责,以及采用责任区块链的责任证明等,形成了不同责任的闭环化管理。

1.2.5 责任数学体系、智能化

将权责对等、责利对等、尽职尽责等综合起来,用数学方式进行建模,并对责任闭环管

理、责任型绩效管理的高效、低成本进行数学论证,同时对责任文化进行数学建模,并试图对价值观统一的驱动力进行数理上的论证。

1.3 法治社会和责任型政府的关系

法治社会和责任型政府是需要同步进行的。

法意味着责任,法治意味着担责任,法治社会的核心是政府需要承担监管责任,所以法治社会意味着责任型政府。

1.3.1 施政"清单"

2014年9月10日,李克强总理在夏季达沃斯开幕式致辞中详解三张施政"清单":一方面,要拿出完整的"权力清单",政府应该干什么,"法无授权不可为",这样才能防止公权滥用,减少寻租现象,使政府真正履行为人民、为大众服务的职责。另一方面,要给出"负面清单",政府要让企业明了不该干什么,可以干什么,"法无禁止皆可为",以形成公开透明、预期稳定的制度安排,促进企业创新活力充分迸发。还有就是要理出"责任清单",政府该怎么管市场,"法定职责必须为",以建立诚信经营、公平竞争的市场环境,激发企业动力,鼓励创新创造。

特别是责任清单,规范了政府的监管责任,明确了监管范围。

1.3.2 各行业的国家法规

2016年,中共中央办公厅、国务院办公厅印发《信访工作责任制实施办法》。

2017年,国务院办公厅公开发布《消防安全责任制实施办法》。

2018年,中共中央办公厅、国务院办公厅印发《地方党政领导干部安全生产责任制规定》。

2019年,中共中央办公厅、国务院办公厅印发《地方党政领导干部食品安全责任制规定》。

2021年,《中华人民共和国安全生产法》首次引入了"全员安全生产责任制"。

……

1.3.3 责任管理对"放管服"的作用

责任管理使"放管服"有机地结合起来,实现责任从人、单位、政府(社会)的整体有机管理。将个人(单位)责任溯源、政府责任监管、第三方责任监测进行有机结合,这样就更有利于社会单位的各项主体责任落实。

1.4 责任信息学的范围

责任信息学既适用于一个组织内部,有利于一个责任组织的打造;又适用于法律责任层面,有利于法制社会的管理;也适用于社会责任层面,有利于责任型社会或诚信型社会的管理。

1.4.1 组织责任层面

组织责任可以增强对组织经济责任、制度责任、文化责任等方面的管理。当然源头还是来自组织管理的风险,包括人的风险、物的风险和管理风险等。

1.4.2 法律责任层面

法律责任层面包括刑事、民事、行政三个方面,既可以属于法律责任的风险管控层面,又可以是管理风险的上边界。

1.4.3 社会责任层面(道德责任层面)

从人到组织再到社会,当影响面扩大时,社会责任就重要了。社会责任更多的是维护社会公平、公正,让社会的利益更大化、更普惠化。

道德责任、伦理责任是社会责任的较高层面,尤其是涉及人类道德伦理的,那就是人类生命共同体的责任层次了。随着社会的进步,社会责任的内涵和深度会不断扩展。

第 2 章 责任信息空间

这一章具有比较强的理论性,从存取控制管理到权责管理,再从信息学的层面来理解整个责任的管理机制。

本章试图从管理层面到半管理、半技术结合层面,再到全技术层面,来解释和厘清责任的本质问题,进而分析认知管理的发展趋势。

2.1 从信息级存取控制到认知级存取控制

2.1.1 存取控制概述

存取控制是指当用户进行数据访问时,通常采用权限控制策略。在计算机系统中,经常会有未经授权的用户擅自修改系统中保存的信息的情况,这里的修改包括建立和删除文件以及在文件中增加新内容和改变原有内容等。为了保证系统信息的安全,系统一般会采取一些通用存取控制方法或策略。常见的通用存取控制方法可以分为以下几种:密码、口令、访问控制表以及访问控制矩阵。按照存取控制权限来划分,通用存取控制方法有强制存取控制、自主存取控制以及基于角色的存取控制三种。

强制存取控制(Mandatory Access Control,MAC)以管理者授权为基础,所有的信息单元都需要经过管理者授权,才能被使用者所存取。

自主存取控制(Discretionary Access Control,DAC)以创建信息单元的所有者授权为基础,不需要经过管理者授权,所有者即可授权决定使用者对于信息单元的存取权限。

访问控制采用的方法有访问控制表和访问控制矩阵。

访问控制表(Access Control List,ACL)又称存取控制链表,使用以访问控制矩阵为基础的访问控制方法,每一个对象对应一个链表主体。访问控制表描述每一个对象各自的访问控制,并记录对此对象进行访问的所有主体对象的权限。访问控制表的主要缺点是无法快速地枚举一个对象的访问权限。因此,要确定一个对象的所有访问权限需要搜索整个访问控制表来找出相对应的访问权限。

访问控制矩阵(Access Control Matrix)又称访问矩阵(Access Matrix),是一套抽象、形式化的安全性模型。这套模型描述了计算机系统中的安全保护状态,分别表示其下的每个域对于系统中的每个对象所拥有的权限。

访问矩阵中的每一个元素,分别代表主体与客体的权限。在某些大型计算机服务器上,由于存在数量庞大的对象和对象拥有的权限,会导致访问控制矩阵过大而难以一次性查看或阅读,因此有时需要采用访问控制表来改善这个缺点。

2.1.2 基于角色的存取控制

基于角色的存取控制存取权限与使用者角色绑定,信息单元的存取被授权给角色,使用者需要先取得角色身份,才能通过角色身份取得存取权限。例如,某公司有经理与职员两个角色,经理可以存取 A 与 B 两个信息单元,但职员只可以存取 B 信息单元。使用者甲进入公司之后取得职员身份,依据基于角色的存取控制方法,使用者甲只能存取 B 信息单元,直到他获得经理角色之后,才可以获得 A 信息单元的存取权限。

基于角色的存取控制(Role-based Access Control,RBAC)是作为传统的 DAC 和 MAC 的替代和补充被提出的。RBAC 的主要思路是将存取权限赋予角色,用户必须是适当角色的成员之一,并以此获得该角色的权限。这种方法简化了对存取权限的管理工作。角色会结合组织中不同的工作职责来创建,而用户则按照职责被指定所扮演的角色。RBAC 能够被满足的两条安全原则分别是职责分离原则和最小权限原则。

1.职责分离原则

职责分离原则要求对于特定的一个事务集合,没有一个人被允许来执行所有这些事务。最常见的例子是,对于申请支付与授权支付,不允许一个人同时处理这两项事务。职责分离可以是静态的,也可以是动态的,静态的比较好理解,不允许同时扮演申请者和授权者的角色;动态则允许同一个人既扮演申请者又扮演授权者的角色,但不能同一时间激活,即无法对他所申请的支付进行授权。静态策略可以通过仅检查用户的角色来实现,对于动态的情况,系统必须同时使用角色和用户身份来检查事务的访问情况。

2.最小权限原则

最小权限原则要求用户分配的权限不大于完成某项工作所必需的权限。确保最小权限要求辨别该用户的工作,确定完成该项工作所需要的最小权限集合,并限制用户在这些权限之内。如果我们将角色当作安全策略的一个组成部分,那么可以将它们从各种机制中分离出来,例如,在存取控制系统中用来实现角色的用户组(Group)。

在 RBAC 的框架下,用户按照其能力和在组织中的职责成为某种角色的一员。用户被允许执行的操作是基于用户所属的角色。当工作任务改变时,可以方便地撤销用户在原来角色中的成员资格并确定新的成员资格。当新的操作创建时,可以建立与角色的关联;当组织的功能改变时,可以删除旧的操作。所有的权限都是先分配给角色,然后再将角色分配给用户,而不是直接分配给用户。当一个用户创建了一个会话时,会话就拥有了用户激活的该角色的所有权限。为了方便对角色的管理,系统管理员可以将角色分层组织,这样高级角色比低级角色功能更强,拥有更多的权限。

应用约束的基本思想是设计更高层的组织策略,一个典型的例子就是设计相互无关的角色,一旦确定了某些角色之间是相互排斥的,就不需要过多地在意单个用户所分配的角色。后面的工作流节点就可以授权这些特定的角色,而无须担心要协调组织内所有策略的目标。约束条件可以指定在系统层或应用层上,可以需要也可以不需要事件的触发。例如,一定事件的发生会导致一定约束条件的应用,尽管如此,用来指定约束条件的一般方法应适用于所有这些情况。

2.1.3 职责分离(SOD)

为了避免用户拥有过多权限而产生利益冲突,例如一个篮球运动员同时拥有裁判的权限,比如没有任何理由就可以判对方队员犯规,这样会导致权力滥用。

职责分离有两种模式:

1. 静态职责分离(Static Separation of Duty):用户无法同时被赋予有冲突的角色。
2. 动态职责分离(Dynamic Separation of Duty):用户在一次会话(Session)中不能同时激活自身所拥有的、互相有冲突的角色,只能选择其一。

2.1.4 存取控制与责任管理的区别和联系

RBAC 中的角色就相当于岗位,而存取控制也可以说是一种责任,只不过这个责任被计算机的代码限制了,如果说有相应权限的代码提醒某一角色去完成某个任务,那更接近于责任任务的概念。

存取控制和责任管理的区别在于:存取控制是规定内容有没有权限去操作;而责任管理则是这个任务一定要去做,不做可能会有惩罚机制。比如消防安全巡查,存取控制是巡查有没有权限去完成这件事,如果有权限就去完成;而责任管理是这件事情责任岗位必须要去做,必须要把规定的问题查出来。存取控制的操作更多是对信息的操作,比如访问、读取、写入、修改等,对信息操作完成的评判相对比较固化;而责任管理是一件事情完成的过程,对事情完成的评判相对不固化;存取控制相对来说比较固定,而责任管理则是要考虑各种风险,要发挥个人的主观能动性,是一种动态的过程,能体现一个人综合素质的过程。

存取控制和责任管理相同点:可以针对一个岗位(角色)或相关人员;会涉及信息的处理过程;完成一个管理的一环;具有协同性;可以存在不同的载体上;需要考虑操作的合理性、高效性。

从表 2-1 中可以看到存取控制和责任管理的维度是不一样的,在信息层上类同,技术层(知识层)是存取控制和责任管理区别最大的地方。

表 2-1　　　　　　　　　　存取控制和责任管理异同点

异同点	存取控制	责任管理
技术特征	线上为主,对信息的处理	线下为主,对任务的处理
技术过程	对信息的操作比较固定化	信息操作涉及主观能动性等,操作方式不按权限,而按好的结果
技术结果	信息操作是否完成	任务是否达标,会不会有后果
技术层次	操作相对简单,都在预先规定的规则集中	根据不同的情况会有不同的触发,触发只能以类别方式进行管理

(续表)

异同点	存取控制	责任管理
目标管理	可以无目标或目标简单	年目标、月目标，需要达标化跟踪（PDCA）
影响面	信息系统中	利益链群体
操作对象	角色（岗位）或人员	岗位（角色）或人员
信息处理	信息分类、信息管控	信息采集、信息驱动、信息反馈
协同性	需要协同	需要协同

综上所述，信息安全中的存取控制是信息级的，而责任管理是认知级的存取控制。

2.1.5 安全和责任（可证明安全性）

可证明安全性是指某个密码体制方案（或签名方案等）的安全是可以采用形式化的方法来"证明"的，也就是说，能证明该方案的安全性。在实际应用中，可证明安全性是指这样一种"归约"方法：首先，确定安全方案或协议的安全目标，例如，加密方案的安全目标是确保信息的机密性，签名方案的安全目标是确保签名的不可伪造性；其次，根据敌手的能力构建一个形式的敌手模型，并且定义它对安全方案或协议的安全性"意味"着什么，对某个基于"极微本原（Atomic Primitives），是指安全方案或协议的最基本组成构件或模块，例如某个基础密码算法或数学难题等"的特定方案或协议，基于以上形式化的模型去分析它，"归约"论断是基本工具；最后，指出（如果能成功）挫败方案或协议的唯一方法就是破译或解决"极微本原"。换句话讲，对协议的直接分析是非必要的，因为对协议的任何分析结果都是对极微本原的安全性的分析。可见，称"归约安全"也许比"可证明安全"更恰当。实际上，可证明安全性理论是在一定的敌手模型下证明了安全方案或协议能够达到特定的安全目标，因此，定义合适的安全目标、建立适当的敌手模型是我们讨论可证明安全性的前提条件。

可证明安全性理论的应用价值是显而易见的，一方面，我们可以把主要精力集中在"极微本原"的研究上，这是一种古老的、基础性的、带有艺术色彩的研究工作；另一方面，如果相信极微本原的安全性，就不需要进一步分析协议。

综上所述，可证明安全性理论本质上是一种公理化的研究方法，其最基础的假设或"公理"是"好"的极微本原存在。安全方案设计难题一般分为两类：一类是极微本原不可靠导致方案不安全（如用背包问题构造加密方案）；另一类是即使极微本原可靠，安全方案本身也不安全（如 DES、ECB 等）。后一种情况更为普遍，是可证明安全性理论的主要研究范围。

必须说明的是，可证明安全性理论[1]也存在一定的局限性。首先，必须注意模型规划，即注意所建立的模型都涵盖了哪些攻击。显然，一些基于物理手段的攻击都不包含在内，但这并不意味着可证明安全性的方案就一定不能抵抗这类攻击，而是说还未证明可以抵抗这类攻击。其次，即使应用具有可证明安全性的方案，也可能有多种方式破坏安全

---

[1] 冯登国，可证明安全性理论与方法研究[J]，软件学报，2005,16(10):1743-1756.

性,比如有时证明了安全性,但问题可能是错误的,也可能应用了错误的模型或者协议被错误操作,甚至软件本身可能有缺陷。

责任管理也要考虑到如何证明设计的责任行为是安全的,而我们可以将极微本原设计成责任节点,对每个责任节点进行验证,同时将各个责任节点触发的新责任节点也进行动态验证。这对重要责任管理时的应用是非常有利的。而且这个理论在未知风险下进行责任可证明安全验证,这是一个比较好的思路借鉴。即将此理论从信息级的应用,上升到认知空间中的应用。

2.2 权责对等

对权责及分配的数学模型不多,赵一楠[1]等人进行了权责分配的建模,但未厘清分配原则。

权责对等的信息化模型被设计成一多元组(岗位职责、责任清单集、责任清单岗位关系集、责任项考核参数、相应权力边界)。

权责对等原则的内涵应包括以下几个方面:

(1)管理者拥有的权力与其承担的责任应该对等。所谓"对等",就是相互一致,不能拥有权力,而不履行其职责,也不能只要求管理者承担责任而不予以授权。

(2)向管理者授权是为其履行职责所提供的必要条件。合理授权是贯彻权责对等原则的一个重要方面,必须根据管理者所承担的责任大小授其相应权力。管理者完成任务的好坏,不仅取决于主观努力和其具有的素质,而且与上级的合理授权有密切的关系。

(3)正确地选人、用人。上级必须委派恰当的人去担任某个职务和某项工作,人和职位一定要相称。应根据管理者的素质和过去的表现,尤其是责任感的强弱,授予其适合的某个管理职位和权力。

(4)严格监督、检查。上级对管理者运用权力和履行职责的情况必须有严格的监督、检查,以便掌握管理者在任职期间的真实情况。管理者渎职,上级应当承担两个方面的责任:一是选人、用人不当;二是监督、检查不力。引咎辞职制度应该推行,并且监督、检查应该主要由授权者履行。

2.2.1 岗位责任清单

岗位责任描述即岗位(角色)是用责任清单来表示的,某一岗位用多个多元组来对岗位(角色)、岗位职责列表、岗位责任清单列表、人员列表、目标列表、风险列表进行定义。

定义 1:岗位(角色)Role(roleid, rolename, <RList>, <PersonList>, <ObjectList>, <AlarmList>, remarks),主要有角色编号、角色名称、责任清单、可选人员列表、目标列表、风险列表、备注。岗位和角色的关系是岗位可以有多个角色,也可以只有一个角色。

定义 2:岗位职责列表 RDList(rdid, roleid, RDtype, RDname, <RightList>, <DstList>, <ProfileList>, remarks),主要有编号、职责编号、职责类别、职责名称、权力集、目标计划集、利益集、备注。

---

[1] 赵一楠,陈一鸣.界限不确定的多主体权责分配的完备性数学模型[J].燕山大学学报,2017,36(4):365-370.

定义 3：岗位责任清单列表 RDItemList(rdiid, rdid, rdiType, rdiName, <rdiParaList>, <rdiDataList>, <rdiEdgeList>, Rrequirement, <rdiListRelationList>, Wd, Wr, remarks)，主要有编号、责任编号、责任类别、名称、清单项评估参数表、数据内容集（包括来源）、责任边界表、依据（法律、法规、标准、制度及条款）、清单项之间的关系、责任系数、权力系数、备注。

定义 4：人员列表 PersonList(personid, personname, <DatetimeList>, <SpaceList>, <RoleidList>, remarks)，主要有人员编号、姓名、有效时间、有效空间、角色编号集、备注。其中，有效时间指的是相应的起止日期，有效空间指的是楼宇的空间集。一个人员可以有多个角色。

定义 5：目标列表 ObjectList(oid, objectname, <QuantityList>, remarks)，主要有目标编号、目标名称、目标指标列表、备注。

定义 6：风险列表 AlarmList(aid, aname, alevel, asource, <AlarmRNodeList>, remarks)，主要有风险编号、风险名称、风险等级、风险来源（模型）、风险责任节点列表、备注。其中，风险责任节点列表在具有时间后可以自动生成责任清单中的清单项数据内容。

2.2.2 以责定权

责>权和责<权是责权之间的不相称，即价值观不一致，会导致不公平的工作待遇。尤其在团体内部，此处的责>权往往以彼处的责<权为前提；反之亦然。权责不公平的程度越大，引发的矛盾冲突越激烈。

设 DS 为组织的岗位责任集（组织可以是单位、部门或一个团队），D_i 为第 i 个成员（或责任中心）的责任清单集，d_{ij} 为第 i 个成员（或责任中心）的第 j 个责任清单项，DW_d 为组织的责任系数集，D_iW_d 为第 i 个成员的责任系数集，$d_{ij}W_d$ 为第 i 个成员的责任清单项责任系数，它们之间的关系：$d_{ij}W_d \in D_iW_d$。

再设 RS 为组织的权力集，R_i 为第 i 个成员的权力集，融入该成员的责任清单集中，r_{ij} 为责任清单项的权力内容（边界），RW_r 为所有权力系数集，R_iW_r 为第 i 个成员的权力系数集，$r_{ij}W_r$ 为第 i 个成员的责任清单项权力系数，它们之间的关系：

令 Qdr 为责权系数，qdr_i 为第 i 个成员的责权系数。

于是有：

$$Q = DW_d / RW_r = 1$$

上式表明团体所承担的全部责任要对应于所拥有的全部权力，这是团体内部责权相称性分析的重要前提。

在此前提下：

$$qdr_i = \sum d_{ij}W_d / \sum r_{ij}W_r$$

如果 $qdr_i = 1$，表明第 i 个成员承担的责任比重与其所运用的权力比重相等，即责权相称。

如果 $qdr_i \neq 1$，表明第 i 个成员的责权不相称，这里有两种情形：

$qdr_i > 1$，表明第 i 个成员在团体中所承担的责任比重大于其权力比重，即责>权。应该分析具体原因，采取减轻其责任或增加其权力的措施来加以改正。

$qdr_i < 1$，表明第 i 个成员在团体中所承担的责任比重小于其权力比重，即责<权，亦应分析具体原因，并采取增加其责任或减少其权力的措施来加以改正。

责任清单项包括(责、权)以下漏洞:

(1)管理者有职有权,但没有履行其全部职责。这类管理者较为普遍,在现实工作中不难发现。这类管理者缺乏工作责任感,其典型的表观是对分管的工作不去努力地完成,而是推诿或强调客观原因。在组织中,只要有几位这样的管理者存在,组织目标就不可能全面实现。

(2)管理者没有足够的职权,但工作的责任重大,这类管理者在基层较为常见。

(3)管理者利用职权谋取私利。有少数管理者不是利用权力履行其职责,而是以权谋私,给组织造成巨大的损失,他们由管理者变质为"蛀虫"。

(4)管理者不善于使用权力,不能履行其职责。这类管理者工作上可能很努力,主要是由于能力有限,因此才与职不符。这种情况还是较为普遍的,只有改革用人机制,才能彻底地解决这类问题。

2.2.3 有向无环图的责任动态管理

由于责任清单间的关系是由角色间关系、角色间清单项的关系决定的。因此角色的上下级关系,责任清单之间的关系采用有向无环图管理,如图2-1所示。

```
获取岗位相对应的岗位责任清单     —— S11
          ↓
将所述岗位责任清单根据有向无环图拓扑结构排列 —— S12
          ↓
基于所述有向无环图生成岗位责任管理方式   —— S13
          ↓
根据岗位责任管理方式获取岗位责任数据    —— S14
          ↓
根据岗位责任数据执行岗位责任       —— S15
```

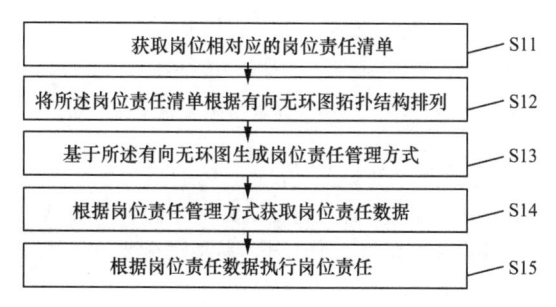

图 2-1 责任清单项有向无环图管理

在步骤S11中,获取岗位相对应的岗位责任清单,其中,同一岗位对应一种或多种岗位责任。步骤S11还应包括修改所述岗位责任清单和/或新增所述岗位责任清单。

在步骤S12中,将所述岗位责任清单根据有向无环图拓扑结构排列,其中岗位责任清单包括岗位责任节点。

将岗位责任节点作为有向无环图中的若干顶点,将岗位责任节点间的指向关系作为有向无环图中连接顶点的若干条有向边。其中,一个岗位责任节点与一个有向无环图顶点对应。

在步骤S13中,基于所述有向无环图生成岗位责任管理方式。具体是根据步骤S12形成的岗位责任管理的有向无环图,生成便于管理和追责的岗位责任管理方式。

通过岗位责任清单,生成有向无环图岗位责任管理的方式,实现了对责任的管理,也实现了对责任过程的管理。

以学校管理为例具体说明,有以下岗位:

(1)分管校领导:李副校长。

(2)保卫处处长:林处长。

(3)消防科科长:朱科长。

(4)化工学院院长:陈院长。

(5)化工学院安全员:吕主任。
(6)有机化工研究所所长:严所长。
(7)有机化工研究所安全员:张安全。
(8)化工大楼消防值班人员:按早班、中班、晚班确定具体人员。
(9)化工大楼消防巡逻员:按早班、中班、晚班确定具体人员。

其中,在化工大楼中:1楼是实验室;2楼是有机化工研究所;3楼是化工材料研究所;4楼是严所长的办公区域;5楼是行政部门。岗位责任清单见表2-2。

其中,同一岗位对应一种或多种岗位责任。

表 2-2　　　　　　　　　　　　岗位责任清单

编号	岗位	责任清单项	关联
0901	化工大楼消防巡逻员1	接收报警调度处理,现场确认	—
0902	化工大楼消防巡逻员2	日常巡查,现场改正,异常情况及时上报	与编号0701的岗位责任相关联
0801	化工大楼消防值班人员	接收报警,巡逻调度,接收现场确认并处置	与编号0901的岗位责任相关联
0701	有机化工研究所安全员	日常巡查,每周检查,异常情况及时上报	—
0601	有机化工研究所所长	对研究所消防负责 监管学院内的有机化工研究所安全员、化工大楼消防巡逻员1、化工大楼消防巡逻员2、化工大楼消防值班人员	与编号0801、0901、0902、0701的岗位责任相关联
0501	化工学院安全员1	监管学院内的有机化工研究所安全员、化工大楼消防巡逻员1、化工大楼消防巡逻员2、化工大楼消防值班人员	与编号0801、0901、0902、0701的岗位责任相关联
0502	化工学院安全员2	向化工学院院长汇报相关工作,并建议可行的整改建议	—
0401	化工学院院长	接收化工学院安全员2、有机化工研究所所长的相关工作及建议,对其中的相关建议做出决定	与编号0502、0601的岗位责任关联
0301	消防科科长	监管化工学院安全员1的安全监管情况	与编号0501的岗位责任相关联
0201	保卫处处长	监管消防科科长、化工学院院长的安全监管情况	与编号0301、0401的岗位责任相关联
0101	分管校领导	监管保卫处处长的安全监管情况	与编号0201的岗位责任相关联

对岗位进行编号,通过岗位产生岗位责任,根据岗位责任生成岗位责任清单项,并根据岗位生成相关联的监管岗位。

在实际工作中,包括一人对应多岗位或一个岗位对应多人的情况,因此可根据实际情况对岗位安排相对应的人员。如消防巡逻员,岗位人员包括张三、李四、王五,其中张三的工作时间为早班,负责化工大楼的巡逻;李四的工作时间为午班,负责化工大楼的巡逻;王五的工作时间为晚班,负责化工大楼的巡逻。又如消防巡逻员,岗位人员包括张三、李四、王五,其中张三、李四、王五的工作时间为全天,其中张三负责对化工大楼1~2楼巡逻;李四负责对化工大楼3~4楼巡逻;王五负责对化工大楼5楼巡逻。需要说明的是,对于人员的安排根据实际情况而定。

在步骤S12中,将岗位责任清单根据有向无环图拓扑结构排列,其中,岗位责任清单包括岗位责任节点。岗位责任节点以编号表示,编号间的指向关系为岗位监管指向关系,如图2-2所示。

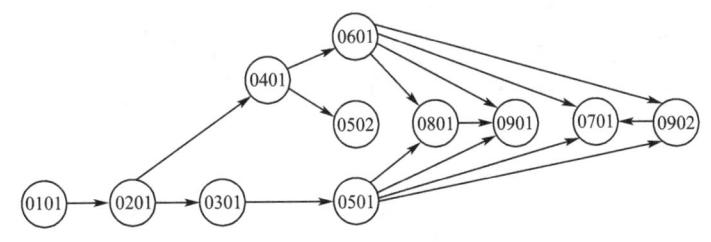

图 2-2 岗位责任清单的有向无环图

如编号0101监管编号0201的岗位责任,具体为,分管校领导岗位监管保卫处处长的岗位责任。通过步骤S11中的岗位责任清单根据有向无环图拓扑结构排列,形成岗位责任管理的有向无环图。

在步骤S13中,基于有向无环图生成岗位责任管理方式。具体为,根据步骤S12形成岗位责任管理的有向无环图,以生成便于管理和追责的岗位责任管理方式。

在实际应用中,通过有向无环图的方式实现了对责任项之间的管理,也实现了对责任过程的管理,方便对责任事件进行岗位、人员的追责。

在步骤S14中,根据岗位责任管理方式,获取岗位责任数据。

当生成岗位责任管理方式后,根据岗位责任管理方式获取岗位相对应的岗位责任数据,其中,岗位责任数据包括时间、岗位、地点、任务。各岗位责任人通过岗位责任设定。

例如,获取的岗位责任数据为岗位为化工大楼消防巡逻员;岗位责任为接收报警调度处理,现场确认;时间为早班,地点为化工大楼1~5楼。

在步骤S15中,根据岗位责任数据履行岗位责任。

工作人员获取岗位责任数据后履行相关的岗位责任。

根据岗位责任管理方式对所述履行的岗位责任进行评估,具体为,当发生责任事故时,可根据岗位责任管理方式对相关人员进行追责。例如,监管人员查看到有责任事故时,对责任相关的岗位及工作人员追责;或当发生责任事故时,对相关的岗位及工作人员、相关的监管人员追责。

化工大楼消防巡逻员1完成岗位工作后,其监管人员有机化工研究所所长、化工学院安全员1、化工大楼消防值班人员发现仍有问题存在,则根据岗位责任管理的有向无环图生成岗位责任管理方式对化工大楼消防巡逻员1进行追责;或化工学院院长发现化工大楼消防巡逻员1处理的问题仍未得到解决,则对化工大楼消防巡逻员1及其监管人员有机化工研究所所长、化工学院安全员 1、化工大楼消防值班人员进行追责。

将研究所相关岗位的安全责任清单之间的履行过程进行了详细关联,见表 2-3。

表 2-3　　　　　　　　　　　　责任清单关联

序号	时间	责任清单项数据节点	关联关系	备注
0902001	2019-1-1 11:01:01	巡逻员每日巡查任务完成,没发现问题,提交		月起始 每日提交
0902002	2019-1-2 11:00:08	巡逻员每日巡查任务完成,没发现问题,提交	0902001	每日提交
0902003	2019-1-3 10:59:01	消防巡逻员每日巡查任务完成,没发现问题,提交	0902002	每日提交
0902004	2019-1-4 11:03:08	消防巡逻员每日巡查任务完成,没发现问题,提交	0902003	每日提交
0701001	2019-1-4 13:20:10	研究所安全员每周检查,发现有 2 个隐患:(1)通道阻塞;(2)实验教师违规使用易燃易爆品	0902004	每周提交
0501001	2019-1-4 15:00:09	针对巡逻员,分别对巡逻员扣 4 分	0902001 0902002 0902003 0902004 0701001	—
0501002	2019-1-4 15:01:10	对研究所安全员打分,不扣分	0701001 0501001	—
0601001	2019-1-4 16:30:10	同意研究所安全员不扣分	0701001 0501002	—
…	…	…	…	…
0000001	2019-1-28 18:00:01	物联网自动检查,有问题,并对相关人员进行扣分	—	物联网自动检查,扣分自动提醒,可根据后续情况修正
0401001	2019-1-30 11:30:20	同意以上打分情况	—	院长同意打分,责任数据封存于有向无环图中

相关的责任清单项数据节点形成了一个有向无环图,整个过程按时间和之前的清单项关联关系自动生成,物联网节点也自动形成,同时责任数据一旦认可后,即可自动封存于有向无环图中。节点定义有时间的开始节点和结束节点,其他节点要有后续的节点才有效,有些是打分评估节点(可以是人工打分也可以是物联网自动打分),但对于每个人都是关联的,即没有后续节点的除了时间起止节点均为无效节点。

2.3 责利对等

责利对等也称为责利相称。责＞利，对于本岗位人员承担责任的积极性无疑是一种打击。责＜利，仍然是对本岗位人员积极性的一种打击，直接打击的承受者是其"左邻右舍"，"左邻右舍"的怨恨甚至不当行为是对直接打击的反作用，这是对过度得利者的间接打击。因为在团体内部责、利已经确定的条件下，此处的责＞利与彼处的责＜利互为前提。所以除非管理者希望大家都投机取巧、偷懒耍滑，否则也决不能容忍责＜利的现象长期存在。

2.3.1 基于利益链的责任管理

如图 2-3 所示，责任目标分解是建立在利益链基础上的，企业内部的利益链大致包括销售部门为发动机、商务部门配合服务，实施（生产、工程、服务）部门负责交付，技术部门配合实施（新产品需要技术部门主导），人力、行政部门确保完成业务的人才团队的形成（及增强）和责联网应用监管，财务部门进行整个核算及财务过程管理。利益链的核心是客户价值链。当然不同层次的责任其利益链是要扩展的，如社会责任对于不同的企业也是不一样的。

利益链各部门会有权重比例，这个比例可以动态变化，具体可以参考"目标分解"节。

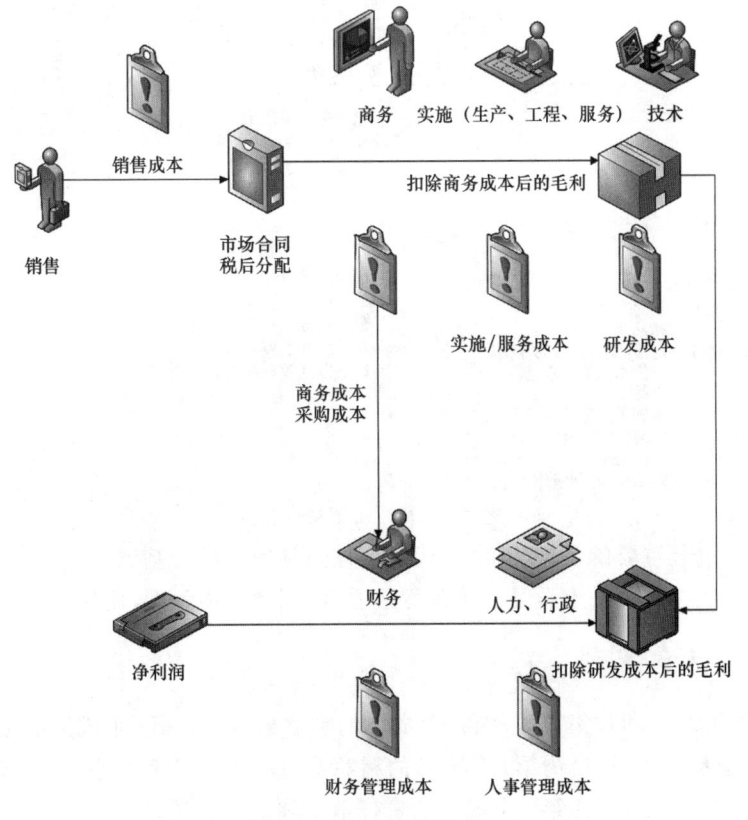

图 2-3 利益链（利润链）

客户价值链(v1.0)如图 2-4 所示。客户价值链是以客户为核心,将公司打造成一个有机的整体,营造一个负责任的氛围。责联网(详见后面章节)的价值其实就是客户价值链的体现,也体现了整体的竞争力。责联网及各岗位日常形成的责任大数据,既是执行力的体现,又是创新、创造能力的体现。

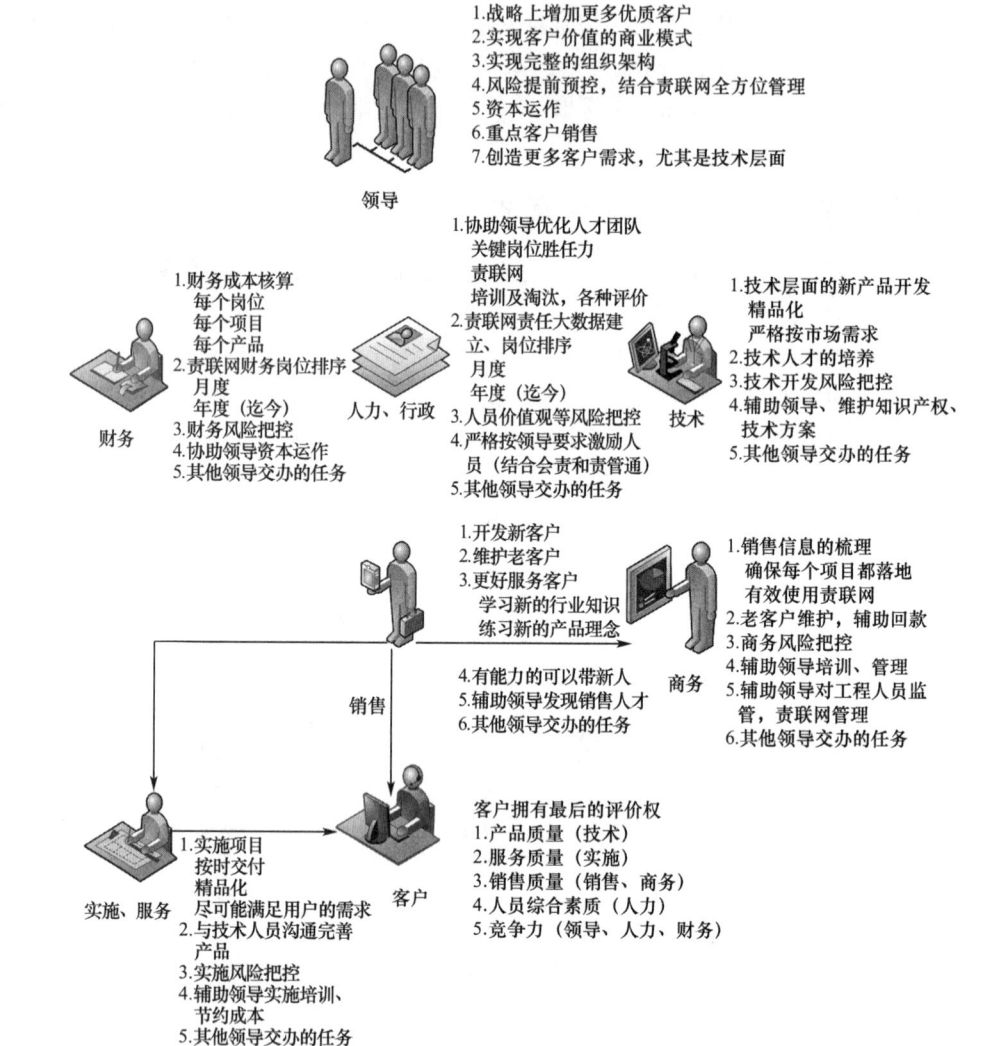

领导
1. 战略上增加更多优质客户
2. 实现客户价值的商业模式
3. 实现完整的组织架构
4. 风险提前预控,结合责联网全方位管理
5. 资本运作
6. 重点客户销售
7. 创造更多客户需求,尤其是技术层面

财务
1. 财务成本核算
   每个岗位
   每个项目
   每个产品
2. 责联网财务岗位排序
   月度
   年度（迄今）
3. 财务风险把控
4. 协助领导资本运作
5. 其他领导交办的任务

人力、行政
1. 协助领导优化人才团队
   关键岗位胜任力
   责联网
   培训及淘汰,各种评价
2. 责联网责任大数据建立、岗位排序
   月度
   年度（迄今）
3. 人员价值观等风险把控
4. 严格按领导要求激励人员（结合会责和责管通）
5. 其他领导交办的任务

技术
1. 技术层面的新产品开发
   精品化
   严格按市场需求
2. 技术人才的培养
3. 技术开发风险把控
4. 辅助领导、维护知识产权、技术方案
5. 其他领导交办的任务

销售
1. 开发新客户
2. 维护老客户
3. 更好服务客户
   学习新的行业知识
   练习新的产品理念
4. 有能力的可以带新人
5. 辅助领导发现销售人才
6. 其他领导交办的任务

商务
1. 销售信息的梳理
   确保每个项目都落地
   有效使用责联网
2. 老客户维护,辅助回款
3. 商务风险把控
4. 辅助领导培训、管理
5. 辅助领导对工程人员监管,责联网管理
6. 其他领导交办的任务

实施、服务
1. 实施项目
   按时交付
   精品化
   尽可能满足用户的需求
2. 与技术人员沟通完善产品
3. 实施风险把控
4. 辅助领导实施培训、节约成本
5. 其他领导交办的任务

客户
客户拥有最后的评价权
1. 产品质量（技术）
2. 服务质量（实施）
3. 销售质量（销售、商务）
4. 人员综合素质（人力）
5. 竞争力（领导、人力、财务）

图 2-4　客户价值链(v1.0)

对公司而言最重要的是经济责任,经济责任是其他责任的基础。

责任边界从经济责任上看是经济盈亏边界,特别是亏损程度,比如财产损失情况。

2.3.2　以责定利

设 PS 为组织的利益集,P_i 为第 i 个成员的利益集,p_{ij} 为第 i 个成员的责任清单项利益,PR 为利益系数集,P_iR 为第 i 个成员的利益系数集,Wp 为责利系数集,Wp_i 为第 i 个成员的责利系数集,wp_{ij} 为第 i 个成员的责任清单项 j 的责利系数。

组织所承担的全部责任要对应于所能实现的全部利益,这是组织内部责利相称性分析的前提。

根据公式

$$Wp_i = \sum wp_{ij} / \sum p_{ij}$$

分析:

若 $Wp_i = 1$,则表明第 i 个成员承担的责任比重与其所得到的利益比重相称,即责利相称。

若 $Wp_i \neq 1$,则表明第 i 个成员的"责利不相称"。

若 $Wp_i > 1$,则表明第 i 个成员在团体中承担的责任比重大于其从团体得到的利益比重,属于"责 > 利"现象,应分析原因,采取减轻其责任或增加其利益的措施来纠正。

若 $Wp_i < 1$,则表明第 i 个成员在团体中承担的责任比重小于其从团体得到的利益比重,属于"责 < 利"现象,也应分析具体原因并采取增加其责任或减少其利益的措施来加以纠正。

必须强调,$qdr_i = 1$ 和 $Wp_i = 1$ 是分别进行责权相称性分析和责利相称性分析的两个重要前提。它表明,公平是有前提、有条件的,绝对的公平在世界上可能并不存在。管理者所能做到的只有两点:在团体内部以责定利和在团体外部以利定责。如果利益量出现负数,即发生损失,仍可用上述分析。解决方法的不同可以反应出损失的分担是否公平与合理。此外,特别需要指出,对责权利关系的上述相关性与相称性分析并不是对责权利关系定量分析的全部,仅仅是其中的两种而已,而且其运用也只限于责权利关系的某一方面或某一局部。

2.3.3 责任的社会利益生态化

利益链的扩展,从组织内部到客户,再到整个行业的利益,最后到社会的利益,这样就逐步形成了真正的生态化。

对每个责任的投入产出比进行计算,特别是社会责任,这样社会利益生态化才算是完成了。投入有环保成本、慈善捐款成本、员工和社会保障;产出有市场占有率、员工流失、损失减少、品牌忠诚度等。

岗位责任:投入有薪资、培训费用等;产出有岗位创利、部门子目标实现等。

组织责任:投入有薪资、培训费用、管理费用等;产出有组织赢利、组织目标实现等。

行业责任:投入有行业领先的研发费、方案、实施费用等;产出有行业发展良性、行业赢利等。

只有社会生态化,各种社会责任才能真正促使社会利益的公平,尤其是对弱者。

社会责任与经济绩效之间有一定的比例关系,比如上市企业承担行业创新引领这一社会责任,尽管创新研发成本投入巨大,但股民看好产出的成绩及股价上升带来经济绩效。

2.4 责任分类

不同的分类,机制不同,以下从社会功能、组织功能、组织责任细化等方面进行分类。

2.4.1 社会功能

从公司总体层面上分为经济责任、法律责任和社会责任,形成了公司的责任体系,第一位是经济责任,没有经济责任,其他责任都是没有基础的,如图2-5所示。

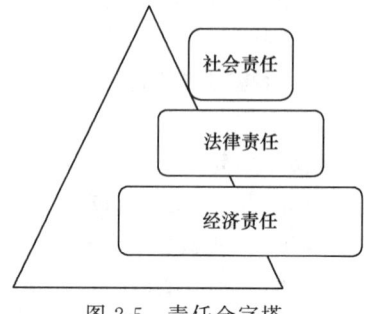

图2-5 责任金字塔

当然公司管理层面有组织责任、岗位责任(个体责任),一个企业的经济责任是由各个岗位责任组成的,如图2-6所示,多层组织也是类同的,如图2-7所示。

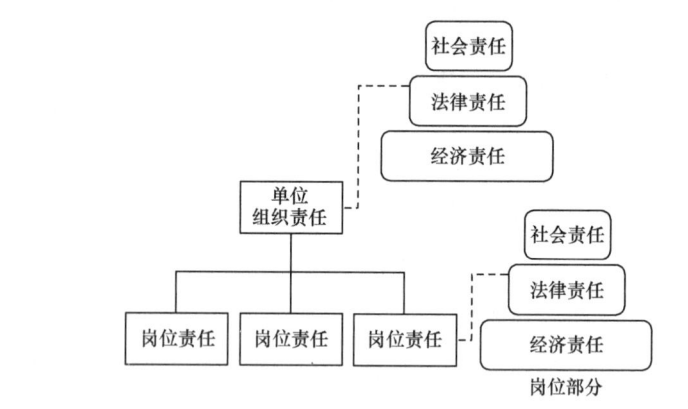

图2-6 责任关系1

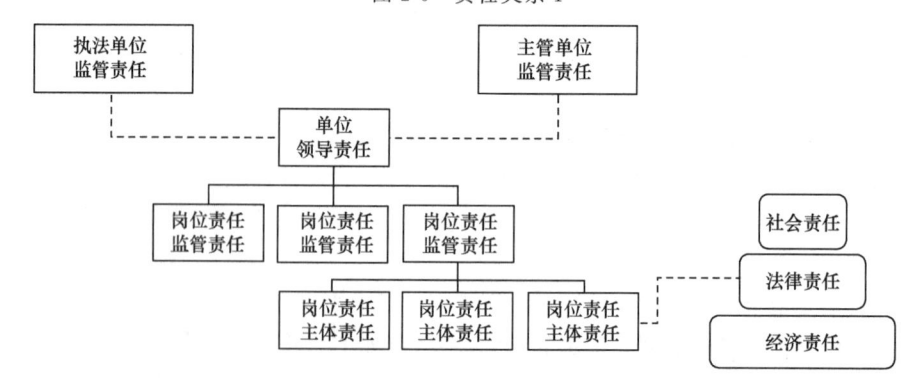

图2-7 责任关系2

所以组织责任的核心首先是经济责任,岗位责任的核心也是经济责任。

其次是法律责任,法律责任是为了企业更好地发展。再次是社会责任,当企业做到一定规模时,必须要体现出良好的社会责任,让更多的人看到企业的未来。

这些责任其实从本质上来说都是利益链的一环。每一个岗位都体现了经济责任、法律责任和社会责任,当然结合到组织内,还可以有组织责任,这个组织责任也可以是经济责任的一部分,对于有些特殊岗位,如消防管理岗位,更多的是消防安全责任,但也可以认为消防安全责任是经济责任的一部分,当然对外界而言更多的是法律责任,如图2-7所示。

2.4.2 组织功能

在图2-7中,责任在功能上分为领导责任、监管责任和主体责任,每一个岗位都有经济责任、法律责任和社会责任,而执法单位的监管责任更多是从法律责任上监管,这是一种强制监管方式,而主管单位是从行业上进行监管。

2.4.3 组织责任细化

目标责任:隐患目标、事故目标、经济目标、质量目标。
经济责任:营业额、盈利、服务人数。
质量责任:服务质量、产品质量、监管质量。
创新责任:技术创新、服务创新、管理创新。
实现以上内容是有风险的,组织责任的目的是要有效降低这些风险或管控这些风险。

2.5 责任层次信息化

2.5.1 主体责任的信息化

主体责任的信息化包括:主体责任的相关责任清单有哪些风险或隐患?怎么履责及履责内容?以及各种周期性、非周期性、触发性的主体责任。

2.5.2 监管责任的信息化

监管责任的信息化包括:监管谁的主体责任?监管哪些风险?怎么监管?在规定的时间内怎么处理?怎么进行问责、追责或激励?怎样确保风险在可控范围内?
出了事故,在追责的同时,还要审计监管责任还有哪些不足。

2.5.3 领导责任的信息化

对监管责任、主体责任的情况进行综合评判,判断责权管理、责利管理是否科学。
对风险进行责任制的设计后,原有的风险经过各道管控屏障后形成了剩余风险,后期还会产生新的衍生风险。那么怎样实现剩余风险的可接受度的评估、衍生风险的可控性评估呢?
除了风险因素外,还需要考虑相应的风险绩效。

2.5.4 属地责任的信息化

属地责任的信息化类似于主体责任,还需要增加属地的监管责任。

一般是在相应的属地,如校区、园区、楼宇、出租房等,由于产权、管辖权,才产生了属地责任。

2.6 KPI、OKR 的综合指标对比

2.6.1 KPI 简述

关键绩效指标(Key Performance Indicator,KPI)是通过对组织内部流程的输入端、输出端的关键参数进行设置、取样、计算、分析、衡量流程绩效的一种目标式量化管理指标,是把企业的战略目标分解为可操作的工作目标的工具,是企业绩效管理的基础。KPI 可以是部门主管明确部门的主体责任,并以此为基础,明确部门人员的业绩衡量指标。建立明确的、切实可行的 KPI 体系,是做好绩效管理的关键。KPI 是用于衡量工作人员工作绩效表现的量化指标,是绩效计划的重要组成部分。

KPI 符合一个重要的管理原理——二八原理。在一个企业的价值创造过程中,存在着"80/20"的规律,即 20%的骨干人员创造企业 80%的价值,而且在每一位员工身上"二八原理"同样适用,即 80%的工作任务是由 20%的关键行为完成的。因此,必须抓住 20%的关键行为,对其进行分析和衡量,这样就能抓住业绩评价的重心。

关键过程领域(Key Process Area,KPA)指出了企业需要集中力量改进和解决问题的过程。同时,KPA 指明为了要达到该能力成熟度等级所需要解决的具体问题,每个 KPA 都明确地列出一个或多个的目标(Goal),并且指明了一组相关联的关键实践(Key Practices)。实施这些关键实践就能实现这个关键过程域的目标,从而达到增加过程能力的效果。关键结果领域(Key Result Areas,KRA)是为实现企业整体目标,不可或缺的、必须取得满意结果的领域,是企业成功关键要素的聚集地。

用途如下:

(1)根据组织的发展规划/目标计划来确定部门/个人的业绩指标。

(2)监测与业绩目标有关的运作过程。

(3)及时发现潜在的问题和需要改进的领域,并反馈给相应部门/个人。

(4)KPI 输出是绩效评价的基础和依据。

效果如下:

(1)把个人和部门的目标与公司整体的目标联系起来。

(2)对于管理者而言,阶段性地对部门/个人的 KPI 输出进行评价和控制,可引导正确的目标发展。

(3)集中测量公司所需要的行为。

(4)定量和定性地对直接创造利润和间接创造利润的贡献做出评估。

KPI的优点：

(1)目标明确,有利于公司战略目标的实现

KPI是企业战略目标的层层分解,通过KPI指标的整合和控制,使员工绩效行为与企业目标要求的行为相吻合,不至于出现偏差,从而保证了公司战略目标的实现。

(2)提出客户价值理念

KPI提倡的是为企业内外部客户实现价值的思想,对于企业提升以市场为导向的经营思想是有一定的帮助的。

(3)有利于组织利益与个人利益达成一致

策略性的指标分解,使公司战略目标成为个人绩效目标,员工个人在实现个人绩效目标的同时,也是在实现公司总体的战略目标,达到两者和谐、公司与员工共赢的结局。

KPI的缺点：

(1)KPI指标比较难界定

KPI更多是倾向于定量化的指标,这些定量化的指标是否真正对企业绩效产生关键性的影响,如果没有运用专业化的工具和手段,是很难界定的。

(2)KPI会使考核者误入机械的考核方式

过分地依赖考核指标,而没有考虑人为因素和弹性因素会产生一些考核上的争端和异议。

(3)KPI并不是所有岗位都适用

几乎所有研发相关的岗位都不适用,尤其是创新探索型的岗位其工作结果不可预期,因此企业业务的创新销售岗也不适用。

2.6.2　OKR简述

目标与关键成果法(Objectives and Key Results,OKR)是一套明确和跟踪目标及其完成情况的管理工具和方法,由英特尔公司创始人安迪·格鲁夫(Andy Grove)发明,并由约翰·道尔(JohnDoerr)引入谷歌使用。1999年,OKR在谷歌发扬光大,在Facebook、LinkedIn等企业广泛使用。2014年,OKR传入中国。2015年后,百度、华为、字节跳动等企业都逐渐使用和推广OKR。

OKR的主要目标是明确公司和团队的目标以及明确每个目标达成的可衡量的"关键结果"。有笔者将OKR定义为"一个重要的思考框架与不断发展的学科,旨在确保员工共同工作,并集中精力做出可衡量的贡献"。OKR可以在整个组织中共享,这样团队就可以集中精力明确目标,帮助协调。

OKR要遵循以下规则：

(1)OKR首先是沟通工具。团队中的每个人都要写OKR,所有这些OKR都会放在一个文档里。任何员工都可以看到每个人在这个季度最重要的目标是什么,以及团队这个季度的目标是什么。

(2)OKR是努力的方向和目标。OKR代表你到底要去哪里,而不是你要去的地方具体在哪里。

(3)OKR必须可量化(时间 & 数量)。比如健身时设定锻炼目标,如果只是定义成

"我们要努力提高身体素质",肯定不是一个好的OKR,因为无法衡量,好的OKR是"今年的跑步时间较去年增加一倍"。

(4)目标必须一致。制定者和执行者目标一致,团队和个人的目标一致。首先,制定公司的OKR;其次,每个团队制定自己的OKR;再次,每个工程师或设计师编写各自的OKR,这三步各自独立完成;最后,对照协调这三步的OKR。OKR跟个人绩效没有关系,因为OKR系统的结果和每个人并不直接挂钩。

(5)目标是要有野心的,有些是挑战的,有些是让你不舒服的。一般来说,"最佳"的OKR分数在0.6~0.7分,如果某人只拿到1分,那么他的OKR目标显然是野心不够的,但是低分数的人也不应该受到指责,而是应通过看他工作上的数据,帮助他改进下一季度的OKR目标。

(6)通过月度会议评审,时时跟进OKR。在月度会议上需要确定如何去达到目标。

(7)通过季度会议评审,及时调整OKR。互联网的发展速度非常快,每个季度有一个OKR的评审,调整的原则是目标(Objectives)不变,只允许调整关键成果(Key Results)。

OKR的优点:

(1)OKR考核的是"我要做的事",KPI考核的是"要我做的事",理解不同,但二者都强调有目标,同时也需要有执行力。OKR的思路是先制定目标,然后明确目标的结果,再对结果进行量化,最后考核完成情况。KPI的思路也是先确定组织目标,然后对组织目标进行分解直到个人目标,然后对个人目标进行量化。

(2)OKR与绩效考核分离,不直接与薪酬、晋升关联,强调KR(关键成果)的量化而非O(目标)的量化,并且KR(关键成果)必须服从O(目标),可以将KR(关键成果)看作达成O(目标)的一系列手段。员工、团队、公司可以在执行过程中更改KR(关键成果),甚至鼓励这样的思考,以确保KR(关键成果)始终服务于O(目标)。这样就有效避免了执行过程与目标愿景的背离,也解决了KPI目标无法制定和测量的问题。

(3)OKR致力于如何更有效地完成一个有野心的项目,是"监控我要做的事";而KPI则强调如何保质保量地完成预定目标,是"要我做的事"。OKR类似自由团体的群体响应,需要流程的参与者与组织同心同德;KPI类似流水线式的制造,需要制定者对于流程及产能完全了解。

(4)OKR主要强调的是对于项目的推进,而KPI主要强调的是对人事的高效组织,前者要求的是如何更有效地完成一个有野心的项目,而后者则强调的是如何保质保量地完成预定目标。OKR相对于KPI而言,不是一个考核工具,而是一个具有指导性的工具,它存在的主要目的不是考核某个团队或者员工,而是时刻提醒每一个人当前的任务是什么。

OKR的缺点:

(1)没有人对最终结果负责,每个人只对自己的过程负责。

(2)人的主观能动性被压抑。

(3)结果高度依赖机器和管理者的指令。

2.6.3 综合指标对比

IoR即责联网,可以看出责联网的管理方式在综合指标上比较有优势,综合指标对比见表2-4。

表2-4 综合指标对比

区别点	IoR	OKR	KPI
实质	以责定岗(以责定权,以责定利)	精英管理	绩效考核
管理思维	责任量化、闭环管理	自我管理	控制管理
目标形式	人人有责、人人尽责、人人享利	目标＋关键成果	结果
目标来源	团队利益最大的责任动态权重	聚焦优先和关键	团队或个人"成功"的全面衡量
目标调整	部分稳定、部分可快速动态调整	动态调整,不断迭代	相对稳定
制定方法	上下结合、动态分解和动态合成	上下结合,360度对齐	自上而下
目标呈现	以责定利式的公开,包括目标、进度及成果	公开,包括目标、进度及成果	保密,仅责任者及上级了解
过程管理	持续跟踪,动态提醒	持续跟踪	考核时关注
结果	有挑战性,形成各级责任型岗位、责任型部门和责任型组织	有挑战性,可以容忍失败	要求100%完成,甚至超越目标
应用	以责定利式关联利益	评分不直接关联考核与薪酬	直接关联考核与薪酬
管理对象	各层次人才(领导责任、监管责任、主体责任)	精英人才	执行层面
信息化管理手段	问责、追责、责管通日常责任,会责知识挖掘,责任大数据	目标管理 频繁沟通机制	日常考核
信息化指标	按岗位、部门对责任意识、责任能力、责任行为、责任成果进行评估 按部门或全单位的责任制度进行评估 对人工智能、区块链技术的应用有很好的包容力	价值观超级精英(Super Creative) 创新包容力大	关键指标点的达标能力
失败的可能性	问责、追责责任边界模糊,导致对主体责任的监管不力; 责联网没用好,导致责任管理没充分量化、闭环化	沟通不力,团队精英化不高,自律不高或自律价值观不完全认同	只讲成果,各自为政,关键指标的增长难以突破
管理层级	基本不限层级,不限组织	层级小于3层,沟通简单	层级不宜过大

(续表)

区别点	IoR	OKR	KPI
适用行业	基本都适用;尤其需要责任层层压实的行业或应用点	高科技信息产业,精英人才足够	制造业、零售业等传统产业
实施成本	实施成本高,投入产出可控,持续性好	实施成本很高,投入产出不可控	实施成本较高,投入产出可控,持续性差

另外还有 BSC(平衡记分卡)、MBO(目标管理)和 360 度考核方法,其中 BSC 方法使用者比较多。BSC 是美国的卡普兰教授创立的,据调查,目前全世界的前 500 强的企业中有 70% 企业已运用了 BSC,可见其确实对企业绩效管理和运营有一定的作用。BSC 主要包括 4 个考核维度:内部运营、客户、学习和成长、财务。

优点:

(1)BSC 可以将抽象的、比较宏观的战略目标分解,细化并具体化为形成具体可测的指标。

(2)BSC 考虑了财力和非财力的考核因素,也考虑了内部和外部客户,也有短期利益和长期利益的相互结合。

缺点:

(1)BSC 实施难度大,工作量也大,操作及初期推动相对烦琐,对企业推动人员素质要求较高。

(2)不能有效地考核个人。

(3)BSC 系统庞大,短期很难体现其对战略的推动作用。

第 3 章

责任大数据

研究责任,就是研究不确定性、动态性强、认知模糊度强的问题。

责任大数据涉及不同的数学理论,如概率统计、模糊集、区间数学、粗糙集、软集,但是这些数学理论要解释模糊风险带来的责任问题其实还不够,须在软集的三维描述基础上增加认知维的描述。由于本书更多从工程上描述,所以不从理论上描述,但我们把这一可能的新数学理论称为认知集。

3.1 责任集数学

3.1.1 责任集的数学模型

责任集的数据模型包括岗位、组织架构、责任边界、目标、权力、利益、评估规则、履责数据来源、尽职度、责任全方位评估、权责利对等评估、安全或风险等过程评估,举例如图3-1所示。

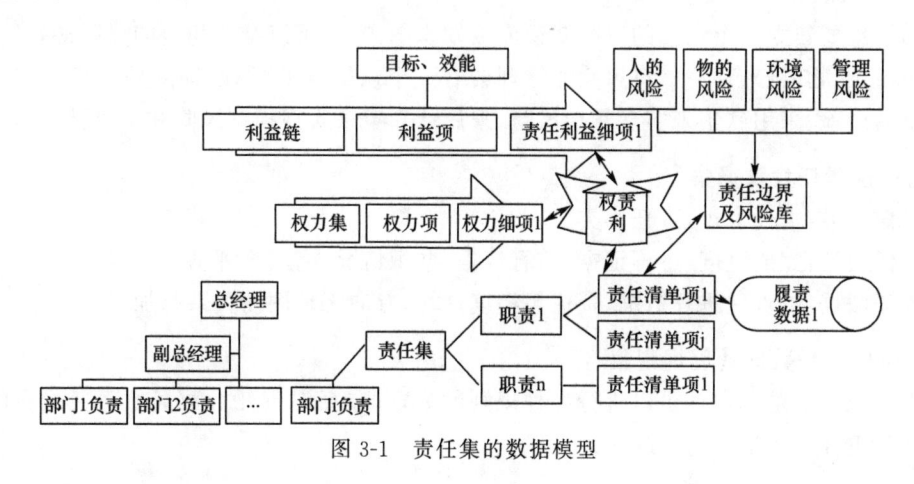

图 3-1 责任集的数据模型

某个岗位有责任集,责任集由职责集和责任清单项集组成,每个责任清单项结合权力项和利益项形成了权责利的一致关系,在履责过程中形成相应的履责数据。履责数据可以是物联网、责联网生成的,也可以是人工提交的,这些数据可以检验责任边界并进行打分评估,也可以用于问责、追责或奖励。

利益与目标、效能相结合,在组织架构下,形成了复杂的利益链、复杂的权责利关系树,也形成了以目标、效能相结合的责任大数据。

当然也包括对责任大数据在大数据治理方面的责任管理。

1.责任驱动的清单项及边界定义

岗位责任清单列表,RDItemList(rdiid,rdid,rdiType,rdiName,＜rdiParaList＞,＜rdiDataList＞,＜rdiEdgeList＞,Rrequirement,＜rdiListRelationList＞,Wd,Wr,Rremarks),编号、职责编号、责任类别、名称、清单项评估参数表、数据内容集(包括来源)、责任边界表、依据(法律、法规、标准、制度及条款)、清单项之间的关系、责任系数、权力系数、备注。

2.岗位责任清单定义

岗位 Id、上级岗位集、下级岗位集、责任大类(岗位职责)、责任小类(职责细化成责任清单)、责任边界、执行类型、触发责任清单集、责任小类类别(主体责任、监管责任、领导责任)、上级岗位责任集、下级岗位责任集、风险 ID。

每条责任清单可以方便提交数据,也可以对应物联网信息,后期可以形成责任大数据。

责任边界是多个责任 Id 的集合。

执行类型包括:周期性执行类、非周期性执行类(临时)和其他事件触发执行类。

责任清单的风险处理及流程内容:触发责任清单集是根据风险而来的,可以根据风险级别设置。

3.责任风险知识库或知识图谱

风险 ID、风险源、风险名称、风险级别、可能的事故集、发生其中事故的概率、相应的案例。

如果想要建立一个动态的风险知识库或知识图谱,就可以结合相应的风险源,其中风险源包括人、物(机)、环境。对风险的管理会有一个认知维的过程,即采用概率来实现相对简单的风险、采用软集来实现复杂风险、采用认知集来实现模糊风险和不可预知风险。

4.岗位责任大数据集

责任论域:责任大类,责任小类。

责任属性:完成进度,过程证据,监管证据,共识情况,完成度评估。

责任数据集:责任进程数据,责任粗糙度计算,有向无环图的关系叠加。

5.岗位责任数据处理规则集

责任数据集里的数据可以进行各种规则的处理,包括对责任大数据的责任边界的判断规则和责任完成情况的判断规则。

责任数据和责任边界的判断:判断责任清单的数据是否符合上边界、下边界的可能,并通过可能性来判断是否符合追责的可能。如果符合追责可能,则责任完成情况可以为0;如果不符合追责可能,则需要从主体责任的完成度、监管责任的完成度以及共识情况来进行打分。

6.责任节点及感知数据

为更好地实现责任自动度,通过对责任清单进行责任的感知和增加软、硬件处理来实现责任节点的处理,即责任小类、责任节点起点、责任节点过程点、责任节点终点。

3.1.2 利益链权重

以责定利是对责任、利益链的动态评估。

以企业为例,利益链主要是团队对客户(群)的持续价值,客户愿意为其付出经济利益,而在内部构成的利益链,包括股东、企业高管、部门主管、员工的利益分配机制,以实现对客户(群)的持续价值。

利益链在实现的过程中会存在大量的风险,比如人的风险:研发人员对产品质量不关注导致用户对产品的抱怨;服务人员对产品服务过程的不关注导致用户对产品及服务的双重抱怨;市场竞争激烈导致产品及服务标准跟不上或难以形成优势;等等。

如果把企业看作商业模式的构建和重构体,那么利益链就是商业模式的核心。利益链既需要静态设计,又需要动态管控,本质上就是要设计一个有竞争力的利益链权责体系。需要先将利益链的相关风险列出,然后按风险的分级比例,对风险采用静态方式来实现,谁要管控的风险多、风险等级高,即形成各岗位的风险系数,公司初步分配采用毛利分配机制,对未获利的投入利益(研发投入)、利润公积等进行留存分配,这样可以实现静态设计的按责分配。按照不同的风险得到的按责分配的权,即静态利益链岗位权重系数。

随着运行过程、各种风险机制的再认识和再理顺,可以再进一步来梳理整个动态管控机制和分配机制。在一定过程中的动态生成的权重,即动态利益链岗位权重系数。

当然,分配系数中间还可以有更多考虑,如对于业务相对成熟和业务相对不成熟的都可以有一些平衡系数的考虑。

3.1.3 责任集的数学计算

各种风险经过治理后,形成了剩余风险,对剩余风险的管控及对可能衍生形成的风险进行管控,这些都形成了责任集,岗位职责是责任集的外在表现。由于知识经济时代的风险无处不在,因此责任集的生成并不是通常意义上静态的,而是动态的。

本章主要对上一章中的权责对等、责利对等及责任清单中的量化参数进行计算,构建责任时空。

大致可以表达为:

$$f(g(责量参1,责量参2,\cdots)(t),权参(t),利(t))$$

其中,责量参1为多个责任数据的量化参数,用于评估责任清单的完成情况,同时还有不同岗位之间的责任计算:

$$f'(g(责量参1,责量参2,\cdots)(岗位1,t),r(岗位2,岗位1))$$

所以数学类的计算,主要还是时间、空间的粒度计算问题,以及不同岗位之间的关系问题。

通过这些计算可以真正量化明责、量化履责等,具体可参考下面几节。

3.2 责任边界

需要对经济责任、法律责任、社会责任(道德责任)三种不同责任之间的边界进行分析,不同责任内部的边界也需要分析。

岗位责任清单列表,RDItemList(rdiid,rdid,rdiType,rdiName,＜rdiParaList＞,＜rdiDataList＞,＜rdiEdgeList＞,Rrequirement,＜rdiListRelationList＞,Wd,Wr,Rremarks),编号、职责编号、责任类别、名称、清单项评估参数表、数据内容集(包括来源)、责任边界表、依据(法律、法规、标准、制度及条款)、清单项之间的关系、责任系数、权力系数、备注。

问责、追责和奖励边界可以参考后面章节(第4章4.1.3节),包括责任Id、责任依据来源、责任的上边界、责任的下边界、责任的判定依据、相应的案例。

责任依据来源是指相关的法律依据或组织制度依据。问责是责任的下过渡边界,追责是责任的下底线边界,奖励是责任的上边界。

3.2.1 边界的依据

由于风险是动态变化的,因此责任集本身也是动态的。责任的边界在一定环境下是不一样的,比如在有危险源的地方,责任的边界一定会比没有危险源的地方要严格;比如与损失大小有关,不同损失下追责不一样,损失小基本不追责,损失大则需要追责。

所以边界的依据也不一样,这也是一种风险认知判断能力。设置时需要考虑哪一种情况下边界比较重要,比如法律责任的边界,尤其是刑事责任的边界。

3.2.2 上边界、下边界

对于不同的责任,边界会有所区别。责任边界一般都会有上边界和下边界,即必须要追责的边界和可以追责的边界。

做得到不到位,应该需要有问责、追责、奖励的边界。

有没有做,什么时间内有做,也要有一个上边界、下边界。

3.2.3 责任动态模糊集

对于法律责任,一般都会有司法解释,而司法解释的边界一般会比较宽泛,这就是我们前面所说的下边界,即可以追责的边界。

由于法律责任取证的严苛,因此一般对于刑责,相对比较清晰化。

但是对于民事责任,则相对比较模糊,所以这个模糊就为责任人、追责机制提供了一个动态的模糊集。

3.2.4 责任动态边界

不同的场所也会有所变化,不同的时期也会有所变化,这就是动态边界。

3.3 量化明责

目标、风险、法律责任等分解到各岗位,让各岗位有一个清晰的边界,这就是量化明责,也就是清楚整个过程的风险管控。

从岗位上实现责任管控,从主体责任、监管责任到领导责任进行配置;从技术角度上实现责任数据的边界划分;从评估上实现责任数据的量化评估规则。

3.3.1 岗位责任清单项细化

根据主体责任、监管责任和领导责任进行细化。其中主体责任要细化到具体工作、工作量化结果等。监管责任则细化到对结果的量化监管,对结果的审核方式,另外监管级别也是需要细化的。

3.3.2 责任清单项分类

按风险的来源分类,如人的风险、物的风险、环境的风险、管理的风险(包括目标),也可以对以上风险再细化责任清单项。

按应用的类别来分类,如安全类、环境类、健康类、经济类等。安全类又细分为消防安全类、治安安全类、交通安全类、生产安全类等。

通过分类可以更好地理顺整个关联关系,也可以对某个事件进行追责。所以分类有时候是需要多类组合的,即某个责任清单项,如严禁在危险品仓库吸烟既属于人的风险,也属于消防安全类。

3.3.3 责任清单项关联

责任清单项关联主要按照责任体系中的上下级关系来关联,即一个评级较严重的风险管控,需要主体责任人,也需要一到多级的监管责任人,而监管责任人的责任清单项就是直接关联到主体责任人的责任清单项。

责任清单项需要在时间上关联,即主体责任人在规定的时间内没完成,则需要监管责任人去指出并要求改正;如果监管责任人知道但未提醒主体责任人,则监管责任人也是有连带责任的;如果在规定时间内提醒了,主体责任人没做则监管责任人可视为已尽责。

3.3.4 动态责任清单

明确各行业单位、行业主管政府部门、安全生产主管政府部门中各相关岗位的主体责任、监管责任和领导责任,理顺岗位之间的责任关系,形成各行业的岗位安全生产标准化的管理。

动态责任清单主要通过岗位责任清单方式来实现。通过定义责任集，完善各行业的法律责任和职业责任，法律责任来自各行业的法律、法规、标准等；职业责任是各岗位在组织里面的目标、经济、契约、创新等责任。通过责任集结合每个岗位的职责，来细化各岗位的责任清单。

梳理各岗位之间的责任关系。实现责任的"横向到边，纵向到底"，横向到边即实现责任职能部门对同级部门的监管关系，纵向到底是部门中对上、下级直至最基层的责任监管关系。

从责任能力上进行相应的落实，另外还会有临时任务形成的责任关系，或者由于创新带来的责任能力标准的提升，以及培训带来的责任能力要求的提升。

对每条清单项都会有相应的重要性权重，相应的考核周期（或非周期），责任成果考核标准等。

在一个单位中，岗位变动比较少，人员会有变动，再通过岗位和人员对应，在对应的过程中，还会有一些时间、空间等参数的设定，如中班、晚班负责的楼宇（或楼层）等。

对于不同的行业，特别是危险化学品行业，需要增加对责任风险的建模，通过对各种责任风险导致隐患的可能性和严重性进行多种算法的构建，实现化学品过程的责任清单项内容。

算法设计步骤：

Step1：建立责任集和责任边界集。

Step2：根据组织机构理出每个工作岗位的风险源和风险集，并对Step1中的责任集进行细化，得到有风险级别的岗位责任集。

Step3：根据有风险级别的岗位责任集，分解出每个岗位的主体责任清单，根据责任集的执行频率及触发性，将责任清单配置成相应的状态。

Step4：根据风险级别，配置不同等级的监管责任清单。

Step5：配置责任清单的数据采集方式，优先配置自动感知采集方式。

Step6：验证数据采集的责任节点，如果有责任节点，则与岗位责任清单关联，如果无法区分，则可以与多个岗位的责任清单进行关联。

Step7：不同等级的监管责任清单和主体责任清单生成DAG（有向无环图）的配置清单。

Step8：对有风险级别的岗位责任集进行主体责任和监管责任的到位情况验证，如果没到位，则按Step3～Step7配置。

3.4 量化履责

3.4.1 履责评估（评分）

责任分包括任务完成分和履职考核分，其定义和评分原则如下：

1. 任务完成分

实时反映责任人完成履职任务的情况,责任人每完成一项任务并提交相关材料,按评分规则获取该项任务分数并计入任务完成分。监管人员如发现材料做假,可随时扣除该项分数。

任务完成分由规定任务分和勤创分组成,总分为1 000分,二者的分数分配比率可自主配置。规定任务分即完成责任清单中规定的任务和上级安排的临时任务而获得的分数,建议将满分设置为750分;勤创分是责任人为更好地履行职责而完成自己主动发起的任务或清单中的可选任务而获得的分数,即完成自发(主)驱动型任务而获取的分数,建议将满分设置为250分。

为体现责任的不间断性,实行任务分的生命期加减管理模式,其加减分策略按周期性、非周期性及自带等级参数分别进行设计。

根据责任风险的程度不同,任务(含清单任务和临时任务)完成的可从高到底分为A、B、C三个等级,A、B级为规定任务,纳入规定任务分,C级为可选任务,纳入勤创分。

根据需要,上级可为各岗位设置临时任务,临时任务与清单任务的区别在于临时任务具有设定的时间阶段(起始时间和结束时间),临时任务均为A、B级任务,获得的分数纳入规定任务分。

清单规定任务和临时任务设定的值均为权重分值。清单规定任务的权重分值总和等于100,增加临时任务时设定相应的权重分值。增加临时任务后,清单规定任务和临时任务总得分为规定任务分750分不变。其单项任务占有分 x 计算公式为:$x = q \dfrac{w}{z_1 + z_2}$,其中 q 为规定任务分总分(建议设置为750分),w 为任务权重分值,z_1 和 z_2 分别为清单规定任务和临时任务权重分值总和。

C级可选任务和自主发起任务,当任务执行提交后根据任务分值加分。但该级加分有效期为30天,到了30天就自动减去所加之分。

责任人在平台首次使用时,系统自动给予初始分(系统后台设定),其后根据清单任务完成情况按加减分策略规定执行。

时间驱动型任务为周期性任务,事件驱动型任务为非周期性任务,自发(主)驱动型任务根据实际情况确定是周期性任务或非周期性任务。

事件驱动型任务可自带时间参数(反应时间和完成时间,可以只有其中1个)和等级参数。

单项自发(主)驱动型任务分值按具体任务确定,与责任清单规定任务相同的任务按规定任务分值计分,创新型任务按责任清单规定任务中同类任务的1.5倍或2.0倍分值计分,鼓励创新,具体倍率可配置。

责任人未完成责任清单规定的任务(包括时间驱动型任务和事件驱动型任务)或完成质量不高,则该项得分低于合格分,其监管人对应关联项也自动扣分,具体扣分分值为 kz/n 分,其中 z 为监管人对应关联项总分,n 为关联的监管人数,k 为扣分系数,建议为1/3,该扣分系数可配置。

2. 履职考核分

履职考核分反映责任人一个时期履职情况的综合考核结果,其结果由系统获取的反映这一时期履职情况的客观数据和监管人对责任人提交数据核实评定的结果,是群众评议结果的综合评分。

履职考核分总分为100分,其中任务考核建议为50分,成效考核建议为30分,勤创考核建议为20分,具体分配比率可自主配置。

履职考核分每月发布一次,每月中旬发布上月的考核结果。年度考核成绩为12个月的平均分。

任务考核数据源于系统获取的反映这一时期履职情况的客观数据任务完成类数据,和责任人提交数据之规定任务完成类数据;成效考核数据来源于系统获取的反映这一时期履职情况的客观数据之客观成效类数据和监管人对责任人检查之客观成效类数据;勤创考核数据源于责任人提交数据之自发(主)驱动型任务完成类数据。

监管人对被监管人提交数据的检查考核以每月月初抽查上月提交数据方式进行,抽查设定最低抽查量或比率。监管内容为鉴别确认提交材料的真实性、任务完成程度和完成质量,对这三部分内容分别根据实际情况给出相应的等级。对材料真实性存在严重弄虚作假的,本月完成情况考核部分建议直接为0分。考核也可在任务当月随时进行。

首次自主发起的新任务为必查项目,并对权重分值进行核定,今后提交按核定权重计算得分。

监管人评分由2级监管人考核结果综合,高级监管人与底级监管人考核评分占比建议取6:4,具体占比可自主配置。

系统获取的任务完成类数据,主要是责任人在外部物联网、智联网等系统自动采集系统上提交的任务完成情况数据,系统根据分值自动评分。

系统获取的客观成效数据主要是责任人职责范围内的问题发生数(或发生率),包括技防设备故障和误报情况、检查发现的问题、发生的各类险情和事故。对不同问题设置不同的分值,性质严重的实行一票否决,履职考核分总分为0分。这部分得分为实际成效考核部分,由系统自动评定。

履职考核分应结合群众评分机制。群众评分机制分为群众日常性匿名监督评分和年终或不定期任务性群众互评打分两类。群众日常性匿名监督评分要求有具体监督内容和评分,监督内容可供监管人核实和评分参考,监督评分需要较多人员有相同加(减)分意愿下才能生效,且评分权重相对较低。年终或不定期任务性群众互评打分不要求必须提供具体内容,其评分取其平均分计入总分,权重占比不宜过高。

3.4.2 人工履责

比如会议以会议纪要等形式来执行,难以用物联网来记录,也可以采用录音及过程语音识别等方式来执行,这样可以快速记录会议的过程,也便于后期的复盘。

按责任清单规定的参数来填写,同时需要提供一定的证据以及一定的共识,共识可以由主体责任人和监管责任人一起来达成,有些证据可以采用技术手段来达到,比如每学期对新生需要进行消防安全培训,既有培训时的会议记录,又有培训考核的分值记录,甚至还可以有培训时人脸识别的证据等。

监管责任人需要对提交的人工履责的材料和数据进行审核,一旦有人造假,则需要严格扣分或对之前的材料和数据都进行复核。

3.4.3 物联网履责

物联网履责主要是履行责任的数据提交、监管责任的相应数据提交,同时完成打分的过程。

履责时可以使用人联网和物联网,人联网需要根据责任清单项提交相应的责任任务数据,物联网则可以自动提交。

同时根据履责数据,对人联网的数据基本采用人工自评方式,对照成果考核标准来实现打分;物联网则可以自动对照成果考核标准来实现自动打分。汇总之后形成履责的分值。

监管责任在以上基础上还需要实现对被监管者的评分,监管责任也可能会影响多个被监管者。

履行过程中还须自我提醒,按重要程度提醒快要到期的清单任务项。

算法设计步骤:

算法1:责任的自我提醒算法

Step1:列出要提醒的岗位的所有责任清单。

Step2:对每一条清单进行检查,判断其是非周期性(包括事件触发型)还是周期性任务。

Step3:如果是非周期性任务,则检查当前有没有数据并检查数据是否有效。如果有数据且有效,则将此任务归到不用提醒的清单集,否则列入提醒的清单集,并根据清单的分值情况进行排序。

Step4:如果是周期性任务,则检查当前数据是否有执行,是否执行完整,则分值是否获取比较到位、监管是否已执行,如果执行完整则分值获取比较到位,则归到不用提醒的清单集,否则列入提醒的清单集,并根据清单所占的分值情况进行排序。

Step5:对所需要提醒的清单集,检查该清单的到期时间,优先按到期时间排序。

算法2:对每个岗位的执行过程进行评估

Step1:责任清单提交数据,或自动从感知获取数据。

Step2:检查责任清单类型,如果是强制型,检查当前状态。

Step3:如果当前状态没有处于高风险级别,则直接给予相应的任务完成分。

Step4:检查是否有其他扩展工作,并说明扩展工作的益处,可以自评出相应的分值,则此项分值就获取为相应的分值。

Step5:检查此责任清单是否有监管责任,如果有监管责任,则提交监管。

Step6:监管数据提交时,并且结合监管的结果,给予分值,如果监管分值在总监管分的50%以下,则相应的任务完成分也扣到同期分值。

Step7:汇总相应的分值,得到每个责任清单的分值。

Step8:执行期间每个责任清单汇总的分值即为当前的责任评估分。

3.5 量化问责、追责

3.5.1 问责、追责的量化边界

可以说量化履责的评估是一种责任审计过程,而问责、追责是责任审计后的结果或反

馈。按阶段可以分为事故前和事故后,事故后一般会按事故大小来问责、追责;事故前依据可能出现的事故进行问责,如超时、超标、超规的量化设置进行问责;当然也可以进行事前追责。

通过对主体责任、监管责任、领导责任定义不同的边界,而且之间的边界是有关联的。如对主体责任到位情况进行定义,如果主体责任未按时执行或主体责任执行不到位,而监管责任执行抽查时发现已提醒,则不进行追责;监管没抽查到的主体责任造假,事后发现主体责任人有部分造假,也不对监管责任人进行问责、追责。

所以量化边界很重要,按照前面的模糊集来定量化规则,即问责的上边界、下边界。如设备责任是根据不可接受的时间、空间(地点)、定质、定量及组合来确定,至于定质、定量需要根据设备的不同的参数组合来确定。

由于量化边界,因此事故前可以实现问责前提醒,并进行跟踪,以体现问责、追责不是目的,目的是更好地达到目标。

3.5.2 问责、追责的评估边界

目前评估边界主要是对事故的评估,对隐患起数的评估,对主要隐患长期存在的评估,对累积风险的认知评估。大致的依据在于:

(1)对事故的评估:主要依据损失情况、人员伤亡情况,这一部分是比较容易评估的。

(2)对隐患起数的评估:主要依据海因里希法则,即330法则,要减少相应的隐患起数,从大盘上干预相应的隐患情况,以降低事故情况。一旦隐患起数过高,则发生事故的可能性就越大。

(3)对主要隐患长期存在的评估:海因里希法则经过人为干预后,会有一定的作用,但是主要隐患才是导致事故的主要原因,所以重点还是要控制主要隐患,及时消除主要隐患。

(4)对累积风险的认知评估:对风险累积产生的隐患认知不足,导致一些衍生隐患快速变成事故,因此需要从认知角度上进行提升。

从上面可以看出这四个方面的评估越来越难,尤其是累积风险的认知评估。需要把整个评估的规则和标准梳理出来,以确定相应的评估边界。比如对隐患的多项量化指标,量化指标的相关证据。

同时这也是量化履责评估的重要一环,对履责的监管才更有依据。

3.5.3 问责的隐患(风险)边界

从上一节可以看出,通过对这四个方面进行科学评估,尤其是对隐患的评估,可以从评估边界中理出重要的问责边界。

比如小事故的评估边界和问责边界,目前存在的隐患起数的问责边界,主要隐患存在多长时间的问责边界以及培训后认知不足的问责边界。

可以看出小事故属于事后问责,其他事故都可以是事前问责。

同样因为在履责过程中已进行了评估,所以也可以从分值上看出差异。对于履职分值比较低的也可以进行相应的问责。

3.5.4 追责的事故(隐患)边界

可以对追责边界进行设置,包括事故的评估边界和追责边界、目前存在的隐患起数的追责边界、主要隐患存在多长时间的追责边界以及培训后认知不足的追责边界。

因为履责过程中进行了评估,所以对评估分值特别低的进行追责。履责过程中每周或每月都会出现责任分的情况,通过对责任分的比较,得出部门、组织内部分值偏低的一定比例的人员,如最低10%的人员,对这些人员进行原因查看,并进行责任能力、责任行为的评估。另外也可以通过上级监管告知相关人员或人事部门。通过以上问责,获得对责任能力培训的相关内容或责任行为要求改进的相关整改意见,事后跟踪,这也是监管责任的一项清单任务。

对出了事故的要进行追责,对事故的直接原因进行调查,同时通过监管责任关系来梳理清单项的分值情况,找出相应的责任人。通过责任惩罚机制来实现对事件的高效追责。

算法设计:

Step1:当前事故情况分析。
Step2:结合责任集及责任边界列出追责的责任集。
Step3:结合事故分析情况,列出需要追责的岗位责任集。
Step4:在履责的责任大数据中,列出所有相关的岗位责任清单的数据集,以及每条责任清单的分值。
Step5:列出分值相较对低的岗位人员。
Step6:分值相对较低的岗位人员,对其岗位责任清单数据的相关性进行分析。
Step7:综合分值较低和相关性强的人员进行初步问责。

3.6 量化减责

3.6.1 量化减责依据

通过平台显示自己的尽职尽责,实现一定程度的减责,甚至免责。通过自身责任清单验证自身的尽职尽责,同时按照完成责任目标的程度来实现合理的减责。这将使得自主实现责任的一定自治化成为现实,通过自主证责可以实现责任事件的豁免。

通过责任共识实现对责任的区块链式证明(第2章中的有向无环图管理就是一种区块链);通过对关键责任进行身份信息的验证,可以证实责任的转移;通过区块链实现责任清单任务数据的共识,形成一定的责任数据摘要。通过对摘要和身份信息的验证,可以实现平常责任工作数据的验证,以确保责任履行的真实性。

3.6.2 尽职尽责(免责)依据

尽职尽责模型如图3-2所示,对岗位进行尽职尽责的模型设计,来实现"尽职照单免责"的管理方式。

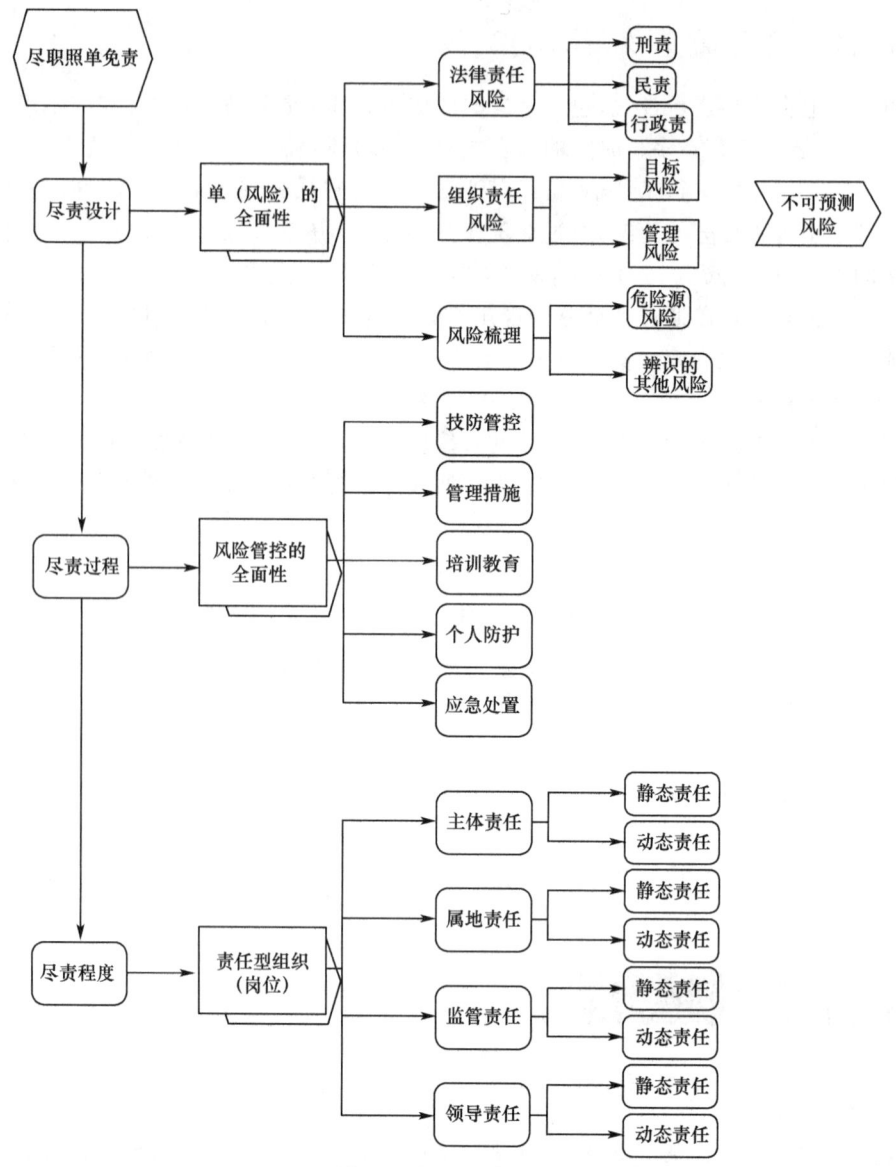

图 3-2 尽职尽责模型

先实现对尽职尽责的设计,再对不同岗位的责任包进行设计,主要责任包有主体责任、属地责任、监管责任和领导责任,每一种责任都有静态责任和动态责任。

以一个大学的安全管理为例,化学学院实验室的实验研究生,基本负有安全的主体责任;实验室的安全员,既有主体责任,又有监管责任;化学学院院长,既有主体责任,又有监管责任,还有领导责任。对于该大学所在街道分管安全的副主任来说,还有属地责任。

如图 3-3 所示,在获取模块 11 之前还包括预先列出所要执行的责任清单,并将责任清单存储于软件中,或者将会议中所涉及的责任存储到软件中。

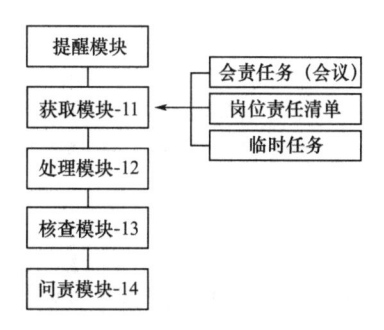

```
提醒模块
    ↓
获取模块-11  ←  会责任务（会议）
    ↓            岗位责任清单
处理模块-12      临时任务
    ↓
核查模块-13
    ↓
问责模块-14
```

图 3-3　尽职尽责管理模块

除了手动将责任信息上传至软件中以外，还可以通过软件自动获取会议中所涉及的语音信息，将获取到的语音信息形成责任，其中获取语音信息可通过录音设备获取语音信息。

在获取模块 11 之前还包括提醒模块，用于自动提醒所要执行的责任。所述责任包括责任清单中的责任和会责形成的责任。

安装于移动终端中的软件是为了提醒责任相关的人员执行任务，确保责任被正常履行。其中提醒为当天自动提醒或提前提醒。

责任相关的人员接收到该责任后，履行相对应的责任，并将履行完成的信息以及履行的过程发送至软件中。

在获取模块 11 中获取责任的履行信息。

软件获取人员发送责任的履行信息。

责任中的主体责任、监管责任、领导责任和属地责任，均包括静态责任、动态责任。静态责任为责任清单中的责任；动态责任为通过会责形成的责任，其中会责表示开会时形成的责任。

静态责任：通过清单的方式产生，可以自动提醒、提前提醒，确保任务正常执行。

动态责任：通过会责的方式产生，将领导要求、问题、文件等转成新的责任。

责任还包括历史责任，其为问责提供评估信息。历史信息可供审计、免责时综合评估使用。

以大学化学学院的副院长为例具体说明：

1. 主体责任

（1）静态责任规定

列出对自己（副院长）办公室、学院实验室的安全主体责任的清单，确保责任清单执行的到位。

（2）动态责任来源

通过检查，得到院长级大隐患、上级文件、学院要求等问题，以开会的方式将相关的责任分解到每个实验室相关负责人。

2. 监管责任

（1）静态责任规定

需要对学院每个实验室的安全进行监管，以联系某个实验室为主，对各个实验室进行抽查,每学期一次。

(2)动态责任来源

对开会分解下去的动态责任,进行跟踪监管(在软件中是直接反馈上报),对没做到位的需要问责监管;对定期发现的监管漏洞,要再进行开会部署。

3.领导责任

(1)静态责任规定

对大学化学学院整个安全责任到位情况进行理顺,对安全责任不到位的实验室进行工作梳理、指导并纳入监管。

对突发安全事件进行预警规定,并进行日常演练。

(2)动态责任来源

对化学学院整个安全责任到位情况进行动态跟踪,对安全责任不到位的实验室进行工作梳理、指导并纳入监管。

对突发事件进行及时处理,处理过程按预警规定来执行,一旦出现更大的、无法内部处理的事件,需要及时汇报到学校。

4.属地责任

(1)静态责任规定

对化学楼内的消防、实验室进行属地管理,对进入属地的所有外来人员、临时人员都需要进行安全管理,对场地分成动态的危险源等级;需要查看整个人员的配置、培训、演练情况是否到位;需要对每学期的消防计划进行申报。

(2)动态责任来源

①消防、安全计划有变动时,需要及时进行调整,并提交变动的合格理由。

②人员配置变动时需要及时配置到位,无法配置到位的也需要有专人兼管。

③培训、演练没到位,需要及时协调安排。

对进入属地的所有人员需要安全管理,对进入危险源等级高的区域需要有专人检查监管。

对已存在责任问题的事件进行及时处理,尽可能减少损失。

对于法律责任及其他责任,可以从这四个方面来进行完善及对照,通过软件工具可实现对所有静态规定和动态来源的及时处理及评估,这样才能真正实现尽责照单免责。

在处理模块12,对接收到的静态责任信息、动态责任信息进行处理,并得到处理后的责任信息。

对获取到的所有的责任执行信息通过软件进行处理。

软件将存储的相关责任执行过程进行仿真,得到仿真结果;将获取到的人员履行的责任与仿真结果进行比较,得到比较结果,以实现"尽职照单免责"中的所有内容都被正确的处理。

在核查模块13中,对处理后的责任信息进行已知来源的遍历式核查,得到核查结果;核查结果为执行责任结果所对应的分值,以及所有来源的责任分值。

已知来源的遍历式核查是对各类责任的来源进行处理,进行遍历性核查,并对每一条已知来源进行核查。

将用上述方法得到的处理结果通过算法进行核算,核查是否对所有的静态规定、动态信息都进行了良好处理(通过分值来体现),若是,则表示尽职尽责;若不是,则表示未尽到责任。

在问责模块 14 中,根据核查结果对责任相对应的人员进行问责,并记录问责信息。

根据核查结果对责任分值低于预设分值的人员进行问责,并将该信息存储于软件中。

如图 3-4 所示,S11 获取责任的履行信息,所述责任包括静态责任、动态责任;S12 对接收到的静态责任信息、动态责任信息进行处理,得到处理后的责任信息;S13 对处理后的责任信息进行已知来源的遍历式核查,得到核查结果;S14 根据核查结果对责任相对应的人员进行问责,并记录问责信息。

步骤 S11 中的责任还包括历史责任,历史责任为问责提供评估信息;静态责任为责任清单中的责任;动态责任为通过会责形成的责任。

步骤 S11 中还包括自动提醒所要执行的责任;所述责任包括责任清单中的责任和会责形成的责任。另外,如当前人员所有核查结果中的责任分值大于或等于预设分值时,对当前人员进行免责处理。

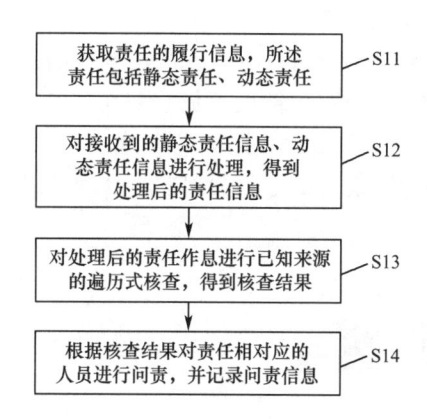

图 3-4 尽职尽责流程

3.6.3 照单追责和照单减责的关系

在追责时,可以按照责任链上的各项清单进行遍历,一旦遍历到责任不到位的情况,就从主体责任到监管责任再到领导责任进行遍历,其中属地责任也是主体责任的一种。这就是照单追责的方式。

如果对某个岗位的所有来源的责任进行遍历,若核查结果都过关,则该岗位就可按照单免责处理;若核查结果基本过关,则该岗位就可按照单减责处理。

第 4 章

责任知识挖掘

责任意识是辨识风险集全面性的综合考量,比如个人、家庭层面主要是法律风险、个人或家庭风险、岗位风险;部门层面是部门发展风险;单位层面是单位发展风险;社会层面则是社会发展风险;人类层面则是人类发展风险。

责任能力是对以上各种风险的辨识、分析、分级、管控的综合能力,在事情完成的过程中不至于让以上风险变成隐患(会有事情做不成功的可能),隐患不发展成事故。事情的难度系数可以按风险的管控力、管控工作量来评判,成事的难度、效果则代表责任能力。

责任行为是对风险的管控,能否通过行为提前将今后的风险管控起来,是风险预警驱动工作的关键。

4.1 岗位个性化评估

4.1.1 责任意识评估

责任的经济目标导向意识:经济责任是守责的基础,法律责任是底线,社会责任是社会影响力。

经济责任的层次意识:经济责任是一种利益链,个人就是单利益链,部门就是多利益链,公司是由多利益链组成的复杂利益链。公司利益链决定了部门利益链,部门利益链决定了个人利益,思考问题的层次越高,成果越好,对个人利益越有利。所以责任意识可以提升层次,形成全员营销导向的经济责任共同体意识。

利益的双向负责意识:经济责任目标自上而下分解,也需要自下而上进行扩展,按部门分解,既要对上负责,也要对下负责,这样才能形成利益链。

深度参与、沟通、挖掘、评判意识:责任目标细化到岗位,体现每个岗位的目标、利益,从而体现"人人有责、人人尽责、人人享有"的"共建共治共享"的管理。

人人有责意识:深度参与,要有做更大、更具有挑战性事情的信心。

人人尽责意识:深度沟通,深度挖掘潜力、兴趣,要有关键风险辨识意识。

人人享有意识:深入评判是否能体现"以责定利"机制。

4.1.2 责任能力评估

能力的衡量层次:体现在对"人人尽责"的责任边界的理解上,需要理清主体责任、监管责任和领导责任的边界,需要厘清经济责任、法律责任、社会责任的边界。能力首先是对结果的负责,结果达标的过程越复杂,越能体现能力。

能力的价值核心:创造更大的客户价值。既可以通过挖掘同事、渠道代理等人员的潜力来实现更多的客户价值,又可以主动服务客户,让不同层次的客户体现出价值。一般来说,挑战性大的事情价值会更大。

能力的衡量尺度:确保结果达标,有效沟通能力体现在对结果的风险把控上。有效沟通能力不一定是全面沟通,而是主要沟通环节。

能力的容纳尺度:对创新失败或解决高难度问题失败的全面总结。创新和解决高难度问题没有终点,阶段性成果就是试错后的全面提升,用风险规避评估来改善能力提升中的不足。

承担超出自身能力的责任,会对自身的能力起到一种持续地向上牵引的作用,如图4-1所示,其中成事即做成的事,评估责任能力简单地说就是完成更有挑战性事情的能力。

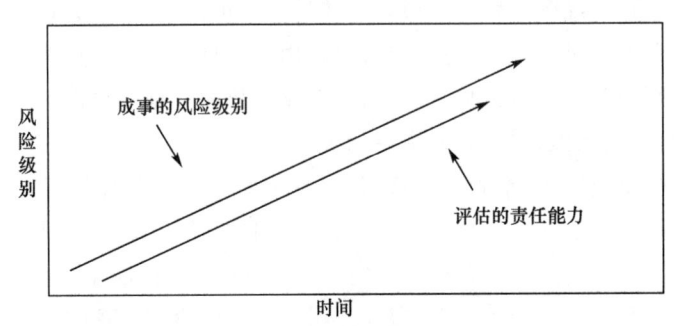

图 4-1 责任能力提升过程

能力的提升需要不断挑战更大的不确定性问题(风险),即责任水平要不断提升,如果长期承担的责任水平都在下降,那么责任能力也会有所下降。责任能力的退化可能如图4-2所示。

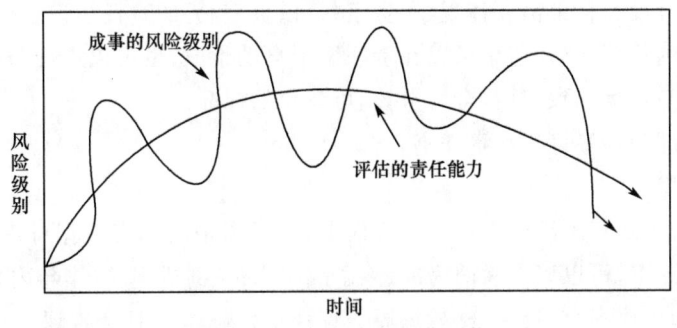

图 4-2 责任能力的退化可能

4.1.3 责任行为评估

1.责任行为

责任行为分为行为要求、目标计划行为、日常管理、奖惩四部分。行为要求是总要求，目标计划行为是年度目标、月度计划目标及责任清单，日常管理是平时的动态管理，奖惩是对行为负责的监管。

(1)行为要求

行为要求是体现尽职尽责，即衡量"人人尽责"的行为保障。

行为衡量的标准是将责任变成习惯，即责任行为自律。自律可以分为三个层次：①任务驱动的自律，即每一条任务提醒之后主动处理、主动保质保量完成；②自我驱动的自律，为了实现年度目标而不断发挥自己特长、兴趣的自律；③自我实现的自律，为了实现自我的精神满足，而产生的不断出现的目标、行为而进行的自律。

责任行为通过责联网来实现或辅助实现，责联网具体实现时可以逐步功能自动化。对于不同层次的人员，需要不同的定制方式。

(2)目标计划行为

公司年度经营目标经公司管理层会议集体讨论和审议，并结合公司往年情况、战略要求及综合研判情况展开可行性经营目标论证后，由总经理批准审核后开始展开。

目标要有时间、有价值、可量化且可考核，量化考核的依据是要以责定利，其内容一般包括经济指标、管理成果提升指标、安全指标等。

部门经营目标要按第13章和第5章第5.4节责任能力来对照执行。

各部门目标展开一般有承包目标项目、现状及问题、目标值、采取措施、风险控制等。

各部门要紧紧围绕公司年度目标和部门经营目标，结合本部门的实际情况，发动员工认真拟订本部门的承包目标分解方案，保证公司每个目标值都能落实到每个人，从而确保公司目标的实现。

各岗位按责任能力和责任意识结合部门目标来进行梳理，并通过对自己责任能力的评估来进行优化。

年度目标、月度目标都需要体现"以责定权、以责定利"的责任意识。

岗位、部门的目标、责任清单可以在责联网中自动生成，也可以进行调整，调整的内容要进行监管，即与目标一致，且符合可考核、可量化的标准。

各岗位、各部门要签订年度责任书。

(3)日常管理

日常管理是年初每个岗位人员签定责任书，责任书中的静态数据可以体现在责联网中，一旦有新的评审，可以以责联网为准，除了战略岗位、新进岗位(半年内)及特殊情况人员外。日常管理主要内容：每月分解，每周会责评审、调整，每月会责评审；必要时通过责管通进行问责、追责或奖励；每季度或每半年要对责任书进行总结，可以适当微调，具体的调整结果可以反映在责联网中；每年要对责任书进行总结、审计、评估。

公司各部门、各岗位实行年度目标责任承包制。

①承包内容(具体按年度目标责任书约定执行)

以年度应完成相关指标为对象,与承包目标完成效果和奖惩相关联。

②目标责任的检查与考核

按年度目标责任书承包内容完成情况,采取责任书综合考核,其结果同公司奖惩有关。

• 目标管理的综合部门是人力行政部,主要归口部门为销售部、技术部、工程部、财务部和商务部。人力行政部必须认真做好各部门、各岗位目标的日常组织、实施、协调、检查和考核工作;财务部做好经济责任的月度、季度、年度目标考核工作。

• 总经理组织经营目标责任的检查是保证公司方针目标实施的主要手段,人力行政部就部门经营目标实施和考核情况汇总,财务部将经济责任完成情况定期向总经理汇报,同时各部门要讨论完善责任可视化评估的知识库和应用能力。

• 根据目标值实现的情况进行评价并考核,明确落实责任部门或责任人。

• 对方针目标进行检查评价,对责任目标视其难易、效果等给予团队和负责人奖励或惩罚;对责任目标完成效果不好或没达成目标的要追究责任,认真分析原因,帮助其改正。

• 各部门的方针目标应按计划要求进行定期的检查诊断,对存在的问题按职责分解落实,并及时进行协调和整改。

各部门要结合责联网平台对岗位、部门进行月度问题查找、标准对照、综合优化提升。如各岗位的责任意识问题、责任能力问题、责任行为问题、责任制度问题,以及对应的提升对策。

(4) 奖惩

对责任行为、责任成果等出现的责任问题进行责任边界的奖惩。

责联网中定义了不同责任的问责、追责、奖励边界条件,监管人员可以通过"责管通"软件对相应的责任问题进行快速处理。

责联网中的边界也可以按利益链不受损或少受损的原则来进行调整,调整需要经过责任领导小组通过才能生效。另外由于信息化可以更好地做到"失责提醒",以体现管理的人性化,可以在以下问责、追责前进行主动提醒。但是人性化不代表放纵,在有效提醒后依然不严格履责则会受到更严厉的追责。

对日常的奖惩如下:

①岗位每月薪资,其中20%由公司根据实际工作情况考核后发放,月度奖励可以根据贡献不设奖励上限。

②各部门年度完成上交利润指标且成本不亏损时,年终经财务部核算发放奖励部分。

③各部门年度目标没完成或亏损时,年终经财务部核算须进行惩罚及成本结转。

④每个岗位都需要经济核算,一个月估算一次,三个月核算一次(半年内的新进员工、战略领军人物、股东和有特殊贡献的人员可免责),5万元以上的要问责,10万元以上的要追责。追责的员工每月须扣除20%的薪资,情况未改观每月再连续扣除。

2.加强日常问责和追责(表4-1)

(1)经济责任

经济损失小于5 000元的需要问责,大于或等于5 000元的需要追责。

(2)岗位责任

对每一件结果不理想的都要问责,对每一件结果推给领导的要追责;对没按领导要求且结果不理想的要追责。

(3)追责

按50%～200%进行经济追责,50%是责任能力不到位的,200%是责任行为、责任能力、责任意识均不到位的,追责结果会与当月工资相关。

表 4-1　　　　问责或追责边界示例(其中 N1、M1 等可以参数化)

问责等级	经济损失或生命伤亡	备注
预问责	一些风险点	更多的是对风险未知的提醒功能,可以纳入风险库中
口头警告 (扣责任分)	N1 以内	一个月内两个预问责;会责或责管通中体现
口头警告 (扣责任分)	遇到难题,不汇报、不思考就直接逃避	无成长意识就是责任意识不够,要在会责或责管通中体现
口头警告 (扣责任分)	权责不对等问题	反授权必须问责,日常两次会责或责管通中体现
书面警告 (扣责任分,到月底扣款)	N1～N2	或半年内第二次口头警告
记过 (扣责任分,到 月底、年底扣款)	N2～N3	或半年内第二次书面警告
记大过(扣责任分、降岗、降薪)	N3～N4	或半年内第二次记过
赔偿(扣责任分,降岗、降薪)	N5～M1	或 d 人以内人员轻伤
开除并赔偿	M1～M2	或 e 人以内人员轻伤,或 f 人以内人员中度伤或 d 人以内人员重伤(以法律为准)
其他违法情况	—	以法律为准

3.加强日常奖励(表4-2)

日常奖励也可以用于抵消两个月内同等级的日常问责或追责。

表 4-2　　　　责任奖励边界示例(其中 N1…M1 等可以参数化)

奖励等级	责任表现	备注
口头表扬(加责任分)	一个月无明显责任过失	会责或责管通中体现
口头表扬(加责任分)	能发现隐藏的问题、风险点,并有一定的思考力	会责或责管通中体现

(续表)

奖励等级	责任表现	备注
口头表扬(加责任分)	敢于发挥自己主观能动性,敢于担当	会责或责管通中体现
通报表扬(加责任分,月底奖励)	经济收益在 N1 以内	或半年内第二次口头表扬
物质奖励(加责任分,月底、年底奖励)	经济收益在 N2~N3	或半年内第二次通报表扬
示范标兵兼物质奖励(加责任分,升职)	经济收益在 N3 以上	半年内第二次物质奖励,或有重大责任创新担当
超额完成月度目标,尽责程度最高	—	按额度的比例奖励
经济责任超额完成 2 倍以上	—	按超额比例的增加系数奖励

4.奖惩流程

员工受奖应由部门主管向公司人力行政部提出申请,也可以由责管通提出,经部门主管汇总(必要时需要审核),由人力行政部审核上报奖励级别与方式到总经理,总经理或领导小组根据制度确定奖励级别与方式,人力行政部发布奖励通知并将获奖情况记入员工档案。

公司内统一设立的奖励,将由公司人力行政部向总经理推荐,经财务部核算,总经理核实,在公司内进行公布。

对员工处分一般由员工所在部门主管提出,也可以由责管通提出,经部门主管汇总(必要时需要审核),人力行政部调查审核通过,上报总经理决定后执行。

员工受到惩罚处分时,由人力行政部出具书面惩罚通知,并在公司内公示,记过以上的处罚需记入本人档案;当受到开除处分时,人力行政部应向上级主管部门和劳动人事部门备案。

给予员工行政处罚和经济处罚,应弄清事实,取得证据,经公司讨论,并征求意见后,慎重决定;在批准员工处分后,如果被处分者不满意,可以越级申诉,但在公司未做出改变原处分的决定以前,仍按原决定执行。

4.1.4 责任制度评估

责任制度评估是对制度是否符合"以责定岗"的验证,当然这一制度更多的是从信息管理的层面来量化的。

量化权责对等、责利对等方式是否在制度中得到充分体现,可以从管理体系、组织架构、岗位责任、过程管理、教育培训等方面展开。管理体系主要是体现责任制管理的原则、目标等;组织架构可以从当前的责任管理组织与现有组织的关系等展开;岗位责任是将所组织的岗位责任进行细化、定义;过程管理是将量化问责、量化追责、量化奖励展开;教育培训则从各岗位如何提升上展开。详细的制度可以参考附录1和附录2。

责任制度评估是对制度进行优化和提升,主要从管理上、文化上提供制度优化的指标,如管理目标的柔韧度、技术水平的提升、创新的激励和竞争力、文化上的凝聚力等。

4.1.5 责任效果评估

责任效果评估主要是从物质成果和人力资源方面提升为主要评估依据。

当然也可以采用责任文化的量化提升,可以参见责任文化章节。

4.2 利益链知识层次

为了创造更大的利益,提升利益链的角度,提高竞争能力,完善当前的商业模式,需要理清知识层次:从企业利益链到商业利益链再到社会利益链。

4.2.1 企业利益链

企业利益链是最基础的,即与客户之间的服务利益链,可以从已有的利益链再扩大到客户的其他领域。

比如通过对客户消防安全的服务,扩展到客户其他安全,如交通安全的服务,这就是利益链的扩大。扩大也有几个层面:①只是服务的简单扩大,即从之前的服务进行范围的扩大,这一层面并不提供核心技术;②提供替代性的核心技术;③优化客户其他部分的组织架构。

不同层面的扩大,尤其是层次越高的扩大,也伴随着风险的扩大,尤其是与已有服务提供商的竞争,更需要从更大的角度去构建利益链。

这当然也涉及企业商业模式的扩张,尤其是有核心竞争力的企业。

4.2.2 商业利益链

企业商业模式的扩张会涉及更高层次的利益链,比如对整个行业的商业利益链。

为了引领某个行业(子行业)更好发展,有必要通过构建有效的商业利益链使得整个组织更好发展。

4.2.3 社会利益链

随着企业影响力的扩张,社会利益链足够影响整个社会或社会的某一区域。这时就需要构建一个更大的利益链,比如股票上市等,让更多的人员受益。

发展社会利益链,还需要监管社会发展中的不良行为,如自觉抵制市场经济中的商业违法行为和不法商业活动,如贿赂、商业倾销、商业垄断等。

第 5 章 责任智能计算

责任智能计算不是通过算法的数学描述,而是通过应用场景过程描述,对责任综合评估、边界计算、知识挖掘和责任目标分解进行阐述。

5.1 责任综合评估

5.1.1 责任分类评估

责任分类评估需要根据不同责任的分类情况进行,即可以从责任的承担关系、责任类别、责任源头等进行评估。

按责任的承担关系分类,可以分为对主体责任、属地责任、监管责任和领导责任等的评估。

按责任类别分类,可以分为对组织责任、法律责任、社会责任等的评估。

按责任源头分类,可以分为对风险的评估,担责后的剩余风险评估,以及后期衍生风险的评估。

从承担者看,对领导责任、监管责任的评估主要是要求主体责任、属地责任的尽职尽责,所以会有不同的评估方式。

5.1.2 组织责任评估

组织可以是一个团队、一个部门或一个经济单位。组织责任评估会涉及价值链的问题。

综合来说,以责定权、以责定利是责任评估的主要内容,即保证责权利平衡。

组织责任评估是以岗位责任为基础,组织责任为支撑,即组织责任是确保岗位责任达到组织目标的前提,而岗位责任是完成组织目标的基本单元,只有岗位责任达标,组织目标才能达标。

所以,总的来说是从组织的目标有效分解到岗位责任的达标。

组织责任评估是组织担责能力,以及承担风险的能力。

评估的结果可以是强责任型组织、弱责任型组织等。

5.1.3 法律责任评估

从法律风险上评估责任能力,强责任型组织最基本的要求是法律责任需要过关。

法律责任主要有主法、法令、标准、文件等,不同的行业会有不同的法律责任。

对不同法律责任的处理,有矛盾的、有冲突的、有依据不强的评估。

对相关的刑法、民法、行政法律责任进行梳理,确保各岗位不触及法律责任。

5.1.4 社会责任评估

社会责任评估可以是对单位的公众形象,即对该单位的社会舆论、大众点评等内容,以及很有可能影响其公众形象的领域进行的评估。

一旦公众形象受损,会对单位造成十分严重的负面影响,一般印象中社会责任是花钱的、不盈利的,其实不然。首先要承担负面社会责任风险,其次一旦公众好评度比较高,则会对企业产生正向的效应。所以很有必要将社会责任进行细化,细化到单位级、部门级、岗位级,用于对比社会责任的能力;同时将社会责任成果与盈利、创新、环保、国际经营等结合起来。这样大大降低了社会责任风险,同时将社会责任作为单位的一项业务来开展,提升单位的公众形象,让公众产生一定的依赖性,更有利于单位的良性发展。

5.2 责任边界计算

5.2.1 责任粗糙集边界计算

根据对风险的损失进行边界设计,并进行边界计算。

损失可以引起组织风险、法律风险,以及可以预测的社会风险。

从时间、空间等角度来测算某一风险引起组织制度、法律法规标准、社会公众反响的上、下边界。

时间主要是检验设计的责任体系在运行时,执行拖延、缺失所造成的边界。

空间主要是检验设计的责任体系在运行时,有无责任空白点、新风险责任重构漏洞等边界。

可以通过时间、空间综合来评估相应的边界。

边界的量化、清晰化可根据实情变化进行调整,也是责任评估的关键。

5.2.2 不同责任间的边界计算

不同责任之间有边界设计,按风险的大小来判断,包括责任间的转变,比如损失到一定地步，就会有组织风险；再到一定地步就会有民事风险，以及更强的法律风险，影响变大了还会有社会风险。

另外也包括多责齐下的因素，严重的刑责、民责、行政责三管齐下，也会引起社会责任的谴责。

5.2.3 问责、追责边界计算

以上边界粗糙集可以认为是问责、追责的相应边界，把临近下边界设置为问责的边界，把临近上边界设置为追责的边界，这样就比较有意义，也具有很强的操作性。

5.3 责任知识挖掘

5.3.1 责任型组织的综合提升

从责任成果、人力资源的提升上看，人力资源责任型组织也可以是责任素质过关的组织。

这样可以从文化上提升，文化的内容可以参考后面的章节。

5.3.2 责任执行效果知识

效果又称为责任成果，责任成果又分为短期责任成果和长期责任成果。

有些风险会短期消失，但不久之后又会出现，有些则会一直消失。就如同前面所说的，剩余风险被治理了，衍生风险也就被治理了。

5.3.3 组织责任画像

责任型岗位是由对风险、隐患的管控，及不同责任清单的防治效果组成的。如图5-1所示，能成事的人才即可评为责任型岗位人才，责任型岗位评估包括：过关的责任意识、过关的责任能力和过关的责任行为。

图 5-1 责任型岗位的评估依据

责任组织的组成是不同组织结构的相关内容。如图5-2所示，对于单位的组织，通过各岗位的责任分方式来体现，如果组织内所有的岗位都是责任型岗位，则具备了责任型组织的条件。

当然还需要对单位的目标完成情况等责任成果进行评估,以避免责任型组织的责任成果不理想的不利局面。

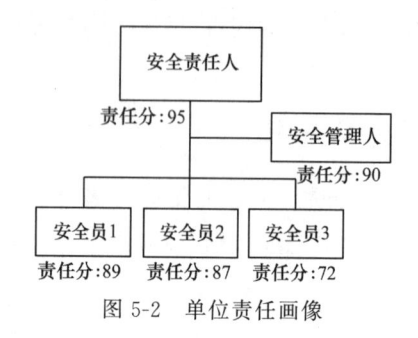

图 5-2 单位责任画像

5.4 责任目标分解

将年度目标与企业相关的信息进行举例说明,某企业年度的目标策略(细化内容)见表 5-1。

表 5-1　　　　　　　　某企业年度的目标策略

目标类别	目标内容	量化指标	期限	权重	备注
开源类	销售额,产值 2000 万元,回款 1500 万元,利润 300 万元	1500 万元回款;300 万元利润	一年	80	按二种方式分解:1)老客户、新客户;2)不同销售渠道
开源类	人均产值、人均利润	人均产值:50 万元;人均利润:10 万元	一年	5	与销售额相关,销售人才 10 人,精英销售 5 人
开源类	网络推广销售	网络搜索 100 次、公众号推广 10 次、线上讲座推广 10 次……	一年	3	主要面向企业安全生产等,也包括消防等
开源类	新产品开发	3 个产品精品化	一年	50	3 个软件产品
开源类	建立代理渠道	10 个省的 10 个较好渠道,20 个一般渠道	一年	5	广告、各种代理商等
成本类	销售成本控制	不超过 200 万元	一年	5	—
成本类	客户满意度	满意度达 95%	一年	10	列出当前不满意的客户,并提升
成本类	产品质量	质量投诉在 5 起以内全方位管理(包括质量管理)的风险知识库建立	一年	20	要建立风险知识库(包括经济风险、质量风险等)、法律知识库、制度知识库等库

(续表)

目标类别	目标内容	量化指标	期限	权重	备注
创新类	知识产权	5个发明专利申请;2个发明专利授权	一年	8	—
成本类	财务成本核算,岗位核算	100%覆盖全部岗位	年;月	10	—
成本类	安全生产事故为0	0事故	一年	5	注意触电、工伤
成本类	施工成本	3%工程款以内	一年	5	财务核算
创新类	客户分类、分级、服务期限、各种登记等内容	全部客户登记,回访,安排人员上门服务,建立微信群	一年	5	—
创新类	实现更高层次的创新	有理论上的突破	一年	10	—
创新类	创新人才	汇集通用责任、法律责任、政府责任、社会责任的高端人才	一年	2	—
成本类	技术、客户关系保密工作体现出来	保密度100%	一年	5	—
法律责任方面	不违反消防法、文件及相应的标准	—	—	—	见法律责任知识库设置
法律责任方面	不违反安全生产法、文件及相应的标准	—	—	—	
社会责任方面	价值观要正向	—	—	—	责任文化结合

从表 5-1 可以看出,该企业年度最重要的目标为:产值 2000 万元,回款 1500 万元,300 万元。

当然还可以设定高目标和低目标,比如高目标:3000 万元,利润 500 万元;低目标:1200 万元,利润 200 万元。

人才目标:销售人员 10 人,其中精英销售 5 人,人均完成 150 万元。

还包括将制定的年度目标转换为与责任相关的物联网(简称责联网)的年度目标格式,见表 5-2。

表 5-2　　年度目标

目标内容	量化标准	利益类别	利益表现	利益链相关比例	完成时间
产值	销售额,产值2000万元,回款1500万元,利润300万元	开源类	销售留存	销售;商务配合;工程/服务;人事:规划销售人员;财务:核算成本等;	年度
销售成本控制	200万元以内	成本控制	含在销售留存中	销售、商务	年度
网络销售新模式	网络搜索100次、公众号推广10次、线上讲座推广10次……	开源类	—	—	—
…	…	…	…	…	…
要建立各种代理渠道	争取销售额200万元;10个省份建立代理	开源类	商务留存	商务、销售	年度
人均产值、人均利润	人均产值50万元,人均利润10万元	开源类	—	人事	—
新产品开发	3个精品	开源类	客户评价,自用评价	技术、人事	一年
人事责联网	人事类的责任到位率98%以上	开源类	—	人事、技术	一年
挖掘员工潜能	淘汰不合格的、奖励先进的	开源类	—	人事、各部门	每月
安全生产	事故为0	成本类	—	—	—
施工成本控制	在工程款的3%以内	成本类	—	—	—
知识产权	发明专利申请5个	创新类	—	—	—

在分解模块12中,将所述制定的年度目标分解为企业的月度目标。其中月度目标包括经济责任目标集、组织责任目标集、法律责任集和社会责任集。

将年度目标分解为月度目标,但是对于分解得到的结果不符合要求的,可手动进行调整,以得到合适的月度目标。

将销售、人事、商务、技术、财务岗位的月度计划进行细化,得到各目标集、评审标准、年度目标的完成情况。具体见表 5-3 至表 5-10。

表 5-3　　销售人员的利益相关链比例

目标内容	量化标准	利益类别	利益表现	利益链相关比例	完成时间
产值	销售额,产值*万元,回款*万元,利润*万元	开源类	销售留存	销售;商务配合;工程/服务;人事:规划销售人员;财务:核算成本等	年度

表 5-4　　　　　　　　　　某销售人员的月度计划(年度分解)

月份	指标分解	指标评估(责任连带),非量化的分解管理	备注
3	—	回款	*项目
4	—	回款	*项目
5	—	招标	*客户
6	—	第二年预算跟进:*万元	报国拨经费预算
7	—	回款	*项目
8	—	项目验收	无违法;利益链,可以按毛利的20%计算(包括个人的所有成本)
9	—	回款	*项目
10	—	第二年预算跟进:*万元 商务配合	省属经费预算
11	—	第二年预算跟进:*万元	市属经费预算
12	—	第二年预算跟进:*万元	无违法;利益链,可以按毛利的20%计算(包括个人的所有成本)

表 5-5　　　　　　　　　　人事部门的利益相关比例

目标内容	量化标准	利益类别	利益表现	利益链相关比例	完成时间
人均产值、人均利润	人均产值*万元,人均利润*万元	开源类	—	人事	—
招聘、挖掘员工的潜能	培训履责能力不理想的员工;淘汰培训效果不理想的员工;奖励先进的员工;按计划进行新人的招聘	开源类	—	人事	每月
人事责联网	设计、开发好	开源类	—	人事、技术	一年
融资	投资、贷款,*万元	开源类	—	财务、行政	一年
人才集聚	汇集国内责任管理的高级人才	创新类	—	—	—
责任文化	从面试、招人、培训全过程进行责任文化的设计、培训和考核	—	—	—	—

表 5-6　　　　　　　　　　　　人事部门自身增加目标

目标内容	量化标准	利益类别	利益表现	利益链相关比例	完成时间
人事责联网销售	产值 * 万元	开源类	—	—	—

表 5-7　　　　　　　　　　　　　人事的月度目标表

月份	指标分解	指标评估(责任连带),非量化的分解管理	备注
1~2月	—	—	受新冠肺炎影响,只是做准备或列计划
3月	人事责联网设计	设计确认完善	—
3月	人均产值、人均利润	提出相应的做法,可以结合责联网,从开源节流给各部门定目标:招聘优秀销售及培训;配合商务挖掘销售人员潜力、挖掘重要的销售渠道;控制成本、财务费用支出	—
3月	招聘、挖掘员工潜能	培训履责能力不理想的员工,淘汰培训效果不理想的员工;奖励先进的员工;按计划进行新人的招聘	
3月	融资	融资商业计划书的完善	—
3月	人才聚集	整理出公司所需要的各类人才	—
3月	责任文化	整理出责任文化的制度、框架,并结合到人事责联网	
4月	人事责联网开发、人力资源见效、宣传成册	开发内容定稿,跟进开发进度,宣传手册定稿	—
4月	人均产值、人均利润	招聘优秀销售及培训;配合商务挖掘销售人员潜力、挖掘销售渠道;控制成本、财务费用支出;每月核算,并给出差距	
4月	招聘、挖掘员工潜能	培训履责能力不理想的员工,淘汰培训效果不理想的员工;奖励先进的员工;按计划进行新人的招聘	
4月	融资	和已有投资公司紧密接触,拓展投资渠道,商业计划书投放到其他 FA,报名参赛等	
4月	人才聚集	理出公司发展过程中需要的人才,跟行业内有影响力的专家、行业猎头进行接触,建立人才库	
4月	责任文化	新进人员的责任文化培训课程设计;老员工的责任意识、责任行为培训课程准备	
5月	人事责联网试销	可以部分试销,如会责	—
5月	—		

(续表)

月份	指标分解	指标评估(责任连带),非量化的分解管理	备注
6月	人事责联网销售额	预算*万元	—
7月	—	—	—
8月	—	—	—
9月	—	—	—
10月	—	—	—
11月	—	—	—
12月	—	—	—

表 5-8　　　　　　　　　　商务利益相关比例链

目标内容	量化标准	利益类别	利益表现	利益链相关比例	完成时间
产值	提高人均产值与人均利润	开源类	销售留存	—	一年
产值	老客户维护项目签订*万元;商务协助回款额*万元	开源类	商务留存	—	一年
销售成本控制	销售部整体成本控制在*万元以内	成本控制	含在销售留存中	—	一年
网络宣传新模式	产品等在电子商务网站上的传播;微信群营销;微信公众号	开源类	销售留存	—	一年
客户媒体宣传;展会	科技媒体、样板项目研讨宣传;行业有影响力的展会	开源类	销售留存	—	一年
建立各自代理渠道	建立代理商渠道体系,完成年度10个省份合作代理商协议签订	开源类	商务留存	—	一年

表 5-9　　　　　　　　　　技术利益相关比例链

目标内容	量化标准(部分保密)	利益类别	利益表现	利益链相关比例	完成时间
责联网的现有阶段版本	现有版本的阶段性功能完善	开源类	销售比例,财务核算	—	2020年3月底
会责初始版本	初始版本的公司内部试用	开源类	财务核算	—	根据后续需求确定
责联网移动端的现有版本完善	公司内部的试用情况,提升客户使用的满意度	开源类	销售比例,财务核算	—	2020年2月底
消巡通的集成	完成时间,完成质量	开源类	销售比例,财务核算	—	2020年6月
会责升级版	功能完善,使用情况良好	开源类	财务核算	—	根据后续需求确定

(续表)

目标内容	量化标准(部分保密)	利益类别	利益表现	利益链相关比例	完成时间
消巡通集成到责联网接口	尽量做到性能优化,修正现有不完善的地方和已发现的 bug	开源类	财务核算	—	2020年5月
消控系统集成到责联网接口	尽量做到性能优化,修正现有不完善的地方和已发现的 bug	开源类	财务核算,销售比例	—	2020年8月
水压集成到责联网接口	尽量做到性能优化,修正现有不完善的地方和已发现的 bug	开源类	财务核算,销售不利	—	2020年12月
责管通的升级版	完成时间,客户使用情况	开源类	销售比例,财务核算	—	2020年6月
项目的初步实施	实施时间	开源类	财务核算	—	2020年4月
责管通App单独分离一份出来给公司人员使用	用户体验流畅,责任监管能力提升20%	开源类	财务核算	—	2020年2月
责管通消巡通集成版	完成时间,完成质量,客户使用情况	开源类	销售比例,财务核算	—	2020年6月
物联网集成到责联网	按自定义协议完成全过程集成	开源类	销售比例,财务核算	—	2020年5月
物联网维护增加扩展性	可自定义编码位数等,添加其他调试功能	开源类	销售比例,财务核算	—	2020年3月
物联网维护	从技术上做到及时响应	开源类	销售比例,财务核算	—	根据客户反馈时间一到7天内
售后问题	应答及时性处理时间,客户满意度	开源类	销售比例,财务核算	—	根据客户反馈时间一到三天内

表 5-10   财务利益相关比例链表

目标内容	量化标准	利益类别	利益表现	利益链相关比例	完成时间
财务成本核算	个人的每月成本、项目的成本	成本类	财务核算	5%	对应月份

(续表)

目标内容	量化标准	利益类别	利益表现	利益链相关比例	完成时间
施工成本核算	施工核算表	成本类	财务核算	2.5%	项目期间
销售成本核算	销售成本核算	成本类	财务核算、销售留存	2.5%	对应月份
融资	投资、贷款，*万元	开源类	—	5%	一年
财务账务处理	0差错;0罚款	成本类	财务核算	40%	对应月份
软件退税	超出3%的增值税	成本类	财务核算	10%	对应月份
人均产值、人均利润	人均产值:*万元 人均利润:*万元	开源类	销售留存	5%	年
采购	已采购过的产品按原价;新采购的产品需要三次比价,尤其是电子商务网上的价格	成本类	采购核算	20%	对应月份

通过构造年度目标,并将年度目标分解到月度目标,以形成经济责任目标集、组织责任目标集、法律责任集、社会责任集。其中将年度目标分解为月度目标包括自动分解和/或手动调整。自动分解为软件中记录的年度目标自动通过预设置的关键词、预设内容等信息将年度目标自动分解为月度目标;手动调整为自动分解后的月度目标进行人工调整,以得到更加合理化的月度目标。如按照完成期限将年度目标等分,生成月度目标,且生成的月度目标还可通过手工修改。

年度总目标生成年度部门目标,再量化分解生成月度目标。用软件管理可以实现全方位的动态化。

不同部门分解以上目标,对公司的贡献可以按企业毛利的不同比例来体现,比如人事部门按×.××%体现利益链,人事部门经理按人事部门的××%体现利益链。

在人事部门,年度部门目标认为人事责联网也可以产生销售额一年×××万元,可以和销售部门一起来实现,再汇总到公司的年度目标上,可以提升公司的年度销售目标。同时对应到利益链上,人事部门按毛利的××%计提。该目标发挥了人事部门的主观能动性,其计提明显高于其他目标的提成。

另外目标合成软件模块,可根据制定的年度目标以及分解得到的月度目标,结合岗位目标的变动合成新的年度目标和新的月度目标。

岗位目标调整后,将制定的年度目标以及分解得到的月度目标再结合变动后的岗位目标,合成为部门或企业新的年度目标和新的月度目标。

若部门或企业的岗位未变动,则不进行合成处理。

设计生成算法的软件模块用于根据月度目标,结合风险治理知识库生成与月度目标一致的各个岗位的责任集。

以人事部门的 4 月为例,人事经理的责任集见表 5-11。

表 5-11　　　　　　　　　　　人事经理的责任集

月份	指标分解	指标评估(责任连带),非量化的分解管理	备注
4 月	人事责联网开发、宣传册	开发内容定稿,合理安排和跟踪开发进度,产品宣传册定稿	—
	人均产值、人均利润	督促销售部提高产出;配合销售部门招聘有一定基础的销售人员和人事顾问,并配合商务加强销售情况的核算	—
	招聘、挖掘员工潜能	培训履责能力不理想的员工,淘汰培训效果不理想的员工;奖励先进的员工;按计划进行新人的招聘	绩效每月小考核
	…	…	…
	风险逐一检查并根据风险等级列权重	按风险知识库的风险项逐一检查	—
	根据新问题登记或修改风险知识库	新问题登记;风险知识库不合理的项目需要完善、改进	提交并审核

风险治理包括法律责任知识库、风险知识库和制度知识库,见表 5-12 至表 5-14(但不限于表 5-12 至表 5-14 的内容)。

表 5-12　　　法律责任知识库(安全生产、消防、产品质量、行业法律法规)

法律条文	出处	领导责任	监管责任	主体责任	相应要求
可能危及人体健康和人身、财产安全的工业产品,必须符合保障人体健康和人身、财产安全的国家标准、行业标准;未制定国家标准、行业标准的,必须符合保障人体健康和人身、财产安全的要求	《产品质量法》第十三条	健全内部产品质量管理制度,严格实施岗位质量规范、质量责任以及相应的考核办法	对产品质量进行指标化设计;对岗位进行产品质量培训;处理开发过程中的质量上报流程;对质量执行情况进行岗位考核,考核不通过的问责、追责	严格上报产品质量技术指标,对缺陷进行严格测试;对不符合要求的要及时上报;通过技术手段协助解决质量问题	开发人员、开发组长、测试人员为主;产品实施人员为辅;其他人员均需配合;领导管理整个质量体系
劳动者不能胜任工作,经过培训或者调整工作岗位,仍不能胜任工作的	《劳动法》第二十六条	对人事和部门经理进行监管	人事部门需要对所有的目标进行检查,按前面要求检查	对照完成自己的月度、年度目标	用人单位可以解除劳动合同,但需要提前三十日以书面形式通知劳动者本人

表 5-13　风险知识库(环节、风险内容、风险或隐患等级、监管力度、相关案例)

环节	风险内容	风险或隐患等级	监管措施	相关案例	备注
销售	经费落实问题	高	采集相应的信息,进一步跟用户沟通;努力争取,避免影响销售目标	某单位,由于保卫处长人事调整,所以经费落实不到位	需要一定的保险系数和相应工作
人事及相关部门	离职风险	高	招聘环节加强风险把控培训环节加强考核加强岗位亏损的问责、追责	某销售人员,入职两年,产出低,无法完成责任目标	人事和相关部门要配合
人事及相关部门	销售人员不胜任	高	试用期:末位淘汰机制;转正后:末位淘汰经培训后依然末位	要有末位淘汰和培训机制	人事为主,商务考核、培训结合
工程	工期拖延	高	加强日常考核加强工程进度监管	某项目要求半个月完成,却拖延3个月	—
技术	开发脱节,并导致开发延期	高	加强设计的市场导向开发责联网的应用,确保责任到位	—	—

表 5-14　　　　　制度知识库

适用部门	制度描述	制度边界	奖惩措施	相应的奖惩内容	备注
所有部门	造成财产损失严重	5 000元以上	追责	损失的责任方进行合理赔偿	责任清单用于警示、日常提醒
所有部门	成本节约	5 000元以上	奖励	按合理贡献程度进行有效奖励	可以列出一些成本节约的具体案例

将分解得到的月度目标再结合上述风险治理形成各个岗位的主体责任集、监管责任集、领导责任集。在月度目标基础上,将"责任边界"中的法律责任知识库、风险知识库、制度知识库结合起来,直接生成岗位的责任集。

选择部门是根据风险等级选择主体责任人、监管责任人(岗位),自动根据风险情况生成各岗位的责任集,然后对每个人的责任集进行调整,得到符合需求的责任集。

各个岗位的责任集见表 5-15。

表 5-15　　　　　　各个岗位的责任集

部门	岗位/姓名	职责	分目标承包比例	部门利益合计	能力评估	备注
人事行政	人事经理	全面负责	人均产值、人均利润	100%	从销售人员、去年的情况深挖	—

(续表)

部门	岗位/姓名	职责	分目标承包比例	部门利益合计	能力评估	备注
销售	地区销售	北京(及周边)	人均产值：*万	单独计算	评估去年报预算，今年可以突破的地方	—
	…	…	…	…	…	…
技术	责联网开发经理	责联网平台负责	—	—	—	—
技术	单项工程师	会责	—	—	—	—

由表 5-15 可以看出，部门目标和岗位职责之间有一个以责定岗的比例关系，通过设定比例可以生成每个岗位的年度目标或月度目标。

其中人事部门的责任集可以扩充，以人事经理 4 月份的责任集为例，见表 5-16。

表 5-16　　　　　　　　　　4 月份的责任集

月份	指标分解	指标评估(责任连带)，非量化的分解管理	备注
4 月	人事责联网开发、宣传成册	开发内容定稿，跟进开发进度，宣传手册定稿	—
	人均产值、人均利润	督促销售部提高产出；配合销售部门招聘有一定基础的销售人员；每月核算，并给出差距	—
	…	…	…
	风险逐一检查并根据风险等级列权重	用人的法律风险；离职风险；不胜任风险等	—
	根据新问题登记或修改风险知识库	新问题登记；风险知识库不合理的需要改进	提交并审核

各个岗位的责任集还可以基于有向无环图对各个岗位责任集中的岗位责任进行监管。根据风险等级，选择主体责任人(岗位或人群)，采用多方监管的方式，通过有向无环图要求二级监管，分别理出监管责任清单项的具体量化内容，再理出领导责任清单项的相应内容。

对各个岗位的岗位责任进行监管包括人工智能、知识挖掘方式来实现，并评估主体责任、监管责任、领导责任的到位情况。

设计生成算法的软件模块，根据各个岗位的责任集生成各个岗位相对应的责任清单集。

其中生成各个岗位相对应的责任清单集具体是生成责任清单框架，还需对框架中所涉及的参数进行进一步细化，以得到准确的、可执行的责任清单。

以人事部门 4 月为例列出责任清单，见表 5-17(还需要对下表进行归类和细化)。

表 5-17　　　　　　　　　　　人事 4 月责任清单

职责	责任清单(任务)	权重	相关考核点
人事责联网开发、宣传成册	开发内容定稿	5	文档要评审通过
	跟进开发技术人员进度	4	进度安排计划表(会责),确保相关的责任到人
	宣传册定稿	6	宣传册要通过领导审核
人均产值、人均利润	督促销售部提高产出	5	销售人员的相关计划及完成统计
	…	…	…
	每月核算,不断优化商务计划	5	财务报表及商务分析
招聘、挖掘员工潜能	…	…	…
	按计划进行招聘	3	按招聘需求来
	奖励先进的达标员工	3	责联网中体现
融资	—	—	—
人才聚集	—	—	—
责任文化			
风险逐一检查	根据法律风险和组织风险逐一对照	10	风险对照表
其他内容	领导交办的事宜	15	

对表 5-17 中的内容进行归类细化,进而完善分值评估,其中主体责任的监管关系可以根据组织机构来生成,表 5-18 为人力资源部门人力经理的岗位责任清单。

表 5-18　　　　　　　　　　　岗位责任清单

责任点	任务编号	任务	关联关系	关联编号	分值	提交数据	提交形式	相关考核点
提高人均产值、人均利润	1-1	督促销售部提高产出	—	—	5	录用表	Excel表格	销售人员的相关计划及完成统计
	1-2	配合销售部门招聘有一定基础的销售人员	—	—	5	销售合同	Word文档	按要求招聘
	1-3	每月核算,并给出差距,根据差距再定后面的目标	—	—	5	成本分析表	Excel表格	财务报表及人事分析
招聘、挖掘员工潜能	—	—	—	—	—	—	—	

(续表)

责任点	任务编号	任务	关联关系	关联编号	分值	提交数据	提交形式	相关考核点
人事责联网开发、宣传成册	—	—	—	—	—	—	—	—
融资	4-1	和已有投资公司紧密接触	—	—	5	—	Word文档或Excel表格	接触的反馈
融资	4-2	拓展投资渠道,商业计划书投放到其他FA等	—	—	5	—	—	相关邮件等
风险逐一检查	5-1	根据法律风险和组织风险逐一对照	—	—	10	—	—	风险对照表
人才聚集	6-1	公司发展过程中需要的人才要求	—	—	5	—	—	责联网人才需求库
人才聚集	6-2	老员工的责任意识、责任行为培训课程准备	—	—	5	—	—	责联网人才库
责任文化	7-1	新进人员的责任文化培训课程设计	—	—	10	—	—	列出课程表、课程及考试库
责任文化	7-2	老员工的责任意识、责任行为培训课程准备	—	—	6	—	—	课程及考试题
领导交办的其他工作	9-1	能快速响应、认真落实各项要求	—	—	15	—	—	—

将生成的各个岗位的责任集汇总成新的目标(各个岗位相对应的责任清单集),对于每个岗位的目标可以进行长期的成长性跟踪。

在形成责任清单后,履行岗位责任后可以结合责任清单计算相应的利益。

将企业内部的经济目标、组织目标、法律目标、社会责任目标等年度目标分解到月度目标(需要人工调整,调整后还影响原先的年度目标),再对目标结合风险治理形成每个岗位的主体责任集、监管责任集和领导责任集,最后形成每个岗位有效的责任清单集;可以应用在绩效管理的年度PDCA、月度PDCA上的计划生成上,实现有意义的单位内部利益链(价值链);这样确保组织、部门、岗位的利益链计划的一致,便于后面跟进检查。

以下是另一种岗位责任清单生成、调整的例子,用于消防安全管理、消防管理中包括消防大队、××企业(部门、员工)等。

组织机构:消防大队大队长、消防参谋;

××企业,生产部(经理);

××企业生产部,操作工。

消防大队大队长的年度目标:辖区内,今年亡人火灾为0,火灾起数比去年减少10%,重伤以上的人员不超过1人;责任到位率90%以上;抽查设备完好率90%以上,且故障都有责任人;消防演练率30%以上。

将消防大队大队长的年度目标转换为月度目标后,形成每月的月度目标。

消防参谋的年度目标:抽到检查的单位(或区域)今年内亡人火灾为0,火灾起数比去年减少15%,重伤以上的人员为0;责任到位率90%以上;抽查设备完好率90%以上,且故障都有责任人;消防演练率30%以上。

××企业生产部分解的年度目标(部分内容)见表5-19。

表5-19　　　　　　××企业生产部分解的年度目标(部分内容)

目标内容	量化标准	利益类别	利益表现	利益链相关比例	完成时间
安全受控指标	(1)安全事故起数≤1起 (2)杜绝人员伤亡事故发生	节流类	安全基金	一票否决,安全基金全员一年扣队	年度
工作目标	(1)完善、落实全员安全生产责任制,明确班组员工责任 (2)加大安全生产管理制度的执行力度,按照操作规程生产,严禁违章作业行为 …… (8)职工上班要正确穿戴劳动防护用品,严禁上班穿拖鞋、赤脚、赤膊等,要坚守本职岗位,不准擅自离岗串岗 (9)对本岗位的安全生产负直接责任	节流类	安全基金	按评选的分值进行分配	年度或月度

××企业生产部操作工的年度目标:

1.控制指标

(1)按计划参加培训率达100%。

(2)区域危险源控制率100%。

(3)安全检查有效率100%。

2.工作目标

(1)在作业过程中应严格遵守各项安全生产规章制度和操作规程,服从管理,正确佩戴和使用劳动防护用品。不违章作业,并劝阻他人违章作业。

(2)接受安全生产教育和培训,掌握本职工作所需的安全生产知识,提高安全生产技能,增强事故预防和应急处理能力。

(3)发现事故隐患或者其他不安全因素,应当立即向现场安全生产管理人员或者本单位负责人报告。

(4)精心操作,严格工艺控制,记录整洁、准确可靠。

(5)开展正常性的安全生产检查工作,及时消除安全隐患,根据部门、班组要求做好安全检查、隐患排除的记录。

(6)加强设备维护,经常保持作业场所整洁,搞好文明生产。

(7)对本岗位的安全生产负直接责任。

消防大队整理的法律责任包,见表5-20。

表5-20　　　　　　　　　　单位的法律责任包

责任编号	职责	任务编号	责任任务	触发方式	主从责	任务等级	周期性	任务周期	周期单位	开始时间	提醒时间	分值权重
1001	贯彻执行消防法规,保障单位消防安全符合规定,掌握本单位的消防安全情况;	1001-1	每年组织召开一次消防工作部署和总结会	时间触发	主责	A级	周期性	365	天	2019-11-20 16:53:50	—	—
1002	将消防工作与本单位的生产、科研、经营、管理等活动统筹安排,批准实施年度消防工作计划;	1002-1	制定年度消防安全工作计划	时间触发	主责	A级	周期性	1	天	2019-11-20 16:53:50	—	—
1003	为本单位的消防安全提供必要的经费和组织保障;	1003-1	保障消防安全必要经费	时间触发	主责	A级	周期性	365	天	2019-11-20 16:53:50	—	—
1004	确定逐级消防安全责任,批准实施消防安全制度和保障消防安全的操作规程	1004-1	制定单位逐级岗位消防安全责任	时间触发	主责	A级	周期性	365	天	2019-11-20 16:53:50	—	—
1004	确定逐级消防安全责任,批准实施消防安全制度和保障消防安全的操作规程	1004-2	制定单位消防安全操作规程	时间触发	主责	A级	周期性	365	天	2019-11-20 16:53:50	—	—
1005	组织防火检查,督促落实火灾隐患整改,及时处理涉及消防安全的重大问题;	1005-1	组织防火检查	时间触发	主责	A级	周期性	90	天	2019-11-20 16:53:50	—	—
		...	...	...	...	...	...	...	...	...	...	...
1006	根据消防法规的规定建立专职消防队、义务消防队;	1006-1	组织微型消防站管理和训练	时间触发	主责	A级	周期性	60	天	2019-11-20 16:53:50	—	—

针对表5-20的内容,再增加××企业内部的责任项目(如年度目标)分配到相应的主体责任、监管责任、领导责任(要分二重结构:××企业生产部和安全部门、企业领导;生产部操作工、生产部安全员、生产部经理),所以以生产部经理为例,生成以下年度目标见表5-21。

表 5-21　　　　　　　　　　　某岗位的年度目标

目标内容	量化标准	利益类别	利益表现	利益链相关比例	完成时间
安全受控指标	(1)安全事故起数≤1起 (2)杜绝人员伤亡事故发生	节流类	安全基金	生产部	年度
工作目标	(1)完善、落实全员安全生产责任制,明确班组员工责任 (2)加大安全生产管理制度的执行力度,按照操作规程生产,严禁违章作业行为 …… (8)职工上班要正确穿戴劳动防护用品,严禁上班穿拖鞋、赤脚、赤膊等,要坚守本职岗位,不准擅自离岗串岗 (9)对本岗位的安全生产负直接责任	—	—	—	年度 (每月)
消防责任	辅助企业安全部门制定与生产部相同的年度消防安全工作计划	—	—	—	一年一次

其中一个月的计划目标见表 5-22。

表 5-22　　　　　　　　　　　月度计划目标

目标内容	量化标准	利益类别	利益表现	利益链相关比例	完成时间
安全受控指标	(1)安全事故起数0起 (2)杜绝人员伤亡事故发生	节流类	安全基金	生产部	4月
工作目标	(1)完善、落实全员安全生产责任制,检查班组员工责任到位情况 (2)加大安全生产管理制度的执行力度,按照操作规程生产,严禁违章作业行为 …… (8)职工上班要正确穿戴劳动防护用品,严禁上班穿拖鞋、赤脚、赤膊等,要坚守本职岗位,不准擅自离岗串岗 (9)对本岗位的安全生产负直接责任	—	—	—	4月
消防责任	辅助企业安全部门制定与生产部相同的年度消防安全工作计划	—	—	—	4月
检查各风险点	按风险点进行检查,形成主体责任、监管责任人	—	—	—	4月

结合整理出来的风险点,将风险到隐患、隐患到事故的整个内容再细化到主体责任、监管责任、领导责任中。按风险等级来划分监管强度、层级(包括领导责任)。对于风险很低的主体责任增加监管强度。

过程中的问题,也采用风险方式来列出,表 5-23 为安全风险分级管控台账(清单),其中的责任岗位、责任节点、责任清单和权重可以根据实际情况进行完善。

表 5-23　　　　　　　　　　安全风险分级管控台账(清单)

序号	部位/场所	风险辨识	隐患示例	风险分级/风险标识	可能导致事故类型	主要防范措施	责任岗位	责任节点	责任清单项	权重
1	生产车间	常温下能自行分解或在空气中氧化能导致迅速自燃或爆炸的物质	汽油、乙醚、苯	A	引发爆炸或者火灾	防爆措施				
		…	…							
		在密闭设备内操作温度不小于物质本身自燃点的	—							
2	存储仓库	爆炸下限小于0%的气体,受到水或空气中水蒸气的作用能产生爆炸下限小于10%气体的固体物质	—	A	引发爆炸或者火灾	防爆措施				
		…	…							
		受撞击、摩擦或与氧化剂、有机物接触时能引起燃烧或爆炸的物质	—							
3	高层厂房防火墙	耐火极限不小于3小时建筑构建不可燃	—	A	容易发生火灾	防火措施				
…	…	…	…	…	…	…				
6	民用建筑、厂房、仓库、储罐(区)和堆场周围	设置室外消火栓系统	—	—	无法及时灭火	设置室外消火栓				

即可以形成生产部经理的 4 月责任清单框架,见表 5-24。

表 5-24　　　　　　某岗位某月的责任清单框架表

职责	责任清单(任务)	权重	相关考核点

(续表)

职责	责任清单(任务)	权重	相关考核点
安全受控指标	安全事故起数0起	100(一票否决)	会责
	杜绝人员伤亡事故发生	100(一票否决)	会责
工作目标	完善、落实全员安全生产责任制,检查班组员工责任到位情况	5	责联网的相关分值排行及监管
	加大安全生产管理制度的执行力度,按照操作规程生产,严禁违章作业行为	8	报告文档
	…	…	…
	对本岗位的安全生产负直接责任	5	无须
	开展安全生产宣传教育与培训工作。认真做好新员工上岗前的安全教育工作,职工安全教育率100%	10	报告
消防责任	辅助企业安全部门制定与生产部相同的年度消防安全工作计划	15	报告
检查各风险点	按风险点进行检查,形成主体责任、监管责任人	—	责联网中体现

第 6 章

责任管理工具

责任管理是管理一种动态的有限责任集,动态比例不同的行业或岗位会有所不同。据统计,一般动态性比例(如临时任务)会超过 30%,竞争激烈的行业的岗位动态性比例会超过 70%。

对动态性责任的管理需要借助责任管理工具,如对动态责任管理过程进行 PDCA 闭环化;对责任边界进行快速管理;对自己是否尽职尽责进行检验。这三个工具在本书中分别称为会责、责管通和尽责宝,另外还有责任大数据分析工具。

因为工具软件的版本更新很快,所以以下主要是一些概念性的解释及基本的工具功能介绍。

6.1 会 责

日常的动态责任管理,尤其是快速地通过个人汇报、会议形式来实现 100% 的动态责任的闭环管理:

(1)责任事项(动态任务、临时任务)下达和分配:周例会(或任务安排会)上能及时对责任事项进行下达和分配,实现对上级文件工作问题形成的责任任务 100% 落实到人,并实现闭环化进度评审。

(2)责任事项记录和追踪:实现真正高效的智慧开会方式,并对开会的内容进行记录,在下一次开会时,可以将上一次的开会责任要求列出来,在本次会议上进行进程评估。

(3)责任事项提醒和评估:对当前完成工作进行评分(可以开会自报、也可以自动打分、上级评分或几种方式相结合),根据该评分结果判断该工作完成的情况是否合格,如不合格,则找出存在的问题,并对该任务责任人进行(预)问责(追责)。

(4)年度目标、月度目标的 PDCA:对年度目标、月度目标的计划进度进行显示、评审、修正或讨论。

支持显示屏、投影仪的会议文字显示,如图 6-1 所示。

第6章 责任管理工具

图 6-1 会责的应用场景

企业在管理的过程中需要经常开会,而开会就会涉及会议记录。会议记录是指在会议过程中,由记录人员把会议的组织情况和具体内容记录下来,就形成了会议记录。"记"有详记与略记之别,略记是记会议概要、会议上的重要或主要言论;详记则要求记录的项目必须完备,记录的言论必须详细完整。

在开会中,一旦开会的人多、内容多,在开会时制定的岗位任务往往落实的较差,而开会的内容却无从查证。传统会议记录采用人工笔记的方式对开会进行记录效率较低,且容易丢失内容。

综上所述,现有技术至少存在如下技术问题:

若需要留下开会的所有内容,则要靠"录"。"录"有笔录、录音、录像、摄影等几种,对会议记录而言,录音、录像、摄影通常只是手段,最终还要将录下的内容还原成文字。笔录也常常要借助录音、录像、摄影,以其作为记录内容最大限度地再现会议情境的保证。

开会的内容通过录音等方式记录下来后,却很难将开会中的内容及时的分配到相应的人员,且要定期检查该人员执行任务的情况,以及如何对执行情况进行打分或(预)问责(追责),整个开会督办工作费时费力。

6.1.1 会议传达责任

开会场景包括手机会议、集中会议、远程视频会议等。

开会的类型包括:月初评审会(月初目标评审)、月末打分会(月末目标达标评审,并打分)、周例会(每周报告进度,检查进度,打分;也可以微调)、头脑风暴会(讨论一些问题时,需要大家一起讨论,可以适用于罗伯特议事规则)、临时任务指派会(岗位责任清单调整用)。责任管理包括责任履行证据、共识证据(一致性共识和过程共识)、风险知识库扩充(包括对责任清单的风险、隐患、事故、案例知识)、责任打分规则调整、责任管理制度改进。

6.1.2 会议责任闭环管理

软件设计时会考虑:接收模块、提取模块、分配模块和生成模块。接收模块,用于接收会议中所涉及的信息;提取模块,用于提取接收到的所有信息中的任务信息;分配模块,用于将提取的任务信息进行分配;生成模块,用于生成或修改与所述分配的任务相对应的责任清单。可以及时地将任务分配到相应的人员,对问题解决办法达成会议共识,完善问题解决过程中的风险、隐患、事故知识库及制度,让分配模块和生成模块可以更全面地执行,且自动对执行情况进行取证、打分评估或(预)问责(追责),可使得开会过程成为一个责任全面落地和闭环化进度评审的过程,实现真正高效的智慧开会方式。

开会时,手机中自带的录音设备对开会的所有内容进行记录,并将该会议的所有内容同步或异步上传至系统中,系统接收到语音信息后,将该语音信息转换为文字信息。其中,将语音信息转换为文字信息可采用语音转换器或者第三方的 SDK 等,对于将语音转换为文字信息的方式不做限定。

另外还包括校正模块,用于对转换后的文字信息进行校正。其中,校正的方式包括手动校正或系统自动校正。对文字信息进行校正的目的是使最终得到的文字信息更加准确,防止由于口音、专业名词、生僻字的问题而使后续生成的任务存在错误等情况。

相关的软件使用说明可以参考后面的附录 3,当然这个版本只供参考,随着应用的深入,功能扩展会比较多,比如可以对年度目标、月度目标的进度进行有效跟踪等。

6.1.3　风险库的完善

开会的内容除了任务外,还包括某一问题解决过程中存在的风险、隐患、可能发生的事故,需要对风险、隐患、事故的知识库进行完善。

6.2　责管通

责管通从单位总体层面上看,分为经济责任、法律责任和社会责任,形成了单位(社会)的责任体系,放在第一位的是经济责任,它是其他责任的基础。

当然单位管理层面有组织责任和岗位责任(个体责任)。一个单位的经济责任是由各个岗位的经济责任组成的。

所以组织责任的核心是经济责任,岗位责任的核心也是经济责任。

法律责任是为了企业更好地发展,但是为了追求经济效益违法发展是不可持续的。

当单位发展到一定规模时,利益链扩大到社会层面,必须要体现的社会责任,比如上市企业,其社会责任就会体现到全民。

所以责任从本质上来说是利益链上的一环,这也说明了责和利是直接相关的。每一个岗位都体现了经济责任、法律责任和社会责任,当然结合到组织内,还可以有组织责任,这个组织责任也可以是经济责任的一部分,对于有些特殊岗位,如消防管理岗位,更多的是消防安全责任,但也可以认为消防安全责任是经济责任的一部分,当然对外界而言更多的是法律责任。

这些责任在功能上分为领导责任、监管责任和主体责任,每一个岗位都是经济责任、法律责任和社会责任的子集,而执法单位的监管责任更多的是从法律责任上监管,这是一种强制监管方式。

目前要实现主体责任的落实,需要对主体责任进行监管,通过监管责任的到位来促进主体责任的到位,这也是领导责任的重要内容。但当前监管主体责任缺乏有效的快速问责机制,导致责任管理停留在口头上,可操作性不强,动用法律追责则都是事后型,所以对主体责任监管效果不佳,这已成为主体责任压实中的薄弱环节。

6.2.1 快速监管责任

责任的相关信息可以从终端中的 App 等软件中获取,以问责 App 软件为例具体说明。

在问责软件中通过注册的账号和密码进行登录,该账号的注册人为终端登录人,即问责人。

获取责任相关信息可以通过微信或手机拍照,或直接取证获取。其中,责任相关信息包括责任类型、与责任相对应的人员。

责任即安排的任务,责任类型包括会责(开会中对相对动态任务的指派,而产生的按时保质保量完成的责任,是一个特定的 App)、责管通(责任监管过程中产生的责任,是一个特定的 App)、日常责任(日常相对固定的责任)等。与责任相对应的人员即负责当前责任的人员张某,则张某为被问责人。

为了避免工作之间的对抗,可以设计"失责提醒"功能,即在失责前向被问责人提醒,便于被问责人改进。

6.2.2 主体责任的执行监管

责任的履行信息包括回复情况、履行情况、上报情况,对这三部分进行监管,必要时也可以通过软件机器人(RPA)进行自动监管。

在工作中,通过微信或钉钉等工作交流软件发布任务:比如问责人发布了要求,结果被问责人长时间没反应,或者仅仅针对简单的问题进行汇报(或经常汇报的问题也仅限于简单的问题),或者只要遇到困难的问题则不做回复。对于重要风险的责任任务,都需要主动催告。

通过大数据分析、知识挖掘产生的对经济目标不利的问题,找到相应责任人、责任证据及所产生的边界条件,相关算法可以逐步验证并进行失责提醒,且相应的算法验证也需要遵循责任边界规则。

通过会责发布任务:会责中包括与开会时产生的任务相对应的评审体系,被问责人会按照评审的体系执行任务,且没有正当理由不执行的。

对于可发现的问题未及时上报:在执行任务中有些问题可以及时发现,被问责人虽然发现了,但是并未上报,导致时间延误等。

6.2.3 验证责任条件

验证责任需要验证责任空白点、责任交叉点,以及责任缺位后的影响评估。

通过对人、物的管理全过程验证,来检测责任空白点的情况,当然一开始也只是有限验证,当整个数据量和内容充实后,还可以再验证,全过程管理是否有责任设置不到位的地方。

另外通过对风险点的设置来验证是否有空白点,如果风险点的等级比较高,而没有监管岗位或监管条件不明确时,都会提示。

对于责任人过多的情况需要进行责任交叉的提醒,另外对于同个风险设置过多的监管,或上下级关系混淆时,都会提醒责任交叉有问题。

通过仿真主体责任缺位或监管责任缺位,衍生风险所能承受的时间、空间极限,当然这个也需要有相应的条件,即在有周边事故和无周边事故的情况下来验证。

6.3 尽责宝

尽责宝包括对尽责全过程的管理和对动态风险的管理。相应的软件介绍可以参考附录4。

6.3.1 尽责全过程管理

实现"尽职照单免责"的管理,其中这个"单"是一个动态的清单,所以需要设计责任清单的完备性、责任清单项的失责提醒、责任清单的反馈等功能。

1.责任清单的完备性

判断责任清单是否齐全,是否完整:一般重要的责任清单要列完整,比如人的风险责任、物的风险责任、管理的风险责任,可以逐一对照相关的法律责任、组织制度等。

可以验证是否还有空白责任:一般是新增区域、新增事项、新进人员引起的风险所导致的。

责任边界的动态化:不同级别的责任边界会有动态变化,需要及时进行更新。

对于环境变动时的责任清单的变化情况:如环境中有危险源,则责任清单会有较大的变动。

以上责任都可归类到主体责任、属地责任、监管责任和领导责任的静态、动态责任集中,并形成按风险评估级别分类的可排序列表。

2.责任清单项的失责提醒

针对快到期的、没做好的责任清单项进行提醒,要求主动履责及主动正确履责。对于重要的经常发生失责的也要进行提醒。另外提醒可以有多个边界,比如问责边界、追责边界和奖励边界的提醒。

3.责任清单的反馈

可以统计履责情况好的、履责情况不好的,分别进行类别的简单分析,主要风险点归类,另外还包括责任履责的进度。

6.3.2 动态风险管理

动态风险主要是要发挥岗位的主观能动性,发现问题,尤其是一些相对比较模糊的不确定的问题,需要定时开展风险辨识、风险分析到风险管控的责任任务。

同时对风险需要有尽责激励的管理,主要是通过对临时任务的主动提交、风险的主动反映和及时处理,激励其良好的责任行为和责任成果,尤其是在突发重大隐患前是否有所作为。

风险采集和快速处理,要体现"以责定权"的机制,即"谁发现谁首责、首权"的原则,完善风险标准化处理库的同时,可以叫停或中止业务过程。

6.4 岗位责任大数据管理

6.4.1 岗位责任改进建议

岗位责任改进流程如图 6-2 所示。通过责任能力的评估,对不同的能力进行培训并评估来进行提升,对能力不可能到位的,需要换人;对责任行为不规范地从客观和主观上进行分别处理。

这样有助于整个履责大数据提供责任改进的决策和后续的跟踪,也有利于单位目标的达成,以实现岗位更好地成事和组织成果的责任体现。

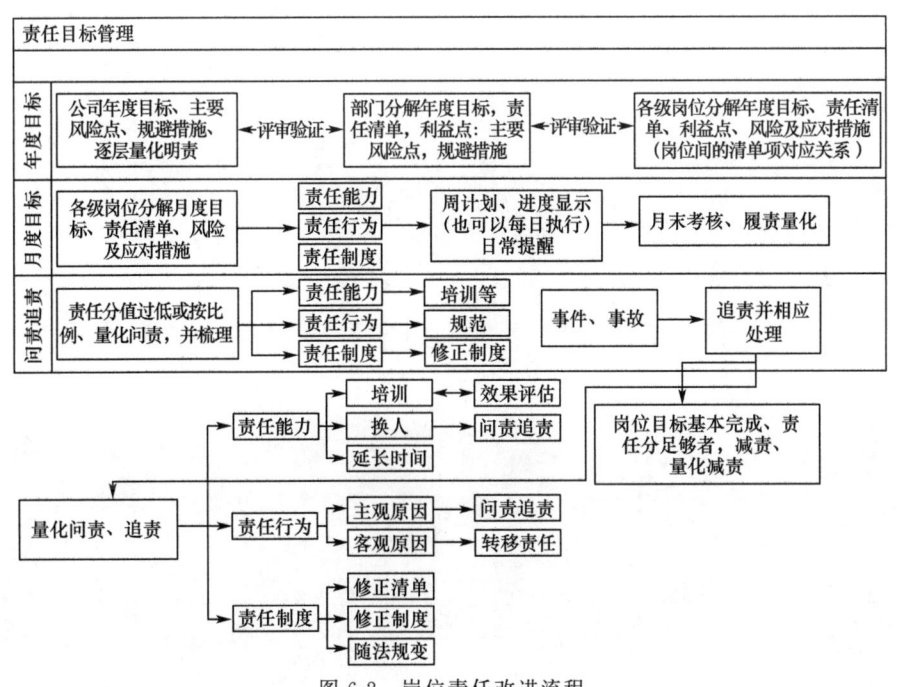

图 6-2 岗位责任改进流程

6.4.2 绩效管理

责任的绩效管理通过责任大数据来进行,并实现"失责提醒、尽责激励"的有效问责机制。

绩效考核,更多的是从量化履责来评估,评估的结果再进行有效责任管理,这样可以避免考核没有形成闭环的管理不力。

绩效管理则要从整个组织的绩效目标的执行情况,组织内各个部门的绩效分目标的执行情况,各部门的各岗位的绩效岗位目标的执行情况,而且这些目标可能会有所变化。

根据不同形态的组织,可以制定目标变化的相关策略,比如成熟的大企业,基本变化会比较小;商业模式完善的过程,变化会相对比较大;初创型企业,变化甚至会前后矛盾。所以绩效管理的方式都会有所不同,相对来说商业模式探索或摸索的初创型企业,目标制定和管理的难度也相对要大一些,特别对于责任管理,如何才能有好的结果也是重要的绩效管理目标。所以在有效问责机制上也需要不同的配置。

在不同形态的组织管理上,可以从结果导向的人力资源,甚至更高的文化来进行管理趋同。关于这一点可以参考后面的章节。

6.4.3 岗位责任利益管理

这个可以称为是"以责定利"机制的责任大数据描述。通过不同岗位的责任大数据来评估价值比例,同时对后续的责任成果进行评估,实现岗位责任对等的利益分配机制。

利益分配机制和后续的跟踪,来实现持续的责任对等的利益分配。确保组织的利益生态良性化。

第 7 章

安全责任管理

以××大学为例,各级组织、各岗位的安全责任组成一棵责任树,树上有主体责任、监管责任和领导责任的关联情况。主要以消防安全为主,结合实验室安全来进行相应责任的管理。这一模式也适用于其他行业的单位内部安全责任管理。

7.1 存在的问题

目前存在的问题有:如何让二级单位(大学中的学院或职能部门)负起主体责任?如何做好责任监管、安全物联网怎么建才是正确的?

1. 主体责任应该落实到二级单位,二级单位负主责是天经地义的事情

(1)"谁主管、谁负责、谁使用、谁负责"本身就是一个共识

大学中的二级单位就是学院、系别、后勤处等,这是主体责任单位,而安全职能部门保卫处是监管责任,而保卫处守责就是不要"既当裁判员又当运动员"。让二级单位和保卫处都是防火队员,而不是之前让保卫处变成救火队员。

(2)××大学实验室爆炸,追责主体就是二级单位

该大学实验室爆炸后,从二级学院的副院长到学院安全员到实验室安全员均被严厉追责,实验室安全员和教授被追刑责。要求二级单位有安全的履责能力,同时安全职能部门监管二级单位应做好主体责任管理。

(3)"从查隐患到查责任落实"是消防部门职能的转变,保卫部门也要与时俱进

消防部门跟保卫部门最大的区别是消防部门有执法权,而保卫部门没有执法权。但是职能转变是共同的。

另外,消防部门给高校的消防户籍化管理也好,其他系统也好,基本都把高校看成它们的二级单位,这种模式也不适用于高校的责任监管工作。

2. 如何做好责任监管

(1)基本采用"签责任书",没有强的抓手

签责任书,只能在追责时拿出来,里面的条款有些还不太适用。

(2) 二级单位不可能招专人来做

高校招专人基本不太可能,招专人难,人事部门卡得也紧。只能是一岗多责方式来做,二级单位人员缺少这方面的专门训练,队伍建设必须依赖现有队伍来增强,所以主体责任落实也是件额外增加的难事。

3. 责联网和物联网建设的关系(如智慧消防)

物联网做得越多,投入越多,保卫部门的责任越大,责任边界越不清晰。保卫部门主体责任、监管责任不分,以至于后面很容易被事故追责。

另外物联网的信息其实也是为了岗位管理,所以要把物联网的信息定义到责联网平台中。

通过下列"关闭食堂燃气阀"例子,可以看出不同阶段的管理机制:

(1) 传统的管理方法(双人双岗):双人来确保责任到位,一个人操作,另一个人监管,这个办法很原始,但不可靠。

(2) 物联网:有一个感知,可以清楚知道阀门打开或者关紧。这个办法有效果、有信息,但是万一阀门未关好,可能值班人员知道,但不知道下一步是否有动作了。

(3) 责联网:自动提醒相应的责任人,周期的责任是否到位了,将责任行为变成习惯。

综上所述,大学当前的安全管理要解决的问题还是很多的。

7.2 安全主体责任

如图 7-1 所示的责任树,校领导的领导责任是树的根部,是立树之本;保卫处的监管责任是树的主干,是守责之主;各二级单位是树的主枝,到每一层都有叶子,叶子是二级单位延伸到三级单位的最末端,是主体责任,可以是教师、员工或学生,但考虑到责任专业性,更多的是三级单位的安全员。

图 7-1 责任树

这样每一个单位都是一棵责任树,形成了责任制组织,上下相互负责。

对于大范围的管理,则形成一种虚拟组织树,各种树又组成了责任林,这样可以适合更大规模的责任制管理。

7.2.1 组织内部安全主体责任

组织内部指的是二级学院,对于大的制造企业来说是某个车间,主体责任也是要落实到二级学院的,于是二级学院的院长是主体责任的责任人,二级学院的分管副院长是主体责任的管理人。

三级学系的系主任或研究所的所长是属地责任的责任人,类似于车间中某一班组的班组长是责任人,而研究所的实验室安全员是该实验室的安全主体责任人。

将主体责任一层层压实,安全管理就是管相应的责任人,这就形成了安全责任体系。

责任工作的依据是对风险、隐患的双重预防。

7.2.2 组织监管责任的主体性

一般从学校而言,保卫处是组织监管责任的主体,起到整个学校的监管责任,监管是将责任分配并形成二级单位的主体责任体系,并监督各二级单位的日常主体责任管控,也监督好保卫处内部的主体责任,以及对二级单位的监管责任的到位情况。

另外还需要替师生守责、替校领导守责,则需要从风险、隐患预防上更好地实现本质安全。

7.2.3 属地管理的主体性

比如某一幢教研楼有两个学院,则根据属地划分的原则,将属地管理的主体责任分别划分清楚。如果还有公共区域,则也是需要划分相应的责任主体的。

属地出现的风险、隐患也是需要由属地责任担起来的。

属地责任更多是从空间的责任空白点出发,需要管控好避免衍生风险,而责任空白点及责任交叉点是衍生风险最容易出现的地方。

7.2.4 组织外看主体责任(横向到边)

(1)责任横向到边。二级单位需要理出尽职尽责的法律责任包、风险库,形成保卫部门和二级单位分工的责任范围。

(2)责任纵向到底。各二级单位自己增加组织责任包,实现教师、学生、服务人员的主体责任、监管责任、领导责任的岗位配置,通过日常各岗位的履责登记,实现岗位月度评估,得到各岗位履责的尽职尽责程度。

7.3 监管责任

7.3.1 监管责任也是相应的主体责任

一旦主体责任没落实,则监管责任就成了主体责任,所以监管责任也是相应的主体责任。

7.3.2　对主体责任的监管能力

对主体责任的监管能力可以有材料审核、现场抽查、排查等方式。

监管能力主要体现在主体责任存在的衍生风险方面,比如查出隐患、长期隐患没处理等,都需要督促主体责任人加强履责能力。

同时监管的过程是自己履责的记录评估,还需要对被监管的主体责任人的履责进行打分。

对于主体责任人可能的造假行为,需要进行问责、追责等惩罚。对于主体责任人有较好的履责能力或行为,则需要及时进行正向激励。

7.3.3　对主体责任的管理工具

风险知识库、责管通、监管用的尽责宝都是对主体责任的管理工具。另外如果责任是进行 PDCA 的,那会责也是主体责任良好的管理工具。

以上管理工具可以充分结合起来,以提高监管的力度和质量。

7.4　领导责任

7.4.1　领导责任是对监管责任的监管

领导责任更多地从大的层面去进行管理,比如责任体系是否科学、合理,责任体系日常运作是否正常,日常运作和计划是否有充足的经费予以保障,等等。

7.4.2　以责定权

责任体系是否科学的重要原则就是权责对等,设计的责任体系是否科学,需要从上到下进行考虑,包括对风险治理的各岗位的权责对等情况,以及组织责任制度的科学性,法律责任考虑的权责一致性。

在日常管理中,也要遵循这一原则,对于担责能力强的组织赋予相应的权力。

对事故处理时,也需要遵循权责对等原则,需要时刻从法律责任角度来理解相应的责任人、法律边界等,以便更好地授权、集体担责等。

7.4.3　以责定利

权责对等,利在权中,也就是以责定利的机制,即责利对等,实现分配的公平公正。让各岗位更愿意尽职尽责。

同时也实现责任的绩效管理,从责任的 PDCA 中实现责任评估的好坏,进而对应实现绩效的闭环分配管理。

7.4.4 良好的责权利平衡

需要从尽职尽责的角度来审计,既要确保责任型岗位的责权利平衡,还要考核责任型组织的情况,以体现岗位和组织两个层面的责权利平衡。

7.5 以消防安全为例的综合管理

7.5.1 大学的消防安全责任管理制度

某大学的安全生产责任管理制度,其中也包含消防安全责任管理(可参考附录1)。

7.5.2 大学的消防安全责任管理示例

表 7-1～表 7-5 分别将保卫处各岗位、化学学院各岗位进行了责任清单的罗列,其中对不同二级单位可以用不同的风险进行组合,形成各二级单位的安全责任治理的信息化标准模板。

表 7-1　　　　　　　　　保卫处长的消防责任清单(部分)

序号	职责	任务编号	任务	关联岗位	关联编号
1	贯彻执行学校关于消防工作的部署要求,全面负责全校消防监督管理工作,健全由各单位主要负责人或分管负责人牵头的消防工作协调机制,每年向学校报告全校的消防工作情况,推动落实消防工作责任	1-1	任期第一学期组织全校领导干部学习消防法律、法规和规章,解读学校消防工作管理制度和明确学校消防安全责任制相关规定	与编号 0102 的岗位相关联	—
		1-2	按要求及时向全校或相关部门传达、布置学校及上级有关部门消防安全的政策文件和任务,并督促其落实和完成	与编号 0102 的岗位相关联	—
		1-3	组织全校各单位签订消防安全责任书,落实消防安全责任人和联络人	与编号 0102 的岗位相关联	—
		1-4	建立和健全学校由各单位主要负责人或分管负责人牵头的消防工作协调机制	与编号 0102 的岗位相关联	—
		1-5	每年年初向学校报告过去一年全校的消防工作情况,部署新一年的消防安全工作	与编号 0102 的岗位相关联	—
		1-6	每年年初提交全校各单位过去一年消防安全责任制执行情况,并将评定结果纳入各单位年终考核依据	与编号 0102 的岗位相关联	—

(续表)

序号	职责	任务编号	任务	关联岗位	关联编号
2	申报学校消防安全工作计划、年度经费预算,申报学校消防安全责任制管理规定、灭火和应急疏散预案等消防安全管理制度,并经学校消防安全责任人批准后监督实施	2-1	每年年底向学校申报第二年的学校消防安全工作计划、年度经费预算	与编号0102的岗位相关联	—
		2-2	制定学校消防安全责任制管理规定、灭火和应急疏散预案等消防安全管理制度,并根据需要及时修订,经学校消防安全责任人批准后监督实施	与编号0102的岗位相关联	—
3	督促检查各单位消防安全责任制落实情况,组织开展消防安全检查,建立常态化火灾隐患排查整治机制,督促各单位进行消防安全隐患整改	3-1	主持每年不少于一次对全校各单位消防安全责任制落实情况、内部隐患排查整治机制情况进行全面检查	与编号0102的岗位相关联	—
		3-2	每学期不少于2次(上半年5月1日、期末,下半年10月1日、期末)对全校各单位消防安全进行大检查	与编号0102的岗位相关联	—
		3-3	对整改单位进行督促和指导,要求有整改计划,了解整改落实情况,直至完成	与编号0102的岗位相关联	—
		3-4	对整改不积极不配合的,应采取强制措施或提交学校督促其处理;在整改期间应采取其他保障措施保证安全,有必要时应关闭相关项目或场所	与编号0102的岗位相关联	—
4	掌握本校的消防安全情况,每季度对学校的消防安全状况进行一次评估;根据工作需要,适时提交有关加强和改进消防安全工作的建议,解决消防工作中存在的问题	4-1	每月主动了解一次全校消防安全工作情况及本处消防安全工作开展情况,随时听取有关人员的安全工作汇报,督促落实火灾隐患的整改,及时处理涉及消防安全的重大问题	与编号0102的岗位相关联	—
		4-2	每季度对学校的消防安全状况进行一次评估;根据工作需要,适时提交有关加强和改进消防安全工作的建议,解决消防工作中存在的问题	与编号0102的岗位相关联	—

(续表)

序号	职责	任务编号	任务	关联岗位	关联编号
…	…	…	…	…	…
10	建立全员消防安全教育机制,提高师生消防安全防范意识和灭火逃生技能与编号0102的岗位相关联	—	—	与编号0102的岗位相关联	—

学校保卫处副处长(编号0102)的岗位责任清单见表7-2,其中表7-1中关联编号是与编号0101的岗位职责序号与任务编号关联的。

表7-2　　保卫处副处长(消防)的岗位责任清单(部分)

序号	职责	任务编号	任务	关联岗位	关联编号
1	组织落实学校关于消防工作的部署要求,协助处长做好全校消防监督管理工作,建立由各单位主要负责人或分管负责人牵头的消防工作协调机制,每年提交全校的消防工作情况报告,推动落实消防工作责任	1-1	配合处长组织全校领导干部学习消防法律、法规和规章,解读学校消防工作管理制度和明确学校消防安全责任制相关规定	与编号0101、0110的岗位相关联	1-1
		1-2	协助处长及时向全校或相关部门传达、布置学校及上级有关部门消防安全的政策文件和任务,并督促其落实和完成,并向处长汇报进展情况	与编号0101、0110的岗位相关联	1-2
		1-3	起草全校各单位消防安全责任书,并落实签订消防安全责任书、消防安全责任人和联络人	与编号0101、0110的岗位相关联	1-3
		1-4	负责维护和健全学校由各单位主要负责人或分管负责人牵头的消防工作协调机制	与编号0101、0110的岗位相关联	1-4
		1-5	每年年初做好过去一年全校的消防安全工作总结,提交处长向学校报告	与编号0101、0110的岗位相关联	1-5
		1-6	每年年初向处长提交全校各单位过去一年消防安全责任制执行情况,为学校对各单位年终考核提供依据	与编号0101、0110的岗位相关联	1-6

(续表)

序号	职责	任务编号	任务	关联岗位	关联编号
2	草拟学校消防安全工作计划、年度经费预算，草拟学校消防安全责任制管理规定、灭火和应急疏散预案等消防安全管理制度，并经学校消防安全责任人批准后组织实施	2-1	每年年底前完成第二年的学校消防安全工作计划、年度经费预算的草拟并提交处长，通过后组织实施	与编号0101、0110的岗位相关联	2-1
		2-2	草拟学校消防安全责任制管理规定、灭火和应急疏散预案等消防安全管理制度，并根据需要提出修改意见，经学校消防安全责任人批准后组织实施	与编号0101、0110的岗位相关联	2-2
3	督促检查各单位消防安全责任制落实情况，组织开展各类消防安全检查，建立常态化火灾隐患排查整治机制，督促并指导各单位进行消防安全隐患整改并跟踪整改情况，适时采取措施	3-1	每年不少于一次对全校各单位消防安全责任制落实情况、内部隐患排查整治机制情况进行全面检查	与编号0101、0110的岗位相关联	3-1
		3-2	主持每学期不少于2次（上半年5月1日、期末，下半年10月1日、期末）对全校各单位消防安全进行大检查	与编号0101、0110的岗位相关联	3-2
		3-3	主持每月对全校各建筑做一次检查，并重点对学校消防安全重点单位（部位）、易燃易爆等危险品的储存使用场所、明火作业场所进行一次检查，加强对工作人员的防范意识、作业规范教育，对防护措施、应急方案、救护物资是否落实予以检查	与编号0101、0110的岗位相关联	3
		3-4	每次检查形成检查报告并签批存档，能当场解决的问题现场解决，不能解决的问题及时签发整改通知	与编号0101、0110的岗位相关联	3
		3-5	对整改单位进行督促和指导，要求有整改计划，掌握整改落实情况，直至完成	与编号0101、0110的岗位相关联	3-3
		3-6	对整改不积极不配合的，应报处长同意后采取强制措施或提交学校督促其处理；在整改期间应采取其他保障措施保证安全，有必要时应报处长同意后关闭相关项目或场所	与编号0101、0110的岗位相关联	3-4

(续表)

序号	职责	任务编号	任务	关联岗位	关联编号
4	熟悉本校的消防安全情况，每季度对学校的消防安全状况进行一次评估；根据工作需要，适时向处长提交有关加强和改进消防安全工作的建议，解决消防工作中存在的问题	4-1	每周主动了解一次学校各单位消防安全情况及本处消防安全工作开展情况，随时听取有关人员的安全工作汇报，督促落实火灾隐患的整改，及时处理涉及消防安全的重大问题	与编号0101、0110的岗位相关联	4-1
		4-2	每月1次组织相关人员召开专题会议分析本校的消防安全情况，对消防安全重点难点问题研究应对措施；根据工作需要，适时向处长提交有关加强和改进消防安全工作的建议，解决消防工作中存在的问题	与编号0101、0110的岗位相关联	4-1
		4-3	每季度对学校的消防安全状况进行一次评估，并就评估情况提出相关工作建议	与编号0101、0110的岗位相关联	4-2
5	开展消防安全教育培训，组织及指导消防演练活动，宣传消防安全法律法规以及学校消防安全管理制度，普及消防知识，提高师生员工的消防安全意识、扑救初起火灾和自救逃生技能	5-1	每年5月、11月主持组织开展多种形式的有一定影响力的全校性大型消防安全宣传系列活动，各组织1次大型消防演练，宣传消防安全法律法规以及学校消防安全管理制度，普及消防知识，提高师生员工的消防安全意识、扑救初起火灾和自救逃生技能	与编号0101、0110的岗位相关联	10
		5-2	每年学生报到对全体新生主持组织一次消防安全讲座，并组织全体学生进行应急逃生演练和灭火器使用培训	与编号0101、0110的岗位相关联	10
		5-3	协调联合各学院、学生管理部门、实验室管理部门、后勤宿管部门，推动开展各部门的日常消防安全教育	与编号0101、0110的岗位相关联	10

（续表）

序号	职责	任务编号	任务	关联岗位	关联编号
6	做好技术防范人员上岗培训工作；建立志愿消防队、微型消防站并定期培训和演练，确保发生火灾时处置人员及时到位，处置果断	6-1	建立消控值班员岗前培训和业务考核制度，做到持证上岗，保证较强的实战能力	与编号0101、0110的岗位相关联	10
		6-2	建立各类消防信息化系统使用培训制度，新系统上线和新人员上岗均应先行培训，保证熟练使用各类系统，发挥各类消防信息化系统的作用	与编号0101、0110的岗位相关联	10
		6-3	建立微型消防站，配备必要的灭火逃生器具，设立微型消防站站长，明确所有保安人员均为微型消防站队员	与编号0101、0110的岗位相关联	10
		6-4	每学期主持组织一次微型消防站队员实战演练，建立一支反应迅速、有较高灭火技能的安防队伍	与编号0101、0110的岗位相关联	10
		6-5	建立学生志愿消防队，关心和支持学生志愿消防队工作，发挥学生志愿消防队在学生安全教育、隐患排查等方面的作用	与编号0101、0110的岗位相关联	10
7	受理各单位装修改造工程的备案审查工作，协助各单位做好相关工程报审、验收工作	7-1	做好校内各单位装修改造工程的备案审查工作	与编号0101、0110的岗位相关联	9-1
		7-2	指导和协助各单位做好相关工程的消防报审、验收工作	与编号0101、0110的岗位相关联	9-1
8	建立健全学校消防工作档案及消防安全隐患台账；按照工作要求上报有关信息数据	8-1	建立学校消防工作台账管理制度，推动消防工作档案及消防安全隐患台账的信息化建设	与编号0101、0110的岗位相关联	9-1
		8-2	督促指导消防工作档案及消防安全隐患台账的工作，每学期进行一次台账工作检查	与编号0101、0110的岗位相关联	9-1
		8-3	按照工作要求上报有关信息数据	与编号0101、0110的岗位相关联	9-1

(续表)

序号	职责	任务编号	任务	关联岗位	关联编号
9	协助公安机关消防机构调查处理火灾事故，协助有关部门做好火灾事故处理及善后工作	9-1	加强与消防部门的日常联系，争取消防部门对本校消防工作的指导和支持	与编号0101、0110的岗位相关联	7-1
		9-2	积极配合消防部门的检查，对发现问题及时按要求执行相整改	与编号0101、0110的岗位相关联	7-2
		9-3	救援结束后保护好火灾事故现场	与编号0101、0110的岗位相关联	7-5
		9-4	协助公安机关消防机构调查处理火灾事故	与编号0101、0110的岗位相关联	7-6
		9-5	协助有关部门做好火灾事故处理及善后工作	与编号0101、0110的岗位相关联	7-7
10	学校、保卫处规定的其他消防工作职责	10-1	学校、保卫处规定的其他消防工作职责	与编号0101、0110的岗位相关联	9-1

学校保卫处消防科科长（编号0110）的岗位责任清单见表7-3，在表7-3中关联编号是与编号0102的岗位职责序号与任务编号关联的。

表7-3　　　　　　　　　保卫处消防科科长的岗位责任清单（部分）

序号	职责	任务编号	任务	关联岗位	关联编号
1	协助分管副处长做好消防安全管理方面的工作，配合职责要求提出相关建议及计划，完成领导要求的相关工作	1-1	每月向分管处长报告消防安全工作开展情况及存在问题，重大进展和重大问题及时报告，并提出相关处理办法和建议	与编号0102的岗位相关联	4-1
		1-2	每年年底向分管副处长提交年度消防工作报告和来年工作计划，当年经费使用情况和来年经费需求等	与编号0102的岗位相关联	2-1
		1-3	对起草、修订消防安全制度、应急预案、消防工作通知等提出建议和意见，参与制定和修改	与编号0102的岗位相关联	2-2

(续表)

序号	职责	任务编号	任务	关联岗位	关联编号
1		1-4	协助分管副处长联系各单位,配合建立消防工作协调机制	与编号 0102 的岗位相关联	1-2
		1-5	参与组织各单位签订消防安全责任书,落实消防安全责任人和联络人	与编号 0102 的岗位相关联	1-3
2	根据全年消防安全工作计划及学校临时工作和活动,对本科室工作做出安排,落实相关工作	2-1	每月对巡查人员下达巡查任务和其他工作任务	与编号 0102 的岗位相关联	3
		2-2	每月对消防干事下达安全检查任务和其他工作任务	与编号 0102 的岗位相关联	3
		2-3	每月对消控值班人员下达值班任务和其他工作任务	与编号 0102 的岗位相关联	3
		2-4	每月对上月本科工作情况做一总结,并对发现问题提出改进意见	与编号 0102 的岗位相关联	3
		2-5	每周对消防干事工作情况做一次小结,针对存在问题及时处理	与编号 0102 的岗位相关联	3
		2-6	每周对消防巡查人员巡查情况做一次抽查,了解巡查情况并及时处理相关问题	与编号 0102 的岗位相关联	3
		2-7	每周对消控值班人员值班情况做一次抽查,了解值班情况并及时处理相关问题	与编号 0102 的岗位相关联	3
		2-8	做好临时下达的各类大型活动消防安全工作方案,并组织人员做好事前、事中、事后的消防安全保障工作	与编号 0102 的岗位相关联	3
3	督促检查各单位消防安全责任制落实情况,组织开展各类消防安全检查,建立常态化火灾隐患排查整治机制	3-1	每年不少于一次对全校各单位消防安全责任制落实情况、内部隐患排查整治机制情况进行全面检查	与编号 0102 的岗位相关联	3-1
		3-2	每学期不少于 2 次(上半年 5 月 1 日、期末,下半年 10 月 1 日、期末)对全校各单位消防安全进行大检查	与编号 0102 的岗位相关联	3-2

(续表)

序号	职责	任务编号	任务	关联岗位	关联编号
3	监督检查各单位内部消防设施、设备、器材的使用和管理情况；学校消防安全重点单位(部位)、易燃易爆等危险品的储存使用场所、明火作业场所加强巡查密度和监督检查；督促并指导各单位进行消防安全隐患整改并跟踪整改情况，适时采取措施；	3-3	每月对全校各建筑做一次检查；主持每周一次对学校消防安全重点单位(部位)、易燃易爆等危险品的储存使用场所、明火作业场所进行检查	与编号0102的岗位相关联	3-3
		3-4	每次检查都要形成检查报告提交主管副处长签批，能当场解决的问题现场解决，不能解决的问题及时开具整改通知由主管副处长签发	与编号0102的岗位相关联	3-4
		3-5	对整改单位进行督促和指导，要求有整改计划，现场跟踪整改落实情况，直至完成	与编号0102的岗位相关联	3-5
		3-6	对整改不积极不配合的，应建议采取强制措施或提交学校督促其处理；在整改期间应采取其他保障措施保证安全，有必要时应建议关闭相关项目或场所	与编号0102的岗位相关联	3-6
4	建立健全学校消防工作档案及消防安全隐患台账；按照工作要求上报有关信息数据	4-1	建立并管理好各类建筑消防设施档案	与编号0102的岗位相关联	12-1
		4-2	建立并管理好各类消防审批资料档案	与编号0102的岗位相关联	12-1
		4-3	建立并管理好各类消防系统建设、改造等技术资料档案	与编号0102的岗位相关联	12-1
		4-4	建立易燃易爆等危险品单位、使用场所档案	与编号0102的岗位相关联	12-1
		4-5	建立并管理好各类消防安全检查记录	与编号0102的岗位相关联	12-1
		4-6	建立并管理好各类消防整改通知、整改记录、整改验收的整改资料	与编号0102的岗位相关联	12-1
		4-7	建立并管理好各类消防从业人员学习记录和技术等级证书、上岗证书复印件	与编号0102的岗位相关联	12-1

(续表)

序号	职责	任务编号	任务	关联岗位	关联编号
4	建立健全学校消防工作档案及消防安全隐患台账；按照工作要求上报有关信息数据	4-8	建立并管理好各类消防设施、器材合格证、年度检测报告、抽查报告等检测资料	与编号 0102 的岗位相关联	12-1
		4-9	建立并管理好消防器材供应商、维保单位招标材料和合同、报价清单等资料	与编号 0102 的岗位相关联	12-1
		4-10	建立并管理好消防设备和系统维修保养记录	与编号 0102 的岗位相关联	12-1
		4-11	建立并管理好各类消防培训、演练、宣传等活动文字、照片、视频资料	与编号 0102 的岗位相关联	12-1
		4-12	建立并管理好各类学校消防相关会议记录、批示、简报、文件、制度规定、应急预案、消防安全责任书等资料	与编号 0102 的岗位相关联	12-1
		4-13	建立并管理好其他有关学校消防工作的资料	与编号 0102 的岗位相关联	12-1
		4-14	按照工作要求及时上报有关信息数据	与编号 0102 的岗位相关联	12-3
5	做好和公安机关消防机构之间的联络工作，协助其调查处理火灾事故，协助有关部门做好火灾事故处理及善后工作	5-1	做好和公安机关消防机构之间的联络工作	与编号 0102 的岗位相关联	13-1
		5-2	督促并协助校内各部门向公安机关消防机构申报办理各类报批手续	与编号 0102 的岗位相关联	11-2
		5-3	协助公安机关消防机构调查处理火灾事故	与编号 0102 的岗位相关联	13-4
		5-4	协助有关部门做好火灾事故处理及善后工作	与编号 0102 的岗位相关联	13-5

二级单位也以化学学院的副院长（安全责任管理人）和实验室安全员，分别给出责任清单，见表 7-4 和表 7-5。

表7-4　化学学院副院长（岗位1102，分管安全）消防及实验室安全责任清单（部分）

序号	职责	任务编号	任务	关联关系	关联编号	评估项	分值权重
1	贯彻执行学校关于消防及实验室安全工作的部署要求，协助院长负责本单位消防及实验室安全监督管理工作，建立和健全本单位消防及实验室安全责任体制，推动消防及实验室安全工作职责落实，每年向学院报告本单位的消防及实验室工作情况	1102-1	配合院长及时组织本单位或相关人员学习学校及上级有关部门消防及实验室安全的政策文件精神，并落实和完成规定任务	—	—	—	2
		1102-2	负责学院消防安全和实验室安全监督管理职能，抓好学院消防及实验室安全责任体系建设，落实单位内部各部门主要领导及实验室消防及实验室安全职责，做到安全责任层层落实	—	—	1.2.2 1.2.3	3
		1102-3	拟订学院消防安全和实验室安全责任书和落实安全责任职责，及项目团队负责人每年签订责任书，并监督其执行；监督学院各科室与岗位签订岗位消防及实验室安全责任书	—	—	1.2.4	2
		1102-4	每年年底向学院报告本单位的年度消防及实验室安全工作情况，重大消防及实验室安全问题及时报告	—	—	—	3
		1102-5	拟订并组织实施本单位的年度消防及实验室安全工作计划	—	—	—	1
2	拟订并实施本单位的年度消防及实验室安全工作计划、消防及实验室安全制度和实验室应急救援预案，实验室安全操作规程，灭火和实验室应急救援预案，实验室安全促实施 提出本单位消防及实验室安全岗位人员配置需求和安全工作职责 年度经费预算和安全工作职责	1102-6	拟订本单位的消防安全制度，实验室安全制度（包含安全检查、值班值日、实验室安全操作规程、灭火和应急疏散预案、实验室安全培训），危化品管理细则和实验室安全操作规程、文件具有可操作性或实际管理效用，批准后组织实施，根据需要及时提出修订意见	—	—	2.1.3 5.2.3	3
		1102-7	提出学院消防及实验室安全建设与管理经费、安全教育经费预算，提交本单位纳入预算中	—	—	1.3.1	2
		1102-8	审核本单位各项目立项建设和实验室改造项目申请中为涉及的消防和实验室安全是否有足够的经费保障，并有一定的自筹经费预算	—	—	1.3.2 1.3.3	2
		1102-9	提出本单位各级机构安全工作人员和实验室人员配备中的其他危化品管理人员的配置需要要求和工作职责	—	—	—	2

(续表)

序号	职责	任务编号	任务	关联关系	关联编号	评估项	分值权重
3	规范实验场所的环境建设基础设施建设、实验场所设计、改造项立项内容。均应具备必须的安全设施和防护设施,符合消防和实验室建设相关规范,为实验场所提供安全基础保障	1102-10	设立专门的试剂室(或暂存室),根据危险化学品的种类和性能配置专用的耐腐蚀化学品存放柜、防爆冰箱等;试剂室和使用危险化学品的实验室应根据危险化学品的种类和性能配置相应的通风、防火、防爆、防毒、监测、报警、降温、防水、防潮、避雷、防静电、隔离操作等安全设施和安全防护用具	—	—	8.2.2	3
		1102-11	督促危险源实验场所的每个房间门口张贴统一的安全信息牌,安全责任人、涉及危险类别、防护信息包括:安全风险点的警示标识、应联系电话等,并及时更新措施和有效的应急联系电话等,并及时更新	—	—	5.1.1	2
		1102-12	实验场所应具备合理的安全空间布局,超过200平方米以上实验楼层应具有至少两处紧急出口,75平方米的消防通道;实验楼走廊保证留有大于2.0米净宽的消防通道;实验室操作区层高不低于2米;实验室人均面积不小于2.5平方米	—	—	5.1.2	2
		1102-13	实验室建设和装修材料应符合消防安全要求,实验操作应选用合格的防火、防潮、防腐材料;仪器设备吊顶,有可燃气体的气路路径;废弃不用的配电箱、插座、水管水龙头、网线、气体管路等,应及时拆除或封闭;实验室门上有观察窗,外开门不阻挡逃生路径	—	—	5.1.4	2
		1102-14	实验设备须做好振动和噪声的屏蔽;容易产生振动的设备,须考虑振动源的屏蔽;易对外产生磁场或受磁场干扰的设备,须做好磁屏蔽;实验室噪声一般低于55分贝(机械设备可低于70分贝)	—	—	5.1.6	1

第7章 安全责任管理

表 7-5　化学学院实验室安全员（岗位 1121）消防及实验室安全责任清单

序号	职责	任务编号	任务	关联关系	关联编号	评估项	分值权重
4	深入了解国家及学校、学院各类实验室管理制度、危化品管理细则，熟练掌握实验室安全操作规程，熟悉灭火和应急疏散预案，实验室安全应急救援预案和本实验室使用的各类化学品安全技术说明书（MSDS）内容	1121-1	深入了解国家及学校、学院各类实验室安全管理制度、危化品管理细则，知晓实验室管理的各项要求	—	—	—	3
		1121-2	熟练掌握实验室安全操作规程，熟知本实验室使用的各类化学品安全技术说明书（MSDS）内容，本人管理和使用的化学品相关内容知晓率达100%	—	—	—	3
		1121-3	实验人员熟悉所涉实验与化学品的危险性及应急处理措施；具备规范处置各类实验室突发应急能力，熟悉掌握灭火和应急疏散预案、实验室安全应急救援预案流程	—	—	8.3.1	3
		1121-4	接受实验室安全管理培训，并获得培训证书；具备各类使用培训并能熟练使用	—	—	1.4.3 7.2.3	3
5	严格遵守危化品的采购、领用、存放和废弃物回收的相关管理规定和安全规范，杜绝管理漏洞，防查实安全情况，保证实验室安全	1121-5	危化学品均应从省公安厅和学校实验耗材采购平台进行选购，不私自购买；申购领用危化品严格按规定办理申请手续，品种和数量按需申购领用，控制存量	—	—	8.1.1 8.1.2 8.5.1	2
		1121-6	管制类化学品的易制毒、易制爆试剂或本单位危险化学品储存类化学品可存放于实验室或本单位危险化学品储存室	—	—	8.2.2	3
		1121-7	储藏室、储藏区、储存柜等应通风、隔热、避光、安全；有机溶剂储区应远离热源和火源；易泄漏、易挥发的试剂应保证充足的通风，试剂柜中不能有电源插座或接线板；配备必要的二次泄漏防护，吸附或防溢流功能；实验台架无挡板不得存放化学试剂；试剂柜之间的通道应达到规定的安全距离，存放处应设置明显标识	—	—	8.2.2	3

95

（续表）

序号	职责	任务编号	任务	关联关系	关联编号	评估项	分值权重
5	严格遵守危化品的采购、领用、存放和废弃物回收的相关管理规定和安全规范，每天严格检查各种情况，杜绝管理漏洞，防范安全隐患，保证实验室安全	1121-8	试剂室、储存室及实验室按化学品的性质、类别进行有序分类存放，如需低温储存的应存放在防爆型的冰箱内，有腐蚀性的宜单独存放在耐腐蚀材料制成的容器或储存柜等。各类危险化学品不得混存、固体液体不得混乱放置，装有试剂的试剂瓶不得开口放置	—	—	8.2.2	3
		1121-9	实验室内存放的危险化学品总量符合规定要求，原则上不应超过 100 L 或 100 kg，其中易燃爆性化学品的存放总量不应超过 50 L 或 50 kg，且单一包装容器不应大于 20 L 或 20 kg。存在 10 L 以上甲类物质储罐、20 L 以上乙类物质储罐、或 50 L 以上丙类物质储罐，需加装泄露报警器及通风联动装置。可按 50 m² 为标准，存放数量以实验室面积比考察	—	—	8.2.3	3
		1121-10	化学品包装物上应有符合规定的化学品标签，并应显著完整清晰。当化学品由原包装物转移或分装到其他包装物内时，转移或分装后的包装物应及时重新粘贴标识。化学品标签脱落、模糊、腐蚀应及时补上，如不能确认，则以废弃化学品处置	—	—	8.2.4	2
		1121-11	易制毒品、易制爆品分类存放、专人保管、做好领取、使用、处置记录。其中第一类易制毒品实行"双人双锁保管制度"，对于具有高挥发性、低闪点的剧毒品保管柜并固定存放在具有防爆功能的冰箱内，并配备双锁；剧毒品使用时须有两人同时在场；剧毒品处置建有规范流程	—	—	8.4.1	2
		1121-12	爆炸品单独隔离、限量存储、使用、销毁按照公安部门的要求执行。做好领取、使用、处置记录	—	—	8.4.2	2
		1121-13	危险化学品应做到日清月结、账物相符，要有专用的器具分装器材、移交时，凡不是原包装或是已启封的，都必须称量实重。要精确计量和记载，防止被盗，丢失、误领、误用	—	—	—	3

(续表)

序号	职责	任务编号	任务	关联关系	关联编号	评估项	分值权重
5	严格遵守危化品的采购、领用、存放和废弃物回收的相关管理规定和安全规范，每天严格检查实情况，杜绝管理漏洞，防范安全隐患，保证实验室安全	1121-14	气体的存放和使用符合相关要求；危险气体钢瓶存放点须通风、远离热源，避免暴晒，地面平整干燥；配置气瓶柜或气瓶堆放防倒链、防倒栏栅，无大量气体钢瓶堆放现象；其他气体的存放，气体不宜超过一瓶；配有通风设施和合适的监控报警装置等；易燃易爆气体的安全警示标识，可燃性气体与氧气等助燃气体不混放；建有独立的气体钢瓶室，通风，不混放，气体与氧气等助燃气体不混放；建有独立的气体钢瓶示标识；配有通风设施和合适的监控报警装置等；涉及剧毒、张贴气体的安全警示标识，配置气瓶室内存放的最小需求量；气体不得放在走廊、大厅等公共场所；易燃易爆气体钢瓶不贴一瓶，其他气体的存放，气体不宜超过一瓶；配有通风、防倒链、防倒栏栅，无大量气体钢瓶堆放现象；地面平整干燥；配置气瓶柜或气瓶堆放点须通风、远离热源，避免暴晒，气体的存放和使用符合相关要求；危险气体钢瓶存放点瓶室，通风，不混放，有监控，管路整齐、管路编号、去向明确；做好检查使用记录	—	—	8.5.2	2
		1121-15	气体管路和钢瓶连接正确，有清晰标识，管路材质选择合适，无破损或老化现象，定期进行气体泄漏检查；存在多条气体管路的房间须张贴详细的管路图；有钢瓶定期检验合格标识（由供应商负责）；确认"满、使用中、用完"三种状态；及时关闭钢瓶总阀未使用的钢瓶有钢瓶帽；钢瓶中的气体是明确的，无过期钢瓶；	—	—	8.5.4	2
		1121-16	化学废弃物包装严密，及时送学校中转站收集或堆放实验室；化学实验固体废物和生活垃圾不混放，不向下水道倾倒废旧化学试剂和废液	—	—	8.6.1	2
		1121-17	实验室内化学品建有动态使用台账，各实验室建有自己危险化学品目录并有危险化学品安全技术说明书（MSDS）或安全周知卡，方便查阅；定期清理过期药品，无累积现象	—	—	8.2.1	2

7.5.3 消防部门对大学等社会单位的责任管理

消防部门也在转变:从单一监管到多头监管、从管事到管人、从查隐患到查责任落实转变。

再结合"放管服"的要求,消防部门更多的是执法检查和责任管控检查。执法检查也意味着消防责任到位的检查,是通过"双随机一公开"系统来实现监管的。

定义相应的责任集给各社会单位,见表7-6,还涉及责任的依据来源等。

表 7-6 消防责任集(部分)

责任任务	触发方式 (时间触发、 事件触发)	主从责 (选填主责、 从责)	任务等级 (选填A级、 B级、C级)	周期性 (选填周期性、 非周期性)
每年组织召开一次消防工作部署和总结会	时间触发	主责	A级	周期性
制订年度消防安全工作计划	时间触发	主责	A级	周期性
保障消防安全必要经费	时间触发	主责	A级	周期性
制定单位逐级岗位消防安全责任	时间触发	主责	A级	周期性
制定单位消防安全操作规程	时间触发	主责	A级	周期性
组织防火检查	时间触发	主责	A级	周期性
及时发现并整改火灾隐患	事件触发	主责	A级	周期性
组织单位消防安全宣传教育培训	时间触发	主责	A级	周期性

根据上表的责任内容,可以认定社会单位的管理风险也是执法的工作项目,可以逐条检查(或抽检)责任的到位情况。

7.5.4 教育部门的行业责任管理

依据"三个必须"中的"管行业必须管安全",所以行业主管部门也要体现对各单位的安全管理,比如通过一定的财权干预,这与消防部门对社会单位的管理不一样。一般情况下,教育部门对教育机构的管理会比较有效,对安全而言,可以开展平安校园评比的方式,更好地调用各社会单位的参与积极性。

可以将法律责任和行业管理责任结合,并将行业管理责任进行分级,法律责任是行业管理责任的基础部分,必须做到位;同时行业管理责任标准可以高于法律责任,这样通过更高标准的责任体系打造和行业指导来实现安全管理。

另外,行业主管部门也具有一定的人事权,所以也需要结合责任考评来实现对安全的监管。

可以由行业主管部门对应的校园安全处来评估单位的安全、评比单位的平安程度,从而实现行业主管部门确保不出大的安全事故为自身实现一定的尽责,同时也为落实各单位的主体责任实现更好的管控。

7.5.5 与大学相关的安全责任体系

除了消防之外,高校的安全还包括治安安全管理、交通安全管理、实验室安全管理等。

目前治安安全管理、交通安全管理的压力不会像消防的压力那么大,但是管理上是可以通用的,责任体现对人的提升,人再带动技术应用和管理的提升。

另外也包括食品安全、信息安全等。

7.6 安全责任文化

除管理风险外,还有文化风险,只有文化没风险了,才能真正长治久安。文化的核心是风险文化,也是责任文化。

7.6.1 责任文化及责任清单

需要先理清以下问题:

①责任文化如何与岗位责任清单相结合。

②文化风险的管控,比如建立的文化其核心价值是否都有认同,是否会有持续认同。文化建设的风险有:怎样的文化建设才是正向的,文化建设如何做到"人人有责、人人尽责"。

③另外文化目标怎么量化,文化建设怎么达到目标的?

以上风险都需要进行文化风险的治理和管控。需要有文化管控首席官、文化建设人员,而且应该是人人相关的。文化管控首席官需要对文化风险进行辨识、分级、管控。

可以细化的责任清单有:一把手需要对文化的核心价值进行统一,必要时可以进行修正,比如出现一些问题时需要及时修正,文化战略目标的确定。

文化管控首席官需要进行文化风险辨识,文化责任体系的建立,文化评估体系的验证等。

对文化管控风险的关键点进行梳理,以理出不同岗位的文化影响和把控力,便于对岗位的量化明责,并定义不同文化目标的责任边界,以实现文化管控的量化履责。

同时将各岗位的文化管控目标结合量化履责,来证明量化尽责。

7.6.2 安全文化的核心是责任文化

由于文化是人与人之间的文化,最重要的是权责利相关的文化,所以文化的核心是责任文化。保证安全是一种责任能力,想安全是责任意识,保安全是责任行为,安全成果是责任成果。

所以用良好的安全文化感染每一个人,通过责任文化来扎根整个安全。

7.6.3 责任文化管理

责任文化管理,可以参考第13章。

第 8 章

风险责任管理

责任的源头是风险管控,人是最大的风险,技防、物防者都要靠人防来落实。所以责任的到位评估很关键,这样可以系统化风险的责任防控体系。

8.1 风险致因

8.1.1 风险致因论

具体的风险标准或规范可以参考 ISO31000 及 COSO 的风险模型。一般情况下可以认为不成事(如产生事故)的主要成因是风险。

风险可以分为人的风险、物(如设备、设施等人造物)的风险、环境的风险和管理风险。

风险会产生隐患,隐患也会发展为事故。一般情况下海因里希法则是指 300 个小隐患会有 29 起小事故,还会有 1 起事故,这可以说是风险致因在统计学上的解释。

当然不能因为把小隐患消除到 30 起或 3 起以下,就不会有事故,甚至不会有小事故。海因里希法则只是在大样本中的统计概念,而没有建立起风险到隐患、隐患到事故的关联关系,所以我们有必要从风险的不同角度来解释风险致因。

风险可以分为简单风险、复杂风险、模糊风险和不可预知风险。简单风险是指直接就可以干预的单一风险,比如闪点在 28℃ 以下的液体就有易燃的风险,但是只要把液体放置在一个密封容器中就可以完成对风险的干预。复杂风险也可以称为累积风险,即很多风险形成了复杂的风险场景,比如密封的管道中传输闪点在 28℃ 以下的液体,而管道开始有老化,有产生跑冒滴漏现象的可能。模糊风险指的是其规律还未完全掌握,会导致风险判断不准的可能,也很难有对口的预案来应对,比如原油管道经过一片偶尔有地质异常的地下区域,这个地质异常可能有地热,可能有外力冲击,这样就给原油输送带来难以及时应对的风险(通常说的灰犀牛事件就可能是这类风险导致的)。不可预知风险是人类对相应的风险没有很好的认知,一旦被认知,就会和之前的认知产生冲击,类似于黑天鹅事件就认为是这类风险导致的。

不同的风险通过治理形成可接受的剩余风险,但平时还会有衍生风险产生,而这些风险有些就是模糊风险,就容易导致一些事故的发生,而这个风险导致的事故就需要从风险事故成因的角度来理顺,而不是从统计学上的风险致因来理顺。

8.1.2 风险、隐患、事故关系

上节中已将风险进行了分类,而风险显性后会以隐患的方式表现出可能的事故苗头,而有些隐患会逐步形成相应的事故,而有些隐患则只是事故发生后的一些问责、追责点。

从风险到隐患、隐患到事故的预防也被称为双重预防体系。

风险辨识、防控后的风险称为剩余风险,当然也可以把可控的隐患称为剩余风险,对于不可控的隐患称为衍生风险。所以要治本还是要治理风险,就必须做到排除隐患。

8.1.3 韧性管理与风险

韧性就是事故发生后快速恢复的能力,对于安全会更关心风险和隐患,但是事故发生后期最重要的事情就是恢复。

所以一般都会在事故应急预案中加入韧性管理,包括事故演练反馈,从中得出提升的内容,以更好、更快的恢复。

当然韧性管理也是经营风险的一种。

8.2 各种风险

以上列举了风险对整个责任管理的重要性,以人力资源为例,分为战略类、通用类、管理类、营销类、产品类(研发类)等不同板块的风险,分别见表8-1至表8-5,可以更好地从人力资源管理方面全面来实施责任制管理。

表8-1　　　　　　　　　战略类人力资源风险分类

范围	风险类型	风险描述		评价指标
		风险源	风险事项	
战略类	文化风险	重要:未形成责任文化氛围	内心价值观不一致	1.战略理解能力差、执行力差 2.形成不了责任型机构 3.以责定权、以责定利深入不了人心 4.责任目标基本不达标 5.要对人力和部门经理问责
	责任评估风险	重要:未形成有效人力资源的积累	实际竞争力不足,导致企业亏损或者人均产值、人均利润不高	1.人均责任素质分 2.责任素质达标人 3.责任素质和责任成果达标人 4.责任素质和责任成果优秀人 5.重聘、解聘流程

(续表)

范围	风险类型	风险描述		评价指标
		风险源	风险事项	
战略类	HR责联网应用风险	重要:是否形成对所有风险的有效信息化管控;没有责任评估的有效履责数据	人力资源管理成本过高、效率低下、主观性强、创新能力不高、文化氛围不浓	1.风险知识库的建立是否齐全 2.量化明责、量化履责、量化问责是否融入日常工作中 3.会责、责管通、尽责宝的使用依赖性 4.履责数据的科学性、快捷性及评价 5.能否自动评估岗位责任分 6.智能评估岗位的责任素质和责任成果分

表 8-2　　　　　　　　通用类人力资源风险分类

范围	风险类型	风险描述		评价指标
		风险源	风险事项	
通用类	人力资源规划风险	次重要:人力资源规划前瞻性、全局性与发展战略不匹配	人才结构失衡	1.人力资源战略规划 2.人力资源策略取向 3.人力资源年度计划
	岗位设置风险	最重要:不相容职位重叠	徇私舞弊行为	1.岗位说明书 2.不相容职位监察机制
		次重要:岗位设置与实际需求和要求不匹配	工作纠纷	
	招聘风险	次重要:招聘机制不健全	人员招聘不及时	1.招聘制度和流程完善性 2.招聘成本 3.职位填补天数 4.新员工离职率 5.招聘渠道组合和效率 6.应聘者职业调查制度
		次重要:招聘条件设置与岗位需求不匹配	人员能力不匹配	
		次重要:招聘信息不对称;人员诚信问题	人员诚信问题	
	培训风险	最重要:培训内容与职责不匹配	浪费培训资源	1.培训管理制度和流程 2.培训年度、月度计划 3.培训完成比率 4.培训成本(总额、平均) 5.岗位培训内容和计划
		次重要:培训需求调查失真	培训效果不好	
		次重要:培训实施不力		
		一般重要:培训后管理跟踪不及时		
	人员配置风险	次重要:任用与晋升制度和流程不完善	人员能力不适应岗位要求	1.任用与晋升制度和流程 2.试用期(初期)监察机制

103

(续表)

范围	风险类型	风险描述 风险源	风险描述 风险事项	评价指标
通用类	薪酬风险	最重要:薪酬体系设计缺乏科学性	影响员工队伍的稳定性	1.薪酬制度完善性 2.薪酬组合科学性 3.发放方式 4.薪酬调整(水平、内部)机制
		次重要:薪酬体系设计与公司战略不匹配	丧失吸引力,缺少市场竞争力	
	绩效考评风险	最重要:公司战略变更	原有绩效考评体系失衡	1.绩效考评制度和流程 2.绩效考评方式 3.绩效考评指标适应性 4.绩效考评调整机制
		次重要:考评操作过于死板,重形式,轻业绩	影响团队凝聚力和积极性	
		一般重要:考评方式和指标设置及本身体系的缺陷	失去积极激励作用	
	劳动关系管理风险	次重要:用工形式和合同违规违法	行政处罚、劳动纠纷	用工形式: 1.各用工形式合同规范性 2.合同合法性
		次重要:招聘广告违规违法	行政处罚	员工招聘: 1.广告合法性 2.公司规章制度培训机制 3.招聘表单完善性和合法性
		一般重要:未告知新员工公司相关规章制度	劳动纠纷	
		一般重要:未及时签订或续签劳动合同	劳动纠纷	劳动合同签订制度和流程
		次重要:员工试用期权责约定不清	无法与不合格解除劳动合同的风险;或成本过高	员工试用期: 1.员工试用期管理制度 2.员工试用期权责约定合法性和完备性
		次重要:公费培训权责约定不清	费用损失	员工培训管理: 1.《员工公费培训申请表》 2.公费培训服务期的相关约定
		次重要:解除(终止)劳动关系相关方面的权责约定不清	过高解雇成本;劳动纠纷	员工离职管理: 1.员工离职制度和流程 2.离职证据收集机制 3.离职协商机制

(续表)

范围	风险类型	风险描述 风险源	风险描述 风险事项	评价指标
通用类	劳动关系管理风险	次重要:人力资源管理制度不完善	管理混乱	人力资源制度: 1.人力资源制度完善性 2.人力资源制度合法性
		次重要:人力资源管理制度不合法	劳动纠纷	
	管理队伍断层风险	最重要:中高层管理人员培养和招聘不及时	管理队伍断层,严重影响管理绩效	1.储备中高层干部培养机制 2.中高层轮岗机制 3.中高层管理者缺失应急机制 4.中高层管理者变动频率
		次重要:人力资源流动性预计不足		
		一般重要:短期大幅人员流动		

表 8-3　　　　　　　　　　管理类人力资源风险分类

范围	风险类型	风险描述 风险源	风险描述 风险事项	评价指标
管理类	员工知识退化风险	次重要:信息管理技术升级和软件开发技术更新;会计准则变更;先进管理工具和理论实践等	影响工作效益和进程	1.财务专业知识培训计划 2.信息技术和理论培训计划 3.管理理论和实践培训计划 4.岗位学习指引
	高层管理人员风险	最重要:高层人员诚信问题	公司机密文件和信息外泄	1.高层管理人员接替机制 2.高层管理人员法律追究机制 3.高层管理人员约束机制
		次重要:高层人员离职	工作停滞;知识流失	
		次重要:监管措施不力	徇私舞弊等违法行为	
	关键管理（中层）人员风险	次重要:关键管理人员离职	工作停滞;重要机密或知识流失直接的利益损失	1.关键管理人员接替机制 2.关键管理人员培养机制 3.关键管理人员约束机制
		次重要:监管措施不力	违规违法行为	
	项目公司高管风险	最重要:激励机制不健全	产生抵制情绪,影响经营效益	1.项目公司高管接替机制 2.项目公司高管激励机制 3.项目公司高管培养机制 4.项目公司高管约束机制
		次重要:关键管理人员离职	工作停滞、重要机密或知识流失	
		次重要:监管措施不力	违规违法行为	

(续表)

范围	风险类型	风险描述		评价指标
		风险源	风险事项	
管理类	关键技术人员风险	最重要：财务关键人员个体违规违法行为	财物损失	1.关键技术人员接替机制 2.关键技术人员培养机制 3.关键技术人员约束机制
		次重要：关键信息管理人员流失	信息系统运行不畅	
		次重要：关键财务人员缺失	财务系统运行不畅	
		次重要：关键技术人员操作不当	信息遗失或泄露	
	管理骨干人员风险	最重要：激励机制不健全	工作效率和积极性不高	1.管理骨干培训计划 2.管理骨干培育机制 3.管理骨干职业生涯管理
		次重要：外部竞争环境吸引力	管理骨干人员成批流失	
	外联人员公关风险	最重要：外联人员与政府和相关组织的沟通方式不合法	连带法律责任	1.外联制度和原则 2.公关危机处理机制
		次重要：处理公关危机不及时	声誉受损	
	工伤风险	最重要：驾驶人员操作不当	交通事故	1.工伤意外保险 2.信息管理操作规范制度体系 3.公车驾驶操作规范
		次重要：信息技术人员工作不当行为	工伤事故	
		一般重要：一般员工意外	工伤事故	

表8-4　　　　　　　　　　营销类人力资源风险分类

范围	风险类型	风险描述		评价指标
		风险源	风险事项	
营销类	员工知识退化风险	次重要：行业和相关市场政策变动，先进营销管理工具和理论实践等，相关人员不能及时获取和培训	影响工作开展或造成工作失误	1.营销知识培训计划 2.营销管理工具引进和培训机制 3.岗位学习指引

(续表)

范围	风险类型	风险描述		评价指标
		风险源	风险事项	
营销类	高层管理人员风险	最重要：监管措施不力	徇私舞弊等违法行为	1.高层管理人员接替机制 2.营销战略管理机制 3.高层管理人员法律追究机制 4.高层管理人员机约束机制
		次重要：高层管理人员失职	市场判断不准及开拓不利	
		次重要：高层管理人员流失	工作停滞,机密市场信息外泄,及知识流失	
	关键职能管理人员风险	最重要：关键职能管理人员流失	工作停滞、机密市场信息或知识流失	1.关键职能管理人员接替机制 2.关键职能管理人员培养机制 3.关键职能管理人员约束机制
		次重要：监管措施不力	管理混乱	
	行业公司高管风险	最重要：激励机制不健全	抵制情绪,影响经营效益	1.行业公司高管接替机制 2.行业公司高管激励机制 3.行业公司高管培养机制 4.行业公司高管约束机制
		次重要：行业公司高管流失	工作停滞、重要经营信息外泄	
		次重要：行业公司高管失职或能力不足	管理失效,市场开拓不力	
	区域公司运营团队风险	最重要：用工制度、薪酬绩效、外部竞争	大量人员流失	1.区域公司管理人员外派外聘管理机制 2.营销人员薪酬绩效管理和激励机制 3.管理人员约束机制 4.营销人员行为规范
		次重要：激励机制不健全	工作积极性差,影响销售效益	
		次重要：监管混乱	徇私舞弊	
		一般重要：个体营销行为不当	声誉受损	
	直销核心管理团队风险	最重要：对直销政策和市场判断和应急能力不足	销售违规	1.直销高管激励和约束机制 2.直销管理人员行为规范和工作准则 3.直销关键管理人员接替机制 4.直销关键管理人员培养机制 5.市场应急处理和监督机制
		最重要：对核心直销运营人员管理和引导不利	行政处罚	
		次重要：团队核心成为离职	管理缺失	
		一般重要：个体不当市场行为	市场管理混乱	

(续表)

范围	风险类型	风险描述 风险源	风险描述 风险事项	评价指标
营销类	关键职能岗位人员风险	最重要:品牌管理和保护不善	品牌资产损失	1.责任追究机制 2.品牌管理规划和操作原则 3.反舞弊机制 4.客服人员服务规范和培训机制
营销类	关键职能岗位人员风险	次重要:采购人员徇私舞弊	公司财务损失	
营销类	关键职能岗位人员风险	次重要:营销管理人员对政策及市场信息收集调研不及时和失真	市场开拓不利	
营销类	关键职能岗位人员风险	一般重要:客服人员不当行为和语言	声誉受损	
营销类	营销骨干人员风险	次重要:激励机制不健全	营销骨干成员离职或流失	1.营销骨干人员激励机制 2.营销骨干梯队建设机制 3.营销骨干人员约束机制 4.营销骨干人员职业规划
营销类	营销骨干人员风险	次重要:约束机制不健全	市场资源和重要信息流失	
营销类	一般营销和实施人员风险	最重要:招聘机制不健全	影响施工和销售	1.一般人员月度招聘计划 2.上岗培训内容和计划 3.人性化管理措施和工具
营销类	一般营销和实施人员风险	次重要:培训不及时	工作效率低下	
营销类	工伤风险	次重要:施工操作不当	施工工伤事故	1.工伤意外保险 2.重大施工事故应急机制 3.施工操作规范和原则 4.外出工作管理制度和原则
营销类	工伤风险	次重要:营销人员工作特性	财产、人身意外	
营销类	罢工风险	一般重要:对一线实施人员和营销人员用工政策或管理措施不当	集体罢工事件	1.罢工危机应急和公关预案 2.罢工善后方案

表8-5　　　　产品(研发)类人力资源风险分类

范围	风险类型	风险描述 风险源	风险描述 风险事项	评价指标
产品类	员工知识退化风险	次重要:公司涉及行业进展快、研发技术更新快,国家、行业法律法规频繁变动,相关人员不能及时获取和培训学习	影响工作开展或造成工作失职	1.施工技术培训机制 2.医药、保健专业知识培训机制 3.岗位学习指引 4.法律法规研究和培训机制

(续表)

范围	风险类型	风险描述		评价指标
		风险源	风险事项	
产品类	中高层管理人员风险	最重要：中高层管理人员流失	工作停滞，施工、产品、研发机密信息外泄及知识流失	1.中高层管理人员培养和接替机制 2.产品规划管理机制 3.高层管理人员约束机制 4.中高层管理人员法律追究机制
		次重要：监管措施不力	徇私舞弊行为	
		一般重要：团队技术能力和市场资讯不足	产品规划不科学	
	施工管理高管风险	次重要：管理制度体系不健全	集团管控失效	1.施工管理高管接替机制 2.施工管理高管约束机制 3.施工管理高管综合能力培养机制 4.反舞弊机制
		次重要：施工管理高管流失	工作停滞，施工、产品机密信息外泄，及知识流失	
		次重要：工作失职	重大施工事故	
		次重要：个体徇私舞弊	公司资产和资金损失	
	关键技术人员风险	最重要：关键实施、技术人员工作不当或工作失职	施工事故或资产损失	1.关键技术人员责任追究机制 2.关键技术人员培养机制 3.研发管理制度和流程 4.关键技术人员约束机制
		最重要：关键研发能力不足或立项不科学	研发失败或研发成本过高	
		次重要：过分依赖个别关键技术人员	管理阻碍和工作效率低下	
		次重要：关键技术人员离职	工作停滞，商业秘密、技术和知识流失	
	关键岗位人员风险	最重要：证照申请或续签不及时	施工停顿或终止	1.证照管理制度和流程 2.知识产权申请制度和流程 3.标准体系建设规划和实施计划 4.质量管理体系建设和实施计划 5.相关体系建设培训规划和计划 6.责任追究机制 7.反舞弊机制
		最重要：知识产权申请不及时或不当行为	知识产权申请失败或无效	
		次重要：施工管理标准体系建设和实施不健全	施工整改或事故	
		次重要：质量管理体系建设和实现不完善	质量问题，受到处罚	
		一般重要：采购人员徇私舞弊	经济损失	

(续表)

范围	风险类型	风险描述 风险源	风险描述 风险事项	评价指标
产品类	施工和技术骨干人员风险	次重要:激励机制不健全,外部竞争因素影响	施工和技术骨干成员离职或流失	1.施工和技术骨干人员激励机制 2.施工和技术骨干人员约束机制 3.施工和技术骨干梯队建设机制 4.施工和技术骨干人员职业规划
产品类	施工和技术骨干人员风险	次重要:薪酬绩效考核机制不健全	施工骨干人员消极心理和行为,造成施工作业停滞	
产品类	施工和技术骨干人员风险	一般重要:研发骨干工作能力不足	工作延误或失职	
产品类	一线施工人员风险	最重要:招聘机制不健全	人员补充不及时,影响施工	1.一线施工人员月度招聘计划 2.上岗培训内容和计划 3.人性化管理措施和工具
产品类	一线施工人员风险	次重要:培训不及时或无培训上岗	工作效率低下或工作事故	
产品类	工伤风险	最重要:施工操作不当	施工工伤事故	1.工伤意外保险 2.重大施工事故应急机制 3.施工操作规范和原则 4.研发管理制度和工作原则
产品类	工伤风险	次重要:研发人员工作不当和设备不完善	研发意外和事故	
产品类	罢工风险	一般重要:对一线施工人员用工政策或管理措施不当	集体罢工事件	1.罢工危机应急和公关预案 2.罢工善后方案

8.3 风险责任评估

如图 8-1 所示,风险责任评估模型包括:

获取模块 11,用于获取与一次风险因子相关联的风险信息。

转换模块 12,用于将获取到的与一次风险因子相关联的风险信息转换为二次风险因子;其中,所述二次风险因子为与责任相关联的责任信息。

评估模块 13,用于评估所述二次风险因子,并生成评估结果。

防范模块 14,用于根据所述评估结果确定防范措施,并防范执行结果。

判断模块 15,用于根据所述防范结果判断所述防范措施是否达到预设目标。

存储模块 16,用于存储风险因子评估的相应数据。

显示模块 17,用于显示存储的数据。

```
获取模块 ─11
   │
转换模块 ─12
   │
评估模块 ─13
   │
防范模块 ─14
   │
判断模块 ─15
   │
存储模块 ─16
   │
显示模块 ─17
```

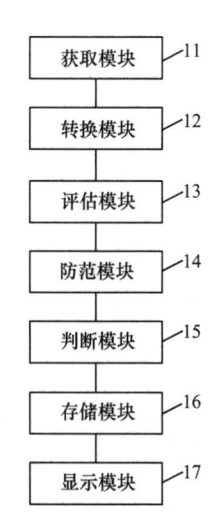

图 8-1　风险-责任评估模型

获取模块 11 获取与一次风险因子相关联的风险信息。其中，风险信息内容见表 8-6。

表 8-6　　　　　　　　　　　　风险信息表

序号	风险归类	风险类型	风险因子	例子
1		心理、生理性危险和有害因素	负荷超限	体力、听力、视力、其他负荷超限
…			…	…
5			辨识功能缺陷	感知延迟、辨识错误等
6			其他心理、生理危险有害因素	
7	人	行为性危险和有害因素	指挥错误	指挥失误、违章指挥、其他指挥错误
…			…	…
9			监护失误	—
10			其他行为性危险和有害因素	脱岗等违反劳动纪律行为
11	物	物理性危险和有害因素	设备设施工具附件缺陷	强度不够、刚度不够、稳定性差、密封不良、耐腐蚀性差、应力集中、外形缺陷、外露运动件、操纵器缺陷、制动器缺陷、控制器缺陷、设备设施工具附件等其他缺陷
12			防护缺陷	无防护、防护装置和设施缺陷、防护不当、支撑不当、防护距离不够等其他防护缺陷
			电伤害	带电部位裸露、漏电、静电和杂散电流、电火花等其他电危害

(续表)

序号	风险归类	风险类型	风险因子	例子
…			…	…
22	物	物理性危险和有害因素	标志缺陷	无标志、标志不清晰、标志不规范、标志选用不当、标志位置缺陷等其他标志缺陷
23			有害光照	—
24			其他物理性危险和有害因素	
25		化学性危险和有害因素	爆炸品	—
26			压缩气体和液化气体	—
…			…	…
33			粉尘与气溶胶	—
34			其他化学性危险和有害因素	
35		生物性危险和有害因素	致病微生物	细菌、病毒、真菌等其他致病微生物
…			…	…
38			致害植物	—
39			其他生物性危险和有害因素	
40	环境	室内作业环境不良	室内地面湿滑,室内作业场所狭窄,室内作业场所杂乱,室内梯架缺陷……	—
41		室外作业环境不良	恶劣气候与环境,作业场地和交通设施湿滑,作业场地狭窄,作业场地杂乱……	—
42		地下(含水下)作业环境不良	隧道/矿井顶面缺陷	—
43			隧道/矿井正面或侧壁缺陷	—
44			隧道/矿井地面缺陷	—
…			…	…
49			地下作业供氧不良	—
50			其他地下作业环境不良	

(续表)

序号	风险归类	风险类型	风险因子	例子
51	环境	其他作业环境不良	强迫体位	不符合人体工效学
52			综合性作业环境不良	—
53			以上未包括的其他作业环境不良缺陷	
54	管理	职业安全	职业安全卫生组织机构不健全	—
55			职业安全卫生责任制未落实	
56			职业安全卫生管理规章制度不完善	建设项目"三同时"制度未落实,操作规程不规范,培训制度不完善,事故应急预案及响应缺陷,其他职业安全卫生管理规章制度不健全
57			职业安全卫生投入不足	—
58			职业健康管理不完善	—
59			其他管理因素缺陷	

在转换模块12中,将获取到的与一次风险因子相关联的风险信息转换为二次风险因子,其中所述二次风险因子为与责任相关联的责任信息。其中,风险责任集见表8-7。

表8-7　　　　　　　　　　风险责任集

序号	责任类型	责任	风险事件	依据
1	目标责任	伤亡目标、财产损失目标、产出目标	—	目标风险因子
2	质量责任	产品质量	—	质量风险因子、质量法
3	经济责任	岗位盈利评估	—	—
4	合同责任	各种合同的分解内容	—	—
5	创新责任	保持竞争力的创新	—	—
6	组织责任	比行政责任弱一些	—	—
7	行政责任	—	—	警告、记过
8	民事责任	—	—	赔偿
9	刑事责任	—	—	刑拘、判刑、政治权利

将风险因子转换为岗位责任,通过责任的方式预测风险因子的发生及确定风险因子的严重性。

在评估模块13中,评估所述确定的风险因子,并生成评估结果。

对风险因子的评估包括工作危害分析(JHA)、安全检查表分析(SCL)、预先危险性分析(PHA)、危险与可操作性分析(HAZOP)、失效模式与影响分析(FMEA)、故障树分析(FTA)、事件树分析(ETA)、作业条件危险性分析(LEC)等。

在防范模块14中,根据所述评估结果确定防范措施,并生成防范结果。

根据上述评估结果确定相应的防范措施,采用一定的措施来降低评估模块中评估结果发生的可能性、严重程度。当对风险因子采取一定的措施后,会生成相应的防范结果,将该防范结果存储于系统中。

在判断模块15中,根据所述执行结果判断所述防范措施是否达到预设目标。

其中,预设目标是指消除或降低风险因子隐患的目标:

①若达到预设目标,则不做处理。

②若未达到预设目标,则重构风险因子评估及防范的过程。

③若未达到预设目标后还包括二次风险因子转换为责任隐患和责任事故,并计算责任隐患发生的可能性和责任事故发生的可能性。若未达到降低或消除风险因子的目标,则表示风险防范并未到位,此时风险因子的严重程度会加重,例如,若防范不到位,则会将一个小问题变成隐患再变成事故。

具体如:隐患未按规定要求进行巡回检查,发现的隐患和问题未及时报告和处理,未按照国家规定提取和使用安全生产费用等隐患问题。

风险因子与岗位责任相关联,因此如防范不到位则表示岗位责任也存在相应的不到位的情况,可以对相应的岗位及人员进行追责。重构风险因子评估及防范的过程是根据事故的直接原因(设备、建筑相关)、间接原因(人相关等),重构以上风险因子的过程,指出防范不足导致的责任事故。

根据上述的风险信息、评估过程及评估结果,制定防范措施,执行防范措施的过程通过分类建模来验证需要有哪些防范内容。

在存储模块16中,存储风险因子评估的相应数据。

存储的数据具体包括风险信息,与风险信息相对应的责任信息,评估结果,防范措施,防范结果,重构结果。

将数据存储至知识库中,包括因子库、风险责任库、风险责任发生概率计算方法库、防范措施集、事故分析验证库,责任意识、责任能力、责任行为、责任制度、责任结果。

责联网用于责任能力主动分析,责任行为指导,责任结果动态保障,责任制度评估。

在显示模块17中,显示存储的数据。

相应的防范措施,即责任能力;该责任对应的岗位需要的工作内容,即责任行为;还可对各风险因子相应的防范结果承担相应的责任结果,形成责任成果。

可以通过责任的方式来避免事故的发生,同时建立更加完善的安全责任模型,也可以实现对以往案例的验证,同时可以生成各岗位的更完整的责任清单。

相应的,还提供一种基于责任的风险因子评估方法,如图8-2所示,步骤如下:

S11:获取与一次风险因子相关联的风险信息。

S12:将获取到与一次风险因子相关联的风险信息转换为二次风险因子,其中,所述二次风险因子为与责任相关联的责任信息。

S13:评估所述二次风险因子,并生成评估结果。

```
┌─────────────────┐
│ 获取与一次风险因子 │─S11
│  相关联的风险信息  │
└────────┬────────┘
         │
┌────────▼────────┐
│将获取到与一次风险因子│
│ 相关联的风险信息转换为│
│   二次风险评估因子，│─S12
│ 其中，所述二次风险因子│
│    为与责任相关联的 │
│       责任信息    │
└────────┬────────┘
         │
┌────────▼────────┐
│   评估所述二次风险  │─S13
│   因子，并生成评估结果│
└─────────────────┘
```

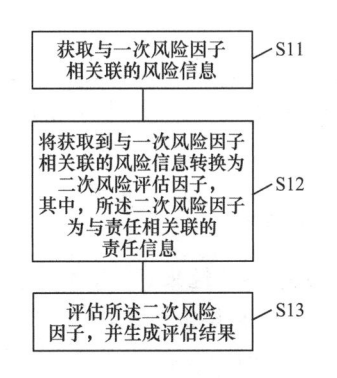

图 8-2 基于责任的风险因子评估方法

步骤 S13 中包括评估责任信息发生的可能性及严重性。可以通过责任的方式来避免事故的发生，同时建立更加完善的安全责任模型，且可以实现对以往案例的验证，同时可以生成各岗位的更完整的责任清单。

以某车间加热班组为例详细说明加热班组用的是反应釜：

常见风险（一次风险因子）包括高温、高压、动力电、设备完好（包括限压装置，即超压时自动释压）。

常见风险责任有质量责任（保证产品质量；确保设备完好；压力、温度等参数在规定范围内），目标责任（反应釜无隐患：无异响、无温度超限、无压力超限、无人员靠拢、无漏电），经济责任（一个月正常工作 400 小时，每班 200 小时）

二次风险因子为保证设备外观完好、保证压力在可控范围内、保证温度在可控范围内、关注反应釜有无异响、保证用电无漏电、统计正常累计时间、统计异常累计时间、警示靠近危险醒目、统计靠近人员及数量。

风险责任包括隐患、事故。

隐患的可能性：$P(a_i|\{rList\})$，定期对二次风险因子检查，并计算相应的各种隐患、事故形成的可能性。

隐患的严重程度：$S(a_i|\{rList\})$，定期对二次风险因子检查，并计算相应的各种隐患事故的严重程度。

可以计算隐患可能性或隐患事故可能性，可能性大说明严重程度大。

通过定时检查，发现常见的隐患有异响、温度超限、压力超限、漏电、人员靠近不阻止。

其常见隐患所对应的常见隐患责任有听到异响一定要查清原因，查清原因针对性地检修（质量责任、目标责任）；温度超限要停机检修（目标责任）；压力过高要停机检修（目标责任）；漏电要停机检维（目标责任）；警示牌要明显，人员靠近要阻止，事后要教育相关人员（目标责任）；检修人员有没有漏电、防烫伤等安全防护（目标责任）。经济责任让位于安全关键目标责任。

其中，隐患责任也加入二次风险因子中，会引发多个岗位的责任任务。

例如，主体责任人员在有警示牌的情况下依然靠近设备，则该主体责任人员的上级领导需要对该人员提醒及警告；该上级领导在得知这一情况下未做任何处理，则该领导的上一级领导对其做出提醒并警告；若检修人员没有做漏电、防烫伤等安全防护，需要对该检修人员进行提醒或警告。

对存在的隐患问题进行提醒或警告,降低将隐患变成事故的可能性。

事故的可能性:$P(a_i|\{rList\})$,定时对二次风险因子检查,计算后面的各种事件、事故形成的可能性。

事故的严重程度:$S(a_i|\{rList\})$,定时对二次风险因子检查,计算后面各种事件事故的严重程度。

可以通过计算事件可能性、事故可能性来计算,事故可能性大说明严重程度也大。

常见事件有反应釜温度或压力不在规定要求内,产品质量不达标;反应釜爆裂;人员触电;人员烫伤。

其常见事件所对应的常见事件责任:检修设备,保证质量(目标责任、经济责任甚至民事法律责任);人员靠近告警标识、护栏(目标责任、经济责任甚至民事法律责任)。

其他人员的相应责任(监管责任、领导责任),比如检修费用,反应釜爆裂需要及时停工,以及未及时停工或停不下来会造成事故。在购买或设计反应釜时,需要有防爆的设计,以确保此事故不会发生。

其中,事件责任也加入二次风险因子中,会有更多岗位责任在里面,比如对相关责任人群的追责监管,检修人员、设计人员的责任。

通过对存在的事件进行追责并监管,降低事故发生的可能性。

分级事故的可能性为:$P(a_i|\{rList\})$,定时对二次风险因子,计算后面的各种事故形成的可能性。

分级事故的严重性为:$S(a_i|\{rList\})$,定时对二次风险因子,计算后面各种事故的严重程度。

通过分级事故可能性来计算,级别高事故可能性大说明严重程度也大。

常见事故有产品质量严重不达标,损失达到一定程度;反应釜爆炸,造成人员伤亡或财务损失;人员电伤亡;人员烫伤严重。

常见事故责任:民事法律责任甚至刑事责任,其他人员的相应的责任(监管、领导的法律责任)。

通过将二次风险因子以智能硬件检查的方式设计到反应釜中,包括传感器和二次风险因子安全评估计算设计到反应釜中或责联网中,形成一个更安全、更有动态判断的智能反应釜或智能责联网,将过程中的责任相关的数据采集上来,并与实际的岗位人员对应,能有效对岗位到位进行有效评估。

通过以上分析,对风险转化成隐患甚至事故的责任分析,结合到责任类别可以找出容易失责的漏洞点。比如要把产品设计成防爆型,以确保紧急情况下没时间或没能力来负责任的情况;也可以生成更详细的岗位责任清单或应急预案;另外可以通过设计物联网感知风险和隐患,通过责联网感知责任风险,并可以不断地计算责任演变,提前预警可能的演变规律,做好过程防范。一旦有一个从风险快速转为事故(隐患、事件处置没法承担责任行为),则需要进一步的产品设计。

8.4 物联网风险责任管理

8.4.1 物联网对风险责任的管理

物联网对风险的检测、对隐患的感知、对事故的信息检测,都构成了物联网对风险的工程管控。

物联网能及时将处理的要求发给相应责任人,让责任人更好地履责。提供的信息能做到提前预警。

另外如果能配合责任节点来进行责任设计,那么效果更好。

8.4.2 风险责任的物联设计

物联网的责任节点设计可以参考后一章。

8.4.3 物联网的不足之处

物联网可用于检测风险点,或者检测隐患是否存在,但也有其不足之处,比如:
(1)只是信息层面:信息层面难以真正解决实际的问题。
(2)责权利关系难理顺:无法从责权利来梳理管理问题,难以给决策者提供管理的思路。
(3)大数据难有奇迹:不是数据多、大,就可以有本质的提升。

第 9 章

责联网及责任设计

为什么需要责联网？责联网的架构是什么？平台是怎么样的？有哪些应用？责联网如何集成和影响物联信息平台和硬件？

9.1 责联网概述

某企业在安全上投入大量经费，构建了风险评估系统、隐患排查系统(安全生产专项整治三年行动)、作业许可系统(包括作业票)、全岗位责任清单系统、设备设施安全管理台账、安全绩效评估系统、岗位能力评估系统等。但是要把主体责任真正落实到每个岗位，对整个管理都是一大挑战。

综合运用大数据、物联网、人工智能、区块链等新技术，构建"责联网"平台，以落实部门或岗位主体责任为核心，将责任落实情况全面、实时、真实地记录，并进行评估和预警，能够即时可视化展示管理情况，既有助于切实提高管理水平，又为"人人有责、人人尽责"等提供真正可信的大数据支持。

责联网 1234：1 代表一条责任链，2 代表两个子系统，3 代表三个责任管理工具，4 代表四维评价体系，以消防责联网为例展开。

9.1.1 一条责任链

如图 9-1 所示，实现消防安全主体责任横向到边、纵向到底的完整闭环管理。

(1)责任横向到边：消防部门将相应的法律责任包压给社会单位，形成主体责任和监管责任的量化闭环化管理。

(2)责任纵向到底：社会单位自己增加组织责任包，实现主体责任、监管责任、领导责任的岗位配置，通过日常各岗位的履责登记，实现消防岗位月度评估，得到履责的尽职尽责程度。

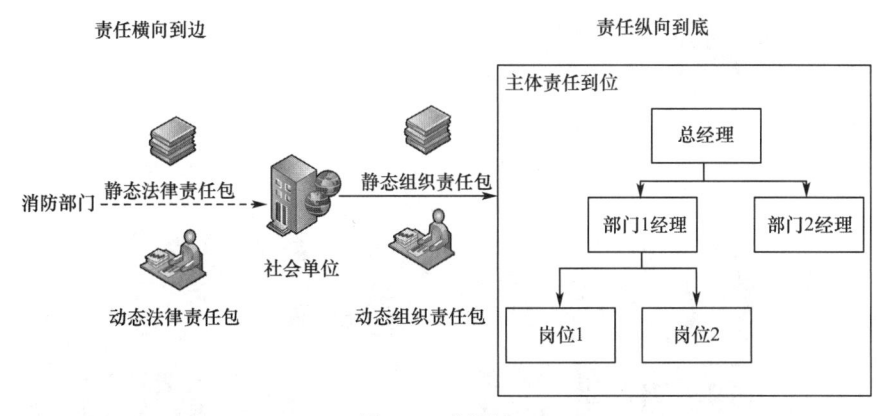

图 9-1 责任链

9.1.2 两个子系统

消防安全责联网平台主要由供社会单位使用的消防安全管理责联网系统（简称社会单位责联网）和供消防部门使用的消防安全监督管理责联网系统（大队级、支队级、总队级，简称监管责联网）组成。

另外，社会单位消防责联网管理系统可扩展集成单位内部各类消防监控物联网系统。

9.1.3 三个责任管理工具

三个责任管理工具有会责、责管通、尽责宝。

会责给组织领导实现尽职尽责的会议抓手。通过开会部署静态或动态责任，快速形成可执行的文本清单和考核规则，用于责任的精准到岗、到人。

责管通用于监管履责过程中的不到位问题。责管通可以快速检测是否触发边界，同时还可以发现不同层级的责任问题，比如向领导责任提醒主体责任、监管责任同时不到位的情况。

尽责宝是个人尽职尽责的助手，包括个人责任清单、履责评估、尽职尽责程度、责任素质评估、提前提醒等功能。

9.1.4 四维评价体系

采用责任素质评分、责任成果评分的方式来实现四维评价体系。

责任素质分包括责任意识等级分、责任能力等级分、责任行为等级分，而这些等级分可以从履责形成的大数据中挖掘出来。基本上是从风险意识、风险管控能力、风险管控行为上来体现的。

单位可量化的责任文化可用所有的责任素质分总和来评估，一个社会单位的责任文化精度可以用人均责任素质分来评估，另外一个单位是否是责任型组织，可以按人均责任素质分是否达标来体现。

责任文化成果即责任成果。

9.2 责联网总体架构

将以上1、2、3、4结合,就形成了责联网总体架构,如图9-2所示。

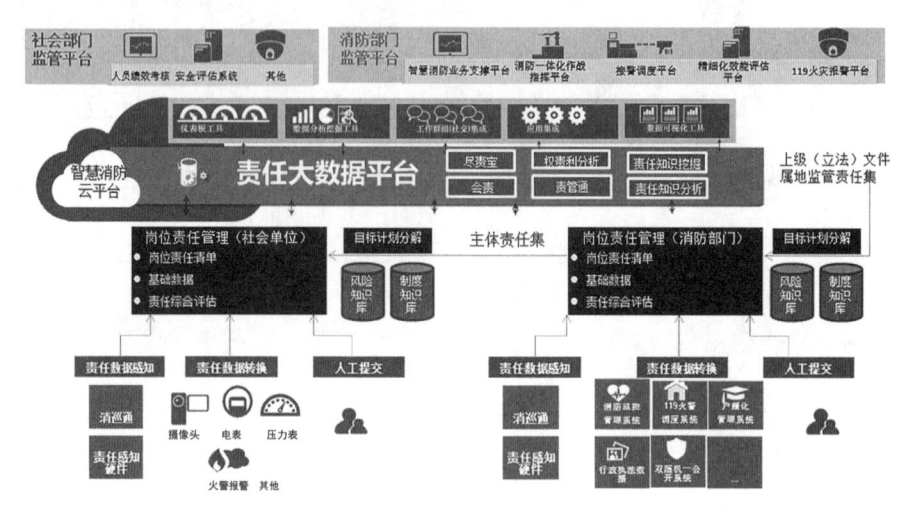

图 9-2 责联网总体架构

消防部门根据社会单位的不同性质,如大型商场、危化学品企业等,依照法律要求将法规、标准、文件生成不同要求的主体责任集,把主体责任集分配给相应的社会单位。社会单位接收这些主体责任集后,结合自身的组织责任,用计划目标分解模块,结合风险管理库和制度管理库生成各个岗位的责任清单集,每个责任清单项代表一项任务,可以设置此项任务的权重,可以对责任清单项每一项采用物联网方式来驱动,可以配置任务是否是周期性的任务,如果是周期性任务,则周期时间是多长,评分是自动、手工还是投票方式,可以设置相应的规则,物联网是什么系统,怎么获取哪些数据,这些数据怎么打分等。履责后获得各个岗位的责任数据,综合形成责任大数据,用于综合显示和评估,同时又是社会单位内部管理系统,以及消防部门的综合管理系统。

9.3 责联网层次

9.3.1 责联网总体及责任设计

如图9-3所示,责联网层次有感知层、网络层、数据层和应用层。

感知层主要是感知各种岗位责任,通过对全岗位进行法律、法规、单位制度等的分解设计,实现全岗位可评估的责任清单项,在组织架构结合上采用有向无环图的方式实现上下级的主体责任、监管责任的相关关系;对安全生产中的风险点进行细化,细化出各种过程来设计岗位责任的对应节点,在硬件层面或物联网层面来设计责任节点,在运营中感知出责任节点的过程数据。

网络层主要是通过不同的网络将感知的责任数据上传。

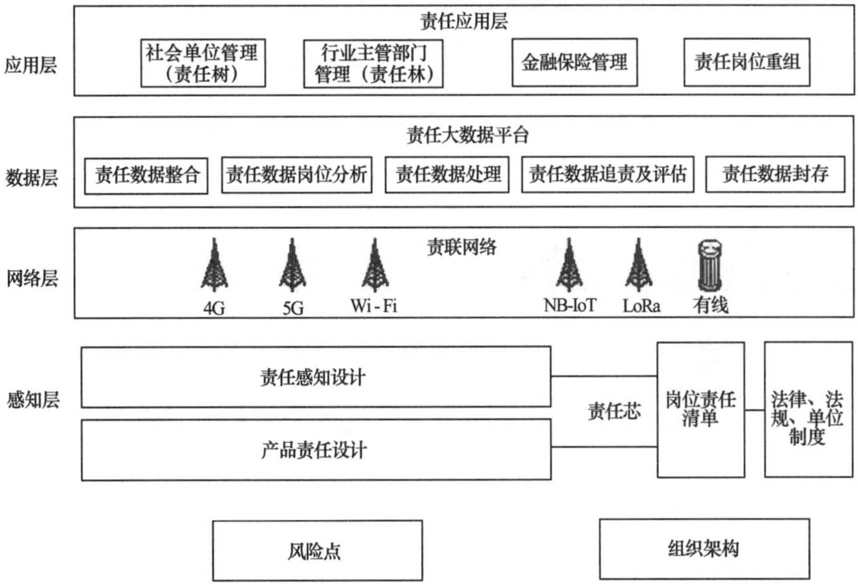

图 9-3 责联网层次

数据层主要是各种数据的半结构化治理,比如责任数据整合、责任数据岗位分析、责任数据处理、责任数据追责及评估(评分),以及责任数据的封存。

应用层主要是在各方面的应用,比如企业、事业单位内部应用,各主管部门管理应用,金融保险的应用,以及责任岗位应用后的重组等。

实现了责任信息的完整采集,从产品设计时即可考虑整个产品体系在应用时的不同岗位和不同岗位的责任信息,为全面自动地评估不同岗位的责任到位情况,以及责任不到位的精细化追责。另外通过智能机器人,可以对岗位责任数据无缝化对接,实现了智能机器人担责的管理方式。

9.3.2 感知层

责任感知,涉及责任感知的开发、责任节点的定义和责任清单的定义。

实现感知接口,对不同设施的责任信息感知,并转换成履责信息的责任清单。

9.3.3 网络层

信息的传输,支持不同的传输模式以及传输协议。

9.3.4 数据层

责任大数据层涉及大数据的治理、开发、应用管理。

实现责任大数据的治理,对于不同权限岗位的责任管理,包括数据管理员、业务管理员、技术管理员之间的量化责任管理。

责任大数据的开发接口管理,涉及责任大数据的应用接口的管理。

9.3.5 应用层

针对不同层面的管理，不同视图的应用管理，包括会责、责管通、尽责宝的接口管理，也包括类似的应用的综合管理。

另外还涉及其他业务平台的应用的集成管理，以及统一设置管理。

9.4 责联网平台

9.4.1 责任信息互换性设计

对责任信息进行各级互换性设计，包括责任节点、责任过程、职责、岗位、组织、战略级的责任信息进行互换性设计。

责任清单验证项参数，物联网接口互换性设计。

9.4.2 责联网的典型应用

典型应用1：

熟悉钻井、抽取、修井、集中站、水处理等所有生产流程，并深入与班组（主要是承包商）、分公司基层管理部门、分公司领导（安全总监）整理出责任的管理难题及隐患的管理难题。

提供了设备设施的全生命周期的主体责任管理体系和责任制运行管控机制，并对全业务进行了梳理，也认为工业责联网平台可以适用于全业务，即具备全业务的责任管理的推广性。

典型应用2：

责联网消防安全管理系统的构建，实现了主体责任有效分配、各岗位责任自动评估和主体责任到位评估及文化导向建设。通过系统的实际应用，监督大队及时发现了企业在履行管理职责过程中存在的问题和火灾风险，并根据大数据分析结果，结合双随机工作对单位的监督进行检查。从实际效果来看，监督大队对社会单位的监督管理更及时、更有针对性，对辖区的消防安全形势有更科学的研判；社会单位消防安全工作效率、安全保障均得到有效提高。

典型应用3：

安全生产将责任追溯、责任监管执法、责任监测三者有机结合起来，责任追溯主要是应用于各社会单位，每个岗位科学分配责任、尽职尽责，实现主体责任的社会单位岗位绩效管理；责任监管执法涉及执法人员的绩效管理，使得执法人员都能有较高的积极性和较高责任感的队伍建设，同时实现"双随机一公开"的有效执法监督，监督前随机抽查社会单位和项目，如责任不到位的单位、项目；执法过程中对之前的执法情况以及相应的岗位进行更有针对性的执法；执法后期可以进一步评估到责任落实的效果。

责任监测主要是优化的物联网或第三方服务机构来实现责任节点的监测，并进行统计分析。结果可以在责任追溯和责任监管执法中使用。

篇幅关系,详细案例可以参考书后的附加网站或责联网相关的微信公众号。

9.4.3 责联网生态化设计

实现全体企业、管理部门的信息关联与共享,并与银监、证监、征信等市场应用相结合,真正实现"政府统一领导、部门依法监管、企业全面负责、群众积极参与"的安全生产社会化工作格局。

通过对各岗位、各单位的评估来获取人员和企业的诚信信息。

9.5 责联网应用架构

如图 9-4 所示,责联网应用有基础平台、扩展平台、管理咨询服务、责任管理工具、通用风险管理、各行业管理应用等。

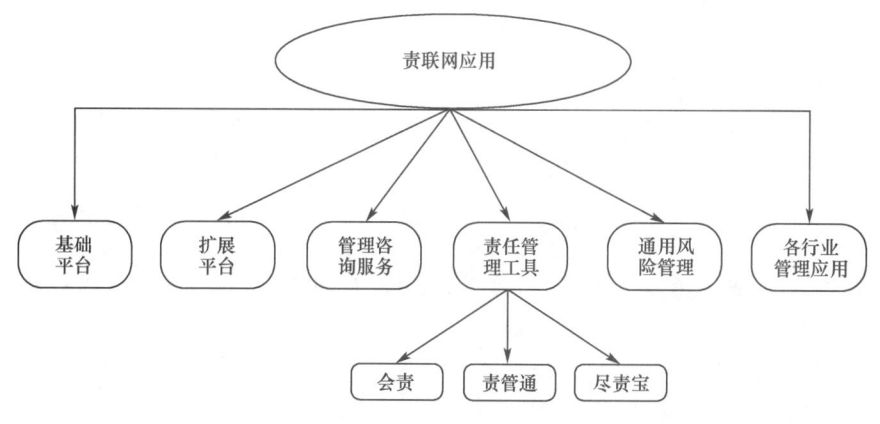

图 9-4 责联网应用架构

9.5.1 基础平台

基础平台主要包括责任定义模块、责任验证模块、责任风险知识库模块、履责及评估模块。

责任定义模块:定义责任体系、岗位责任清单、各责任间关系(主体责任、监管责任、领导责任)。

责任验证模块:对责任空白、责任交叉情况进行验证,履责仿真。

责任风险知识库模块:进行相应的风险知识定义,包括风险级别、责任防控。

履责及评估模块:登记各履责过程,履责进行评估,对岗位打分,对岗位责任分排序。

9.5.2 扩展平台

扩展平台主要包括战略目标分解模块、物联网接口模块、人联网接口模块、问责边界管理模块、尽职尽责监管模块、责权利平衡管理模块、量化文化管理模块。

战略目标分解模块:对年度计划、月度计划进行责任辅助分解。

物联网接口模块:对责任清单进行责任节点的物联网接口设计,及数据采集、推送等。

人联网接口模块:对责任清单进行责任节点的人联网接口设计,以及数据采集、推送等,与行业主管部门、安全职能部门对接。

问责边界管理模块:对问责、追责、奖励的责任边界按风险进行定义。

尽职尽责监管模块:对各岗位是否尽职尽责进行监管。

责权利平衡管理模块:以责定权、以责定利,责权对等检查、责利对等检查。

量化文化管理模块:对责任文化进行管理。

9.5.3 管理咨询服务

管理咨询服务主要包括制度化、责联网管理分析、量化责任文化打造管理咨询。

制度化:对责任制管理的整个组织机构进行制度化咨询。

责联网管理分析:对整个量化明责、量化履责、量化问责、量化减责进行管理理顺。

量化责任文化打造管理咨询:通过量化文化管控机制的打造来确保管理的高质量和高持久化。

9.5.4 责联网工具

责联网工具主要有会责、责管通、尽责宝,前面章节中已有详述。另外还有责任大数据工具。

9.5.5 责联网-行业管理

责联网-行业管理主要包括消控火警岗位责任管理模块、消防给水责任管理模块、消防巡查责任管理模块、全员工消防尽责管理模块。

消控火警岗位责任管理模块:完善消控物联网,设计及采集责任节点的岗位,确保及时、准确、全面地管控自动化责任。

消防给水责任管理模块:完善给水物联网,设计及采集责任节点的岗位,全自动责任管控。

消防巡查责任管理模块:与法律责任对应,实现过程的数据结合式采集,进行全自动责任管控。

全员工消防尽责管理模块:法律责任、各风险分解到每个相关岗位,并进行全自动责任管控。

如图9-5至图9-8所示,相应的火灾物联网支持了值班人员的责任评估。

图9-5 责联网-特定应用(消防责任管理)1

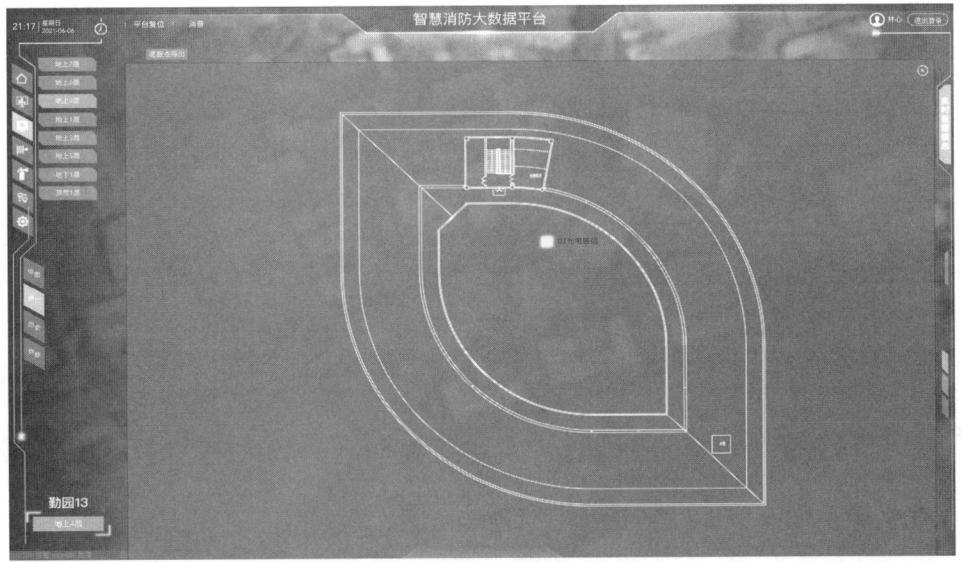

图 9-6 责联网-特定应用（消防责任管理）2

图 9-7 责联网-特定应用（消防责任管理）3

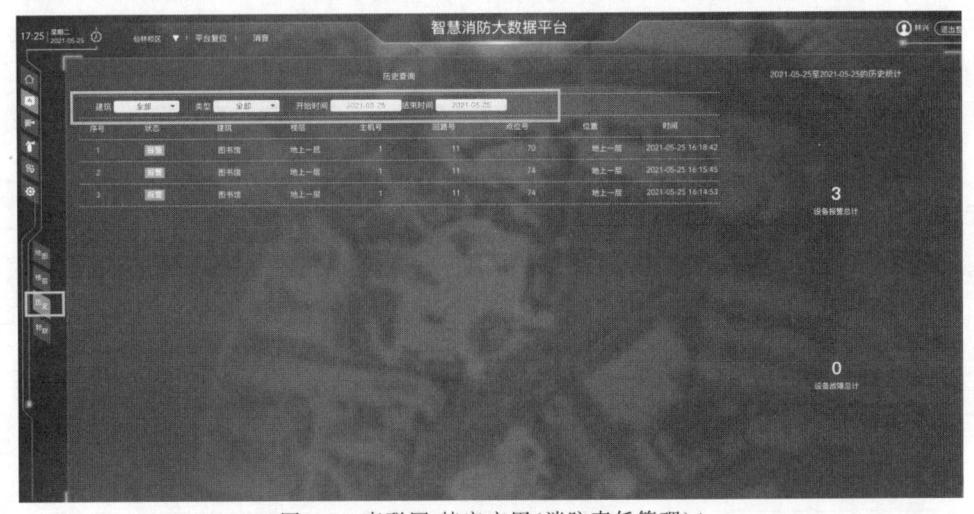

图 9-8 责联网-特定应用（消防责任管理）4

如图 9-9 所示,实现了对社会单位的责任的监管。

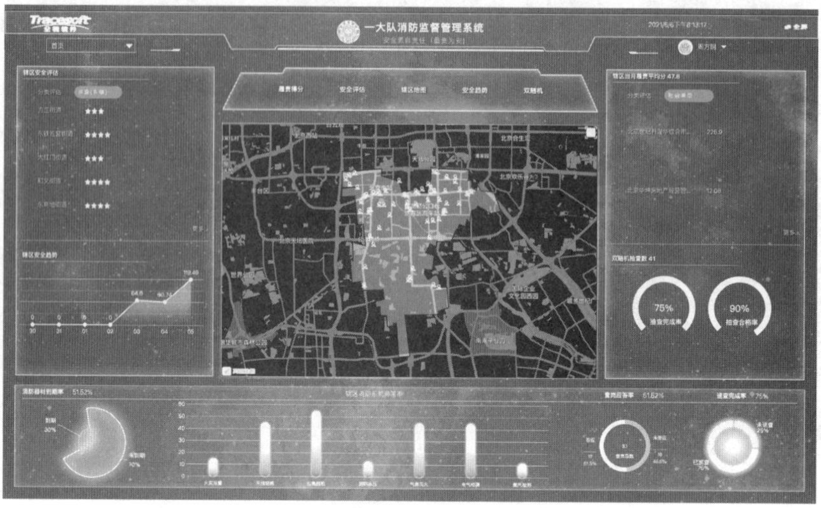

图 9-9　责联网-特定应用(消防责任管理)5

9.6　责任综合设计

责任是认知层的管理,它还可以影响信息层的管理和硬件层的管理。

9.6.1　具有责任感知的硬件设计

以无线智能疏散系统为例,包括硬件装置和软件设备,硬件装置包括应急照明灯、应急指示灯,软件设备为责任配置软件,其中应急照明灯、应急指示灯与责任配置软件连接。责任是通过人执行完成。

岗位分为物业值班岗位、物业巡查岗位、外协维修岗位、救援岗位,其中各个岗位责任区别包括:物业岗位的责任包括故障报警、维修安排、维修检查、定时小检、定时大检、主电开关测试;外协维修岗位的责任包括维修开始、维修结束;救援岗位的责任包括救援指向更改、救援时当前状态显示,具体安排见表 9-1。

表 9-1　　　　　　　　　　岗位及其责任清单表

序号	岗位	责任信息
1	物业值班岗位	故障报警
2	物业值班岗位	维修安排
3	物业巡查岗位	维修检查
4	物业值班岗位	定时小检
5	物业值班岗位	定时大检
6	物业值班岗位	主电开关测试

(续表)

序号	岗位	责任信息
7	外协维修岗位	维修开始
8	外协维修岗位	维修结束
9	救援岗位	救援指向更改
10	救援岗位	救援时当前状态显示

需要说明的是,无线智能疏散系统中的硬件状态包括不同故障状态、小检开始/结束、大检开始/结束、开主电、关主电、定时状态报告;应急指示灯状态包括:指向设置;软件状态包括:维修安排、维修开始、维修完成、维修检查完毕、救援指向更改。

在产品设计时,将岗位及相关责任信息归纳集合形成责任集,且责任集与产品预设状态变化相对应以形成状态责任表,并将状态责任表产生岗位责任数据的方式置于产品中。其中产品的预设状态变化指应急灯发生的故障,产品状态责任见表 9-2。

表 9-2　　　　　　　　　　产品状态责任

序号	岗位	责任信息	产品状态(节点)
1	物业值班岗位	故障报警	不同故障触发
2	值班岗位	维修安排	手机 App 自动提醒,外部触发
3	物业巡查岗位	物业维修检查	手机 App 自动提醒,外部触发
4	物业值班岗位	定时小检	小检开始/结束
5	物业值班岗位	定时大检	大检开始/结束
6	物业值班岗位	主电开关测试	开主电、关主电
7	物业值班岗位	当前状态	定时状态报告
8	外协维修岗位	维修开始	手机 App 自动提醒,外部触发
9	外协维修岗位	维修结束	手机 App 自动提醒,外部触发
10	救援岗位	救援指向更改	指向设置
11	救援岗位	救援时当前状态显示	定时状态报告

在实际应用中,实时检测应急照明灯、应急指示灯的状态变化情况,若发生故障,则从状态变化责任表中查找状态变化相关内容;若处于连接网络状态,则将当前时间和岗位责任节点数据上传到系统中;若处于未连接网络状态,则将当前时间和岗位责任节点数据暂存到后台,等处于连接网络状态时,将保存于后台的当前时间和岗位责任节点数据上传到系统中。

当无线智能疏散系统接收到相关的岗位责任数据后,将所述岗位责任数据保存并记录接收时间,同时相关工作人员执行岗位责任并生成的岗位责任到位数据,将所述岗位责任到位数据上传至无线智能疏散系统中,最后无线智能疏散系统进行责任评估。

其中,无线智能疏散系统接收到相关的岗位责任数据见表 9-3,评估规则见表 9-4。

表 9-3 　　　　　　　　　　　岗位责任数据表

时间	岗位	设备 ID	责任信息	节点
2021-2-10 10:01:01	物业值班岗位	0x99010101	小检	开始
2021-2-10 10:01:31	物业值班岗位	0x99010101	小检	结束
2021-2-10 10:01:35	物业值班岗位	0x99010101	故障	小检显示主电故障
2021-2-10 10:05:08	物业值班岗位	0x99010101	故障处理	准备物业维修处理
2021-2-10 10:30:02	物业值班岗位	0x99010101	物业维修安排	—
2021-2-11 12:01:20	外协维修岗位	0x99010101	维修开始	—
2021-2-11 14:08:40	外协维修岗位	0x99010101	维修结束	—
2021-2-11 15:08:20	物业值班岗位	0x99010101	状态查询	显示正常

表 9-4 　　　　　　　　　　　评估规则表

序号	岗位	责任信息	月评分	打分依据	备注
1	物业值班岗位	故障报警	3	处理时间是否按时,30 分钟响应,超过 10 分钟扣 1 分	—
2	物业值班岗位	维修安排	2	2 个工作日,超过 1 个工作日扣 1 分	—
3	物业巡查岗位	维修检查	2	2 个工作日,超过 1 个工作日扣 1 分	—
4	物业值班岗位	定时小检	4	是否一个月一次,超过扣 4 分,有一个未检扣 0.1 分	—
5	物业值班岗位	定时大检	1	是否一年一次,超过扣 1 分,有一个未检扣 0.2 分	—
6	物业值班岗位	主电开关测试	5	是否一个月一次,超过扣 5 分,有一个未检扣 0.1 分	—
7	物业值班岗位	当前状态	5	是否 2 天一次(所有灯),超过 1 天扣 1 分,有一个没查扣 0.1 分	—
8	外协维修岗位	维修开始	4	维修是否在 1 个工作日,超过 1 个工作日扣 1 分	—
9	外协维修岗位	维修结束	4	完成是否在 3 个工作日,超过 1 个工作日扣 1 分	—
10	救援岗位	救援指向更改	5	处理是否正确,处理不正确全扣光,处理超过 10 分钟 1 个扣 2 分	—
11	救援岗位	救援时当前状态显示	5	应急时是否在 10 分钟内处理,处理不及时 1 个扣 2 分	—

对责任配置软件产生岗位责任信息数据,根据工作安排将岗位和人员对应起来,进一步完成岗位责任,且可以针对岗位或个人进行评分。若所有岗位/人员责任都到位,对物业值班岗位和物业维修岗位都不扣分,值班岗为 20 分,也可以用五级制(优秀或 A、良好

或 B、中或 C、差或 D、严重不合格或 E)，值班岗在疏散这一环节的分值为优秀或 A，还可根据系统记录的分值提醒相对应的人员的责任扣分情况，以便行事的规范化。

9.6.2 具有责任感知的物联网改型

以危险品生产车间(或仓库)为例，其中将传感器与责任配置软件连接，责任是通过人执行完成。

岗位分为操作工、设备员、安全员、工段长、车间主任，其中岗位责任包括 a.安全生产类：日常巡查子类、报警处理子类、隐患排查子类、隐患监管子类、安全生产计划子类等；b.产品质量类：危险品产品指标检测子类、危险品存储柜性能子类等；各岗位各类别的责任信息细化见表 9-5。

表 9-5　　　　　　　　　　　岗位责任列表

序号	岗位	责任信息
1	操作工	巡回检查、异常报告
2	操作工	穿戴劳动防护用品
3	操作工	现场安全措施
4	操作工	工艺指标正常
5	设备员	日常检查
6	设备员	故障、隐患报告并处理
7	设备员	对操作工进行设备培训
8	设备员	对设备检修、维修安排并督查
9	安全员	报警确认
10	安全员	报警排除
11	安全员	日常巡查
12	工段长	设备安全监管
13	工段长	事故处理
14	工段长	各种器材完好有效
15	工段长	劳动防护用品完好有效
16	工段长	产品质量异常处理
17	工段长	产品存储异常处理
18	车间主任	安全生产计划
19	车间主任	监督责任到位

在产品设计时，将岗位及相关责任信息归纳集合形成责任集，且责任集与产品预设状态变化相对应以形成状态责任表，并将状态责任表产生岗位责任数据的方式置于产品中。其中产品的预设状态变化指车间或仓库内的变化，如员工穿戴不正常、安全措施不到位、指标不正常等。

上述状态责任信息采集方式见表9-6。

表9-6　　　　　　　　　　　责任信息采集方式表

序号	岗位	责任信息	传感器/方式设置	产品状态（节点）
1	操作工	巡回检查 异常报告	RFID到达信息 RFID检查项核实 照片、视频、声音、文字经手持终端软件上传	巡检开始 巡检结束 巡检异常上报
2	操作工	穿戴劳动防护用品	车间智能摄像头或防护用品感知器，识别是否穿戴	穿戴不正常起止时间
3	操作工	现场安全措施	车间智能摄像头结合传感器数据采集	安全措施不到位的起止时间
4	操作工	工艺指标正常	表头数据、传感器工艺指标数据上传	指标不正常时自动报警
5	设备员	日常检查	RFID到达信息 RFID检查项核实	检查开始、检查结束
6	设备员	故障、隐患报告并处理	照片、视频、声音、文字经手持终端软件上传	故障、隐患上报
7	设备员	对操作工进行设备培训	培训内容＋人脸识别	培训人员是否到位
8	设备员	对设备检修、维修安排并督查	安排开始 外协结束时检查是否修理到位	安排时间 维修结束后检查时间
9	安全员	报警确认	报警传感	报警发送
10	安全员	报警排除	报警自检回收	报警处理完成
11	安全员	日常巡查	RFID到达信息 RFID检查项核实	检查开始、检查结束
12	工段长	设备安全监管	监管安全员是否管理到位，还需要抽检	抽检开始、抽检结束、抽检问题提交
13	工段长	事故处理	App上报事故处理起点、终点	事故处理起点、终点、相关内容
14	工段长	各种器材完好有效	对安全器材进行物联网检测＋抽检	检测开始、检测结束、检测结果
15	工段长	劳动防护用品完好有效	对劳动防护用品进行物联网检测＋抽检	检测开始、检测结束、检测结果
16	工段长	产品质量异常处理	产品指标是否有异常	异常没发现 异常发现开始、异常处理结束

(续表)

序号	岗位	责任信息	传感器/方式设置	产品状态（节点）
17	工段长	产品存储异常处理	存储处的温度等是否有异常	异常没发现 异常发现开始、异常处理结束
18	车间主任	安全生产计划	工段长的安全生产计划是否全面可行	领导责任可以先不列
19	车间主任	监督责任到位	监督工段长的安全任务是否到位	抽检开始、抽检结束、抽检结果

在实际应用中，责任配置软件生成岗位责任数据后，将所述岗位责任数据保存并记录时间，同时相关工作人员执行岗位责任，通过传感器采集并记录工作人员相对应的岗位责任的到位数据，传感器将采集到的岗位责任到位数据上传，最后根据表9-4中的责任评估规则进行评估。

通过传感器采集岗位责任到位数据，也可通过音视频智能识别岗位责任，采集责任信息，全面完整、全面自动地评估不同岗位人员的责任到位情况，以及责任不到位的精细化追责。

责任可以通过智能机器人执行完成，烟感报警系统与无线智能疏散系统连接。

智能机器人的岗位包括巡逻型机器人、值班型机器人、充电智能机器，其中岗位责任包括值班型机器人接收信息、确认信息；巡逻行机器人执行任务。

在实际应用中，烟雾传感器检测到烟雾立即启动报警装置，值班型机器人接收到报警信息并立即发送至巡逻型机器人。其中，智能机器人有安装定位系统，值班型机器人根据检测到的定位发送距离火灾现场近且空闲的机器人，当巡逻型机器人到达指定的位置后，立即监测烟、火、温度等情况，且根据检测到的情况确认是否真实火警。若巡逻型机器人确认是误报，则拍摄记录当前情况并将视频发送至值班型机器人，若值班型机器人确认为误报，则解除警报；若巡逻型机器人确认是火警，则将火灾视频发送至值班型机器人，值班型机器人接收并确认是火警，则直接将相应的信息发送至无线智能疏散系统和巡逻型机器人，此时巡逻型机器人执行疏散任务，无线智能疏散系统开启应急指示灯等一系列相关操作，从而实现整个疏散过程。

9.6.3 具有责权对等的智能硬件

具有责权对等的智能硬件包括机器人服务岗位、机器人检修岗位。

若智能机器人电池过低等，则将电量过低信息发送至机器人服务岗位，从而机器人服务岗位将智能机器人连接充电智能机器，解决电池过低的问题；若是其他故障，如智能机器人之间的通信存在故障，则将故障信息发送至机器人检修岗位来检修智能机器人。

采用智能机器人代替人来完成相应的岗位责任，实现了全程智能化的流程，实现了责任信息的完整采集，从产品设计时即可考虑整个产品体系在应用时的不同岗位，和不同岗位的责任信息，为全面自动地评估不同岗位的责任到位情况，以及责任不到位的精细化追责。

第 10 章

大数据治理责任

数据治理存在风险,包括数字孪生、智慧城市、智慧企业中的大数据也存在风险,需要通过风险的责任管理来实现真正负责任的数据战略。

10.1 大数据治理概述

大数据治理是一项系统工程,大到大数据技术平台的搭建、组织的变革、政策的制定、流程的重组,小到元数据的管理、主数据的整合、各种类型大数据的个性化治理和大数据的行业应用。

以下是欧盟的大数据治理《欧洲数据战略》中的治理内容:

1. 数据获取和使用的跨行业治理框架

数据获取和使用的跨行业(或横向的)措施应当为数据敏捷型经济创建必要的贯穿整体的框架,从而规避因在行业间和成员国间行动不一致时造成的内部市场的有害分裂。尽管如此,该等措施应当将个别行业和成员国的特异性考虑在内。

• 强化欧盟层面和成员国内的治理机制,这些治理机制与跨行业数据使用以及公共行业数据空间的数据使用有关,包括私人及公共参与者。这可以包含一种将行动标准化优先考虑的机制,并致力于对数据集、数据对象和标识符进行更协调的描述和概述,以促进行业之间以及在相关情况下的各行业内部的数据互操作性(在技术层面上的可用性)。这可以依据数据可检索性、可访问性、互操作性以及可复用性(FAIR)原则来完成,同时将特定行业主管部门的发展和决策考虑进来;

• 推动有关何种数据可用、如何以及由谁为科学研究之目的以 GDPR 合规的方式使用的决策。这对于未在《开放数据指令》所涵盖范围内的敏感数据的公开持有数据库尤为关联;

• 如个人自愿,使其以遵照 GDPR 要求的方式为公共利益的目的使用他们所产生的数据("数据利他主义")更加容易。

2. 推动因素：数据投资，增强欧洲用于数据托管、处理和使用的能力和基础架构、互操作性

欧洲的数据战略依赖于一个蓬勃发展的私人参与者生态系统，从数据中创造经济和社会价值。在充分利用数据革命开创和发展颠覆性的新商业模式方面，初创企业和扩大规模的企业将扮演一个关键角色。欧洲应该提供一个支持数据驱动创新的环境，并刺激依赖数据作为重要生产因素的产品和服务的需求。

3. 能力：赋能个人、投资技能和中小企业

授予个人对其数据的权利以赋能个人

应进一步支持个人行使其在使用其生成的数据方面的权利。可以通过向他们提供相关工具和手段来控制其个人数据，从而在更精细级别上决定处理其个人数据的方式（"个人数据空间"）。通过强化 GDPR 第 20 条规定的个人数据可移植性权利，使个人对访问和使用机器产生的数据的权限拥有更多控制权，例如通过对实时数据访问接口设定更严格的要求，以及将来自某些产品和服务的数据强制设为机读格式（例如，来自智能家电或可穿戴设备的数据）。此外，需要考虑制定针对个人数据应用程序提供商或个人数据空间提供商等新型数据中介的规则，以确保其作为中立经纪人的作用。这些问题可以在上述《数据法案》的语境下进一步探讨。"数字欧洲"计划也将支持"个人数据空间"的开发和推行。

4. 公共利益范畴及战略性行业中的欧洲公共数据空间

为完善横向框架以及 ABC 项下对个人技能和赋能的经济资助和实施计划，欧委会仍将推动战略经济行业和公共利益领域内的欧洲公共数据空间的发展。上述行业或领域的数据应用不仅对整个生态系统，也对公民产生全面影响。

上述计划和措施，与应用、交换数据的必要技术工具、基础设施及适当的政府治理机制相结合后，提升了上述行业和领域中大规模数据集的可获得性。尽管没有一体适用的方法，但共同的治理理念和模型可在多个不同行业内被借鉴应用。

只要有关数据获取和使用的行业立法和确保互操作机制运用地恰到好处，横向框架，恰当的话，就能借此获得更好成效。各行业的区别，主要取决于该行业内有关数据可获取性讨论的成熟度以及对问题的识别程度。更为相关的因素则是公共利益的程度及其在特定行业的参与度，比如在医疗领域公共利益的参与度更高，在制造业等领域参与度低。同时，还应考虑潜在的跨行业的数据利用。数据空间将依据最严格的可用网络安全标准，在完全符合数据保护规则的前提下开发。

10.2 大数据治理中的风险

与《欧盟数据战略》不同，从风险角度出发，大数据治理中可以按数据管理体系架构、数据建模、数据清洗、数据日常管理、数据交换等列出以下生产型企业的大数据治理的风险：

1. 数据管理体系架构

- 数据管理制度不严谨,未切合本单位实际。
- 没有配套的组织架构,对违章者约束力不够,无法强化执行力度。
- 数据管理流程层次不清晰,责任不明确。
- 数据管理流程过长,导致数据新增、变更周期不可控。
- 数据申请人、审核人权限分配不合理。
- 产业链联盟的动态性太大,难以进行责任管理。

2. 数据建模

- 由于类别的唯一性,导致制定这个主数据类别结构的周期过长,影响项目进度。
- 由于类别参与编码导致后期主数据类别结构的调整难以实现,且主数据无法在类别间实现自由搬迁、挪移。
- 由于主数据类别制定的周期较长且只有一个类别结构树,经常是最后将就订之,导致后期数据新增时由于不符合操作习惯或者误解而放错位置,直接造成编码重复的可控性降低。
- 主数据编码属性信息模板的不规范、不标准,随意性太强或者太国标化,未结合本企业、本行业相关标准,导致使用人员无法对应添加相关属性值。
- 不重视元数据管理的规范和标准,难以实现数据新增、变更时的统一、规范的数据验证实现,也难以保证数据查重的准确率。
- 不重视非编码属性模板和业务视图的制定,导致数据传输到对应业务系统中后无法直接使用,再次维护信息增加工作烦琐程度。
- 忽视数据模型版本的存档工作,导致版本变更前的数据无法实现依据的追踪。
- 数据模型建好后,没有合适的系统工具实现落地,无法摆脱只建模不落地或者随便找一工具落地的传统思想。
- 数据模型建好后,没有形成标准、规范的主数据管理手册(含编码手册),无法实现数据新增、变更时的录入规范,数据验证标准等。

3. 数据清洗

- 借用国外客户数据、供应商数据、人员数据的清洗方法(ETL 自动)来实现数据的清洗。
- 借用国外先查重后完善的思路进行数据的清洗,因为仅凭数据信息片段的相似度很难确定是否为重复数据,尤其是复杂的业务数据方面。
- 忽略主数据清洗的制度、流程的建立和相关权限的划分,不重视数据清洗过程中的多人协同顺序工作,使数据清洗工作无法保质保量按时完成。
- 不重视对老数据的质量分析、清洗建模工作,导致好的清洗策略难以很好地发挥作用。
- 错估数据清洗的工作量和烦琐程度,严重影响参与人员的工作激情。

4. 数据日常管理

- 数据新增、变更时的随意性录入,或者是故意错误输入。
- 单人收集并添加相关数据新增信息,导致难以追溯错误的来源。

- 借用OA系统实现数据管理的流程化审核过程,借用流程可以,但是OA系统本身没有严格的数据验证,无法有效杜绝数据的重复发生。
- 不同业务系统的视图信息分散管理,不能实现数据的集中管理,就无法实现集团层面的数据的'单一视图',也无法为企业数据中心的建立奠定很好的基础。
- 依然借用ERP系统实现数据的查重和验证,ERP系统类似OA系统本身没有严格的数据验证,无法有效杜绝数据的重复发生。
- 依然沿用人工查重、手工添加新增数据到各业务系统中,但手工的错误率和周期更难以把握。

5. 数据交换

- 通过ERP或者其他业务系统实现数据的统一采集、分发服务,因为ERP或者其他业务系统的数据视图信息通用型不强,且无法相互包含,无法实现全面集中的数据管理。
- 数据传输的接口的模式和机制互不相同,单独维护数据传输接口工作量巨大。
- 依然是部分数据信息分散在各业务系统中,无法实现全公司、全人员权限范围内的数据全面共享,如PDM中BOM设计人员和ERP中制造BOM的维护人员之间无法实现相关信息的全面共享,导致整个产品生命周期的BOM的不断变化,直接影响生产周期,降低客户忠诚度。

10.3 大数据治理的岗位责任管控体系

从以上风险防控出发,信息治理团队可能安排许多与原数据相关的角色,如图10-1所示。组织须考虑这些角色进行拓展,以将大数据治理纳入进来。

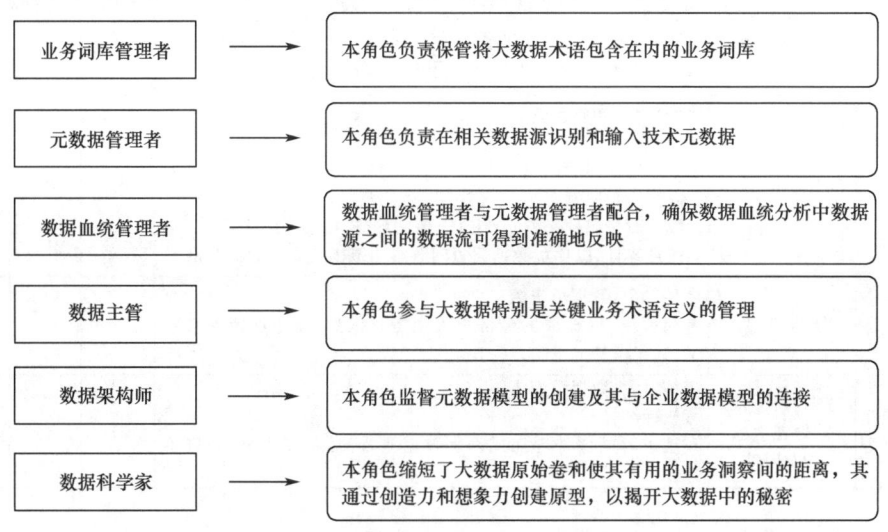

角色	职责
业务词库管理者	本角色负责保管将大数据术语包含在内的业务词库
元数据管理者	本角色负责在相关数据源识别和输入技术元数据
数据血统管理者	数据血统管理者与元数据管理者配合,确保数据血统分析中数据源之间的数据流可得到准确地反映
数据主管	本角色参与大数据特别是关键业务术语定义的管理
数据架构师	本角色监督元数据模型的创建及其与企业数据模型的连接
数据科学家	本角色缩短了大数据原始卷和使其有用的业务洞察间的距离,其通过创造力和想象力创建原型,以揭开大数据中的秘密

图10-1 大数据治理中的关键岗位列表

这样可以对大数据进行全生命周期的责任管理,以符合上一节中的体系结构。

将大数据从数据建模、数据采集、数据清洗、数据日常管理、数据交换、数据淘汰,到每一个环节的风险都实现主体责任到人、监管责任到人,同时对于风险的量化管控要求都设计到位,特别是数据建模时要从元数据中实现主体责任到位的量化指标及指标佐证材料,同时还需要实现监管责任的自动化或半人为检查。

同时还需要规定大数据每一个环节不到位的问责、追责边界以及复原管理。

具体的管理可以按前面章节的量化明责、量化履责、量化问责等方面来，大致的个性化可以参考图10-2和表10-1。

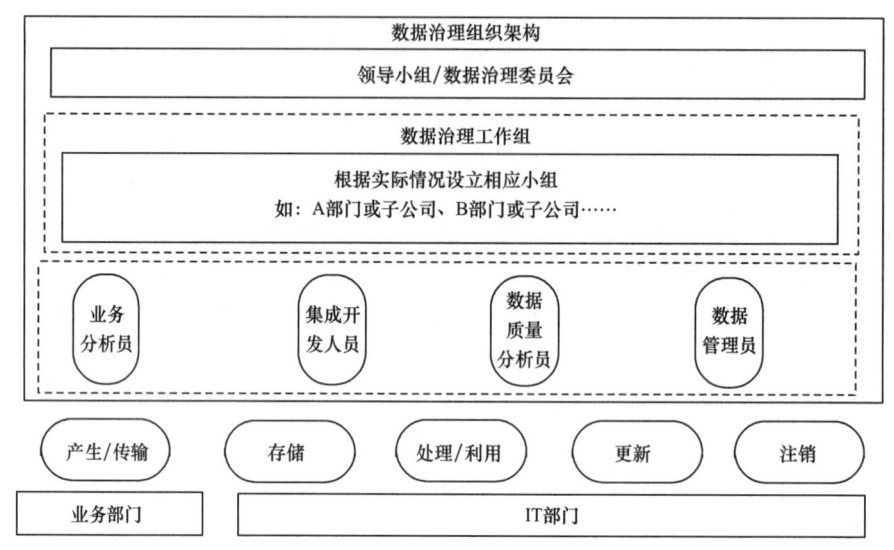

图 10-2　大数据治理的动态组织

表 10-1　　　　　　　　　　　　相应的量化责任标准

一级指标	二级指标	考核标准	频度	权重	备注
数据质量问题	发生数据质量问题的个数	考核对象:数据负责人 考核标准: 1.发现一例数据质量问题扣1分 2.以此类推,直到本项指标权重扣完为止	月	35	扣分项
	影响范围	考核对象:数据负责人 考核标准: 1.数据质量问题影响30%以下(含30%)信息系统,扣5分 2.数据质量问题影响30%70%(含70%)信息系统,扣15分 3.数据质量问题影响70%以上信息系统,扣25分 4.按月统计,以单次数据质量问题影响范围最大的数据为准	月	25	扣分项
	严重程度	考核对象:数据负责人 考核标准:以造成的经济损失为考核依据,依企业情况自定义;人工考核	年	—	扣分项
数据质量问题处理	数据质量问题的处理个数和及时性	考核对象:数据负责人 考核标准: 在规定时间内处理完成一例数据质量问题,加1分;否则不加分;	月	35	加分项

10.4　数字孪生的岗位责任管控体系

如图10-4所示，这是赛迪提供的数字孪生的12345介绍，数字孪生可以认为是一种基于物理空间大数据的赛博空间映射模型，可以实现各种软件综合智能计算，赋能于物理空间优化管理。所以如图 10-3 所示三大技术要素尤为关键:大数据、模型、智能计算(图中为软件);其中模型为智能计算的基础,一定程度上决定了智能计算的可扩展性。

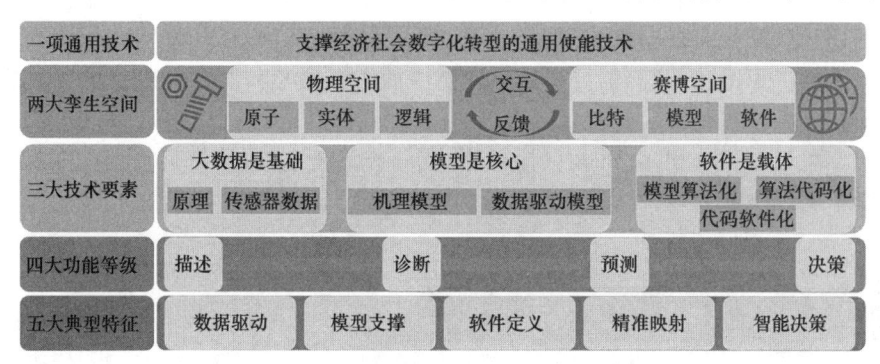

一项通用技术	支撑经济社会数字化转型的通用使能技术				
两大孪生空间	物理空间		交互反馈	赛博空间	
	原子　实体　逻辑			比特　模型　软件	
三大技术要素	大数据是基础	模型是核心		软件是载体	
	原理　传感器数据	机理模型　数据驱动模型		模型算法化　算法代码化 代码软件化	
四大功能等级	描述	诊断		预测	决策
五大典型特征	数据驱动	模型支撑	软件定义	精准映射	智能决策

图 10-3　数字孪生 12345 介绍(赛迪 2019)

如果将模型和智能计算也称为是算法大数据,那数字孪生本质上来还是大数据(应用),所以上一节中的大数据责任管理还是适用于数字孪生。但是数字孪生需要打通物理空间和赛博空间的关联,所以又额外存在不少大数据治理的风险:信息来源信任风险、模型风险(物理空间和赛博空间不对称)、智能计算缺陷风险、决策责任风险等。风险点是责任来源点,所以以下面进行逐一说明风险,并进行相应的量化责任管理。

1. 信息来源信任风险

需要从赛博空间验证数据来源是否可以信任、可靠,即实现人和设备在不同空间、时间中的互信,可以采用本书中的责任芯技术(下一章详细介绍)。

同样责任芯技术也可以适用于人与人之间、人与组织之间的信任机制。人与组织之间其实也是人与人之间,但是可能信息比较复杂,是多个人组成的信息,有些信息粒度就不细化到某个岗位(人员)了。

在一定程度上也可以实现零信任的机制来实现,即信息来源动态验证,这将更好地实现量化责任的问题。

2. 模型风险

物理空间和信息空间是不同的,所以模型也存在一些偏差,另外模型也很难真正跟上物理空间的变化。比如三维地图(包括三维综合城市 CIM)很难快速有效地实现同步更新。

需要建立模型全生命周期不同节点的责任防控体系有各阶段的主体责任岗位、监管责任岗位,并梳理出不同阶段主体责任岗位的模型管理量化标准及达标条件。

另外模型从导入到全面适用也需要有一个过程,在这中间需要经历不同应用的检验,检验过程也是全生命周期的其中一环,因为其面临的风险会有特殊性,所以有时候的量化标准和达标条件一开始需要请领域专家进行标准化。

3. 智能计算缺陷风险

智能计算缺陷也是属于前一节模型风险的内容,或者智能计算也是模型全生命周期中的其中一个环节。但是由于智能计算相对有自己独特的一面,所以需要单独考虑。(这一块可以参考本书中的智能计算章节)

4. 决策责任风险

决策责任涉及模型和人的交互问题,有可能决策者只看到其中一方面,而没有全面看到问题从而导致被问责或追责。

所以需要考虑决策责任,需要将数字孪生中的决策参考和最终决策进行对比,来梳理决策者的相应管理责任点。

数字孪生已被用在很多方面,包括智慧城市、智慧企业等,所以后面两节中就不涉及其数字孪生的风险和责任内容了。

10.5 智慧城市中的大数据治理

与上面大数据、数字孪生不同的是城市属于复杂组织机构,需要对复杂组织机构进行智能化设计。当然大数据、数字孪生都可以在智慧城市中得到很好应用如图 10-4 是中国信息通信研究院的城市大数据架构,图 10-5 是中国信息通信研究院的数字孪生城市理念。所以以上两节中的大数据治理责任管理都可以在智慧城市中得到应用。

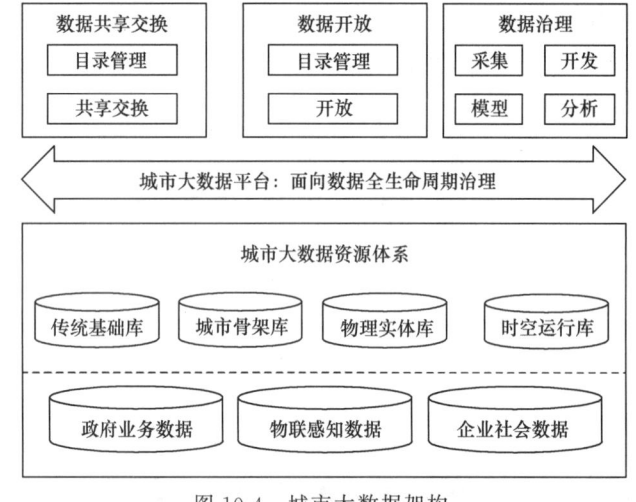

图 10-4 城市大数据架构

图 10-5 数字孪生城市理念

如图 10-6 所示，有城市运行责任大数据、消防安全责任大数据、交通责任大数据、环境责任大数据、街道社区责任大数据、环保责任大数据等，支撑了多个类型场景。这就涉及主体责任如何层层落实的问题，而这个可以参考本书其他章节。

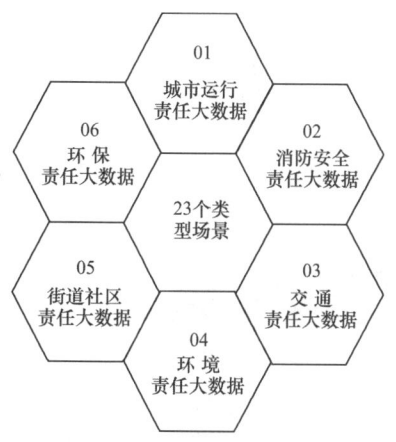

图 10-6　不同领域的责任大数据

当然随着人工智能的普及，还会进入一个人机协同的智慧城市时代，如图 10-7 所示。

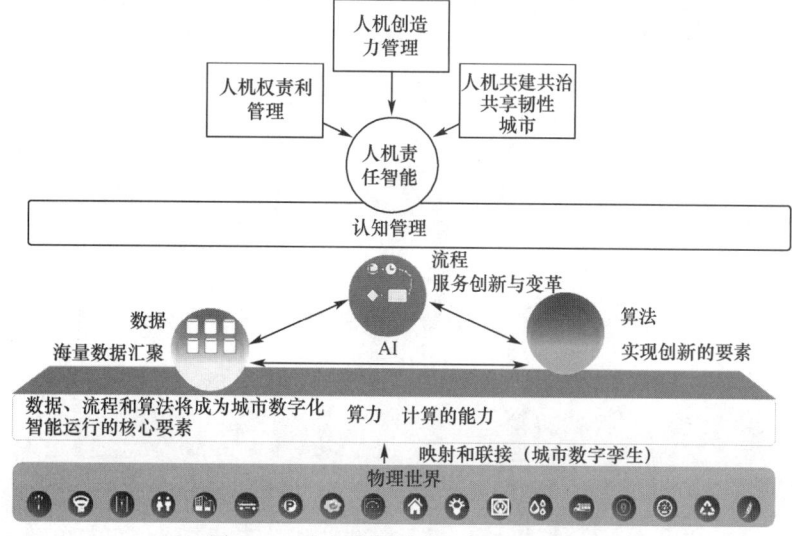

图 10-7　人机协同时代的智慧城市治理

10.6　智慧企业的大数据治理

与大数据、数字孪生、智慧城市不同的是企业竞争比较激烈，所以有竞争力的优秀企业，必须更好地打造成智慧型组织，来给客户实现更好的价值，甚至帮助客户创造需求。所以对责权利管理的要求更加迫切。

智慧企业既是复杂机构（如产业链龙头），又是需要智能型组织，所以管理会比较困难，需要前面章节中按创造型价值链来实现责任的治理。

在智慧企业大数据治理中，智慧型组织的创造力和成本是两大风险，所以需要对组织创造力、岗位创造力进行业务大数据的评估,如何评估相关行业知识的边界、管理知识的边界,如何实现创造力的方向及创造力的实践落地,这都是需要结合大数据治理。

创造力所需成本,包括采集成本、人力资源成本及创造力落地成功概率评估,以及销售能力都需要进行大数据治理。

智慧企业还会全面涉及"以责定权、以责定利"的理念,这样才能真正体现出智慧型组织的高创造力。对组织重组就可以起到以责定岗的效果。同时也可以应用于企业联盟或企业智能体的管理,智慧企业的开放性也得如开源软件联盟一样得到机制上的保障,而这也是智慧企业大数据治理的成果。

10.7　大数据治理的责任大数据

以上治理中形成了责任大数据,也是整个大数据体系的一分子,只要是大数据治理时形成的大数据,务必要有整个过程的责任大数据,才能很好地实现责任审计。

责任大数据确保了大数据持续的质量,进而可以用于智慧应用:智慧城市、数字孪生、智慧企业,如果没有治理的责任大数据,则很难平衡好这些智慧应用的权责关系。

将智慧应用从顶层规划、各种设计、交付、运营等整个生命周期都进行了责任大数据的管理,提升人才综合素质,才能发挥更好的效能。

第 11 章

责任区块链

区块链技术用来改善生产关系,所以责任区块链是用区块链技术来改善人与人、人与组织(包括组织之间)及人与硬件之间的责任信息为主的生产关系。

11.1 区块链和责任管理

11.1.1 区块链技术

狭义上讲,区块链是一种按照时间顺序将数据区块以链条的方式组合成特定数据结构,并通过密码学等方式保证数据不可篡改和不可伪造的去中心化的互联网公开账本。

广义上讲,区块链是利用链式数据区块结构验证和存储数据,利用分布式的共识机制和数学算法集体生成和更新数据,利用密码学保证了数据的传输和使用安全,利用自动化脚本代码(智能合约)来编程和操作数据的一种全新的去中心化的基础架构与分布式计算范式。

因为区块链有去中心化、数据不被篡改等机制,所以这些机制用于责任管理具有比较好的优势。

11.1.2 量化证责

有些责任是终生追责的,但是由于责任举证人或举证措施难以终生结合,为了证明责任的到位情况,而且不至于抵赖或后期的举证成本过高,有必要采用去中心化的、数据不被篡改的有量化结果的责任管理机制。这种机制称为量化证责。

即一方面可以对责任履行有一个量化的结果,比如尽责程度;另一方面也可以对责任履行证明的范围有一个共识,另外还可以不用保存过于复杂的履责数据,只要确保结果没被篡改即可。

11.1.3 责任区块链

专门用于责任管理的区块链技术,称为责任区块链。

责任区块链包括人与人之间的、人与组织间的、人与设备间的责任节点的不同管理机制,以下进行逐一阐述。

11.2 人与人之间的责任区块链

11.2.1 责任人、生物信息和区块链

在物联网管理的过程中,人是物的管理主体,管理的好坏将决定物联网管理的效率或效果,人的责任到位是管理的关键,当前主要是通过制定法规或制度,用于追责时的依据,但是追责时很难用大数据来判断;或者在管理过程中需要第三方公证,以至于管理成本过高或过程过于复杂,很难实现有效的依规管理。所以,如何通过自动采集管理过程中的相关责任数据来实现责任方的自动判别,同时通过区块链管理(分布式认证方式)来实现无法抵赖且低成本的安全认证,是需要解决的关键问题。将自动追责、区块链(分布式认证)和人员相关的生物认证技术相结合,可用于建设针对设施和事件的自治式信息化管理模式,通过全过程信息化实现法规制度的有效执行和优化。以下是实例说明:

涉及某高校的设施(危险化学品)责任管理,依据为《危险化学品安全管理条例》(中华人民共和国国务院令第 344 号)和《实验室安全管理》等规章制度。

(1) 创建一个该高校私有的区块链,建立危险化学品责任表,危险化学品责任表的项目包括:设施 ID、责任人、责任名称。

(2) 将高校相关合规人员的指纹录入区块链,构建责任人生物信息库。

(3) 对每一份危险化学品设置唯一的设施 ID,并将该设施 ID 和当前的责任人录入危险化学品责任表中。

(4) 当实验人员 B 需要危险化学品 z 时,跟当前的保管方,即当前责任人 A 沟通,沟通后通过区块链节点输入新责任人、老责任人的生物信息,节点获得设施转移请求,并将该请求进行广播。

(5) 核验节点将双方的生物信息与信息库中的信息进行比对,一致则通过验证,允许设施转移,并生成一个设施责任转移数据包,其中包括设施 ID、老责任人的生物信息、新责任人的生物信息和责任名称,并进行广播,同时,更新设施责任表。

上述的"允许设施转移"可通过以下方案实现管理:将危险化学品 z 置于智能保险柜中,该智能保险柜与区块链的控制节点相连,当核验节点通过验证后,控制节点控制保险柜打开,避免双方私底下转移危险化学物品;智能保险柜根据 RFID 检测到相应的危险化学品 z 已被取出,即完成 A、B 间责任转移。

当实验人员 B 需要将该危险化学品 z 交给不具有负责资质的学生使用时,可以通过以下方式进行责任管理:建立子责任表;通过实验人员 B 将其实验组中的多个学生的指

纹分别录入区块链,构建由实验人员 B 的子责任人生物信息库;实验人员 B 可向其学生进行责任部分转移,而学生的责任转移对象局限于实验人员 B,以及该实验组中的同学。

针对危险化学物品,例如氰化物,需要设定特定权限、特定责任人,即仅允许特定的实验人员使用,该氰化物的转移对象只能是指定组的实验人员,并需要人员成组转移。在氰化物的转移过程中,核验节点对转移对象的指纹信息核验,若不符合权限,则不允许转移。

通过上述方法,可以先在"设施责任表"中查询当前责任人,也可以在节点中验证,管理可以自行到位。

11.2.2 构建人和人互信的信息管理

涉及消防事件的高校安全责任管理,依据为《消防法》、《高等院校消防安全管理规定》和《(××省/市)消防条例》。

(1)建立消防事件的责任管理区块链。

(2)根据《消防法》、《高等院校消防安全管理规定》和《(××省/市)消防条例》设定处理步骤,每个步骤落实到指定的责任人(可通过岗位指定责任人),分别为初级责任人、一级责任人、二级责任人、……、n 级责任人,每个责任人对应一个区块链的责任节点,分别为初级责任节点、一级责任节点、二级责任节点、……、n 级责任节点。

(3)将初级责任人、一级责任人、二级责任人、……、n 级责任人的面部信息分别保存于对应的责任节点,用于身份核验。

(4)火灾发生后,消防巡查人员 A 即初级责任人,按照事件处理规程和设定的处理步骤,对事件进行处理;包括将面部信息以及火灾的火势、面积、地点、事件等事件信息上传到初级责任节点。

(5)初级责任节点对初级责任人进行人脸识别,核验通过,则将事件进行广播。广播对象为下一级责任节点。

(6)监管人员 B,即一级责任人通过一级责任节点接收到事件信息后,上传面部信息以及"接收确认"指令;一级责任节点对一级责任人的人脸识别通过后,即完成事件初级责任传递;一级责任人按照事件处理规程和设定的处理步骤,对事件进行处理,例如,根据火势,设定救援方案,其中包括消防小组 x 消防救援以及医务小组 y 医疗救援,然后将火灾新型以及救援方案上传到一级责任节点。

(7)向下一级责任节点广播,二级责任节点,即消防小组 x 和医务小组 y 通过各自的二级责任节点接收到事件信息后,上传面部信息以及"接收确认"指令;二级责任节点分别对责任人的人脸识别通过后,即完成事件初级责任传递;消防小组 x 和医务小组 y 根据规范实行救援。

监管人员 B 所在的一级责任节点可以与市级或省级的消防系统区块链共用,当火势在自己不可控的情况下,可向市级或省级的消防系统发送救援请求。市级或省级的消防系统接受请求后,按照规程对火灾进行救援。

通过上述方法,责任自动落实到位,无法进行篡改,或者篡改成本很高。

11.3 人与组织间的责任区块链

11.3.1 责任人、岗位和区块链

目前,在多级别的管理过程中,针对不同级别的岗位,通过明确责任清单,具体化各岗位的职责要求。由于责任清单中有一部分是该岗位履行的主体责任,另一部分是该岗位监管或监督下级岗位的监管责任,而监管责任需要通过下一级或下几级的主体责任来落实履行,所以责任监管线比较长,而且还会涉及多个单位或部门,导致监管难度加大,以及对主体责任有效验证的难度加大。

目前,定义的责任清单是以岗位职责或法规的方式来定义,很难通过计算机来直接执行,需要分解成信息化可以执行并记录的数据流程,以便将执行和评估结果登记到相应的台账中,否则很难将日常工作记录完整。

所以,目前的责任监管比较模糊,执行情况很难被跟踪、量化,也导致了常规责任管理的效果不理想。

所以通过对岗位人员的责任情况进行多中心的区块链共识,可以很好地实现责任证明,从而实现日常履责的可证式共识。

11.3.2 构建可信组织的信息管理

学校应当落实逐级消防安全责任制和岗位消防安全责任制,明确逐级和岗位消防安全职责,确定各级、各岗位消防安全责任人,建立包含所有责任项目的责任清单。根据法规法令或上述的岗位责任清单,细化出只有主体责任类型或监管责任类型且信息化适用的责任项清单,并对清单中的每一个责任项目设置一个唯一的 ID,同时给出可以执行的有具体信息化的工作规程。

每个节点,即每个岗位,建立本地责任列表和多个关联责任列表,其中本地责任列表包含主体责任项目和监管责任项目,即上段中的责任项清单,以及对应的 ID,每个关联责任列表对应于所述本地责任列表中记载的一个责任项目,记录与该责任项目关联的责任项目,以及对应的 ID;针对本地责任列表中的主体责任项目,其关联责任项目为监管本节点的上一级节点的监管责任项目,针对本地列表中的监管责任项目,其关联责任项目为受本地节点监管的下一级节点的主体责任项目。

岗位责任清单如下:

1 学校法定代表人是学校消防安全责任人,全面负责学校消防安全工作,履行下列消防安全职责:

1.1.1 贯彻落实消防法律、法规和规章,批准实施学校消防安全责任制、学校消防安全管理制度;

1.1.2 批准消防安全年度工作计划、年度经费预算,定期召开学校消防安全工作会议;

1.1.3 提供消防安全经费保障和组织保障;

1.1.4　督促开展消防安全检查和重大火灾隐患整改,及时处理涉及消防安全的重大问题;

　　1.1.5　依法建立志愿消防队等多种形式的消防组织,开展群众性自防自救工作;

　　1.1.6　与学校二级单位负责人签订消防安全责任书;

　　1.1.7　组织制定灭火和应急疏散预案;

　　1.1.8　促进消防科学研究和技术创新;

　　1.1.9　法律、法规规定的其他消防安全职责。

　　2　分管学校消防安全的校领导是学校消防安全管理人,协助学校法定代表人负责消防安全工作,履行下列消防安全职责:

　　1.2.1　组织制定学校消防安全管理制度,组织、实施和协调校内各单位的消防安全工作;

　　1.2.2　组织制定消防安全年度工作计划;

　　1.2.3　审核消防安全工作年度经费预算;

　　1.2.4　组织实施消防安全检查和火灾隐患整改;

　　1.2.5　督促落实消防设施、器材的维护、维修及检测,确保其完好有效,确保疏散通道、安全出口、消防车通道畅通;

　　1.2.6　组织管理志愿消防队等消防组织;

　　1.2.7　组织开展师生员工消防知识、技能的宣传教育和培训,组织灭火和应急疏散预案的实施和演练;

　　1.2.8　协助学校消防安全责任人做好其他消防安全工作。

　　3　其他校领导

　　1.3.1　在分管工作范围内对消防工作负有领导、监督、检查、教育和管理职责。

　　4　负责日常消防安全工作的机构(以下简称学校消防机构),配备专职消防管理人员,履行下列消防安全职责:

　　1.4.1　拟订学校消防安全年度工作计划、年度经费预算,拟订学校消防安全责任制、灭火和应急疏散预案等消防安全管理制度,并报学校消防安全责任人批准后实施;

　　1.4.2　监督检查校内各单位消防安全责任制的落实情况;

　　1.4.3　监督检查消防设施、设备、器材的使用与管理以及消防基础设施的运转,定期组织检验、检测和维修;

　　1.4.4　确定学校消防安全重点单位(部位)并监督指导其做好消防安全工作;

　　1.4.5　监督检查有关单位做好易燃易爆等危险品的储存、使用和管理工作,审批校内各单位动用明火作业;

　　1.4.6　开展消防安全教育培训,组织消防演练,普及消防知识,提高师生员工的消防安全意识、扑救初起火灾和自救逃生技能;

　　1.4.7　定期对志愿消防队等消防组织进行消防知识和灭火技能培训;

　　1.4.8　推进消防安全技术防范工作,做好技术防范人员上岗培训工作;

　　1.4.9　受理驻校内其他单位在校内新建、扩建、改建及装饰装修工程和公众聚集场所投入使用、营业前消防行政许可或者备案手续的校内备案审查工作,督促其向公安机关消防机构进行申报,协助公安机关消防机构进行建设工程消防设计审核、消防验收或者备案以及公众聚集场所投入使用、营业前消防安全检查工作;

1.4.10 建立健全学校消防工作档案及消防安全隐患台账;

1.4.11 按照工作要求上报有关信息数据;

1.4.12 协助公安机关消防机构调查处理火灾事故,协助有关部门做好火灾事故处理及善后工作。

5 学校二级单位和其他驻校单位应当履行下列消防安全职责:

1.5.1 落实学校的消防安全管理规定,结合本单位实际制定并落实本单位的消防安全制度和消防安全操作规程;

1.5.2 建立本单位的消防安全责任考核、奖惩制度;

1.5.3 开展经常性的消防安全教育、培训及演练;

1.5.4 定期进行防火检查,做好检查记录,及时消除火灾隐患;

1.5.5 按规定配置消防设施、器材并确保其完好有效;

1.5.6 按规定设置安全疏散指示标志和应急照明设施,并保证疏散通道、安全出口畅通;

1.5.7 消防控制室配备消防值班人员,制定值班岗位职责,做好监督检查工作;

1.5.8 新建、扩建、改建及装饰装修工程报学校消防机构备案;

1.5.9 按照规定的程序与措施处置火灾事故;

1.5.10 学校规定的其他消防安全职责。

学校二级单位,比如某一学院内部还有管理,如:

①二级学院(计算机学院)党委副书记:二级单位的责任人;

②二级学院(计算机学院)办公室主任:二级单位的管理人,检查并落实学院的消防设施保管人;落实对学院的消防设施的隐患、火警、疏散等工作;辅助保卫处落实对学院相关设施保管人、相关工作落实人的培训、教育等工作。

必要时,学校二级单位内部管理的岗位责任清单还可以细化。

根据以上岗位责任清单,责任的关联关系见表11-1。

表 11-1　　　　　　　　　　　　责任的关联关系

5校二级单位	4校消防机构	3其他校领导	2分管校领导	1校法人
1.5.1	—	—	—	1.1.6
1.5.2	—	—	—	—
1.5.3	1.4.6	—	1.2.7,1.3.1	1.1.7
1.5.4	1.4.10	—	—	—
1.5.5	1.4.3,1.4.10	1.3.1	1.2.4,1.2.5	1.1.4
1.5.6	1.4.3,1.4.10	1.3.1	1.2.4,1.2.5	—
1.5.7	1.4.2,1.4.3,1.4.10	1.3.1	1.2.4,1.2.5	—
1.5.8	1.4.9	—	—	—

(续表)

5 校二级单位	4 校消防机构	3 其他校领导	2 分管校领导	1 校法人
1.5.9	1.4.12	—	—	—
1.5.10	—	—	—	—
	1.4.1	—	1.2.1,1.2.2,1.2.3	1.1.1,1.1.2,1.1.3
	1.4.4	—	—	—
	1.4.5	—	—	—
	1.4.7	—	1.2.6	1.1.5
	1.4.8	—	1.2.8	1.1.8

实际例子中,校长对应学校法人,分管副校长;保卫处对应校消防机构;计算机学院、机械学院、化工学院、后勤处对应二级单位。

各二级单位的岗位责任清单对应到相应的责任项,以 1.5.5 为例,"按规定配置消防设施、器材并确保其完好有效"列出以下几点责任项(责任子项):

1.5.5.1 每个月按图纸要求配置消防设施,确保消防设施配置到位;

1.5.5.2 每个月按《建筑消防设施的维护管理》(GB 25201－2010)要求分别检查以上消防设施,确保是完好有效的;

1.5.5.3 检查出不完好或无效的设施,能当场整改的当场整改;对无法当场整改的,应当提交并定时改好。

通过对 1.5.5.1～1.5.5.3 进行汇总,即可对 1.5.5 这一项进行评估。

工作规程每个二级单位会不一样,计算机学院 1.5.5 检查的是计算机大楼,检查的设施列表已在终端上列出;机械学院检查的是机械大楼,检查的设施列表已在终端上列出;化工学院检查的是化工大楼,检查的设施列表已在终端上列出;后勤处检查的是后勤大楼、各食堂,检查的设施列表已在终端上列出。另外,根据国际 GB25201—2010,检查的项目在终端上可以与设施一一对应。

保卫处同其对应的岗位责任项为:"1.4.3 监督检查消防设施、设备、器材的使用与管理以及消防基础设施的运转,定期组织检验、检测和维修",其细化后的责任项(责任子项)为:

1.4.3.1 监督消防设施、设备、器材的配置和完好有效(类型:监管责任);

1.4.3.2 定期检查(抽查)消防设施、设备、器材(类型:主体责任);

1.4.3.3 定期检验、检测和维修消防设施(类型:主体责任)。

其中 1.4.3.1 对应的主体责任为:1.5.5.1,1.5.5.2,1.5.5.3。保卫处还根据这三点的到位情况制定了自动评分规则,如设施缺少配置的扣分规则、检查空间是否齐全扣分规则、检查设施是否齐全扣分规则等。

构建责任的区块链时,将各责任项(责任子项),如 1.5.5 和 1.5.5.1、1.5.5.2、1.5.5.3,1.4.3 和 1.4.3.1、1.4.3.2、1.4.3.3 等登记到区块链中,可以是以区块方式提交,也可以直接注册在区块链的基础信息表中,也包括登记相关岗位、人员、评分规则等基础信息。

从某月 1 日开始,手持终端(或手机)自动提醒计算机学院、机械学院、化工学院、后勤处相关人员当月检查的任务,终端 App 可自动列出检查区域、检查设施和设施的检查项,保卫处通过 RFID 关联(或其他关联方式)确保工作空间的到位。检查全部完成时可以自动提交,也可以在月底自动提交,提交时将形成区块,并自动根据评分规则打分,提交到保卫处,自动广播。保卫处自身的责任提交时也生成区块,同时可以对打分项进行修正和汇总。

监管责任项目包括对监管对象按照工作规程进行打分,比如计算机学院、机械学院、化工学院、后勤处自动打分的分数分别是:85、82、79、90 分,保卫处汇总时自动打分 1.4.3.1 项分值为 85 分,保卫处根据监管抽查的情况,分别将计算机学院、机械学院、化工学院和后勤处的分值进行加、减分,分别为:86、81、75、89 分,总分为 86 分。保卫处提交的 1.4.3.2 打分为 95 分,1.4.3.3 打分为 90 分。同样情况提交到分管校领导处,形成分值的打分和汇总值,分管校领导根据监管情况,还可以对以上分值进行修正。具体内容见表 11-2、表 11-3。

表 11-2 责任分值表

日期	人名	责任项 ID	责任项分值	备注
2017-7-10	计算机学院张××	1.5.5.1	84	
2017-7-10	计算机学院张××	1.5.5.2	86	
2017-7-10	计算机学院张××	1.5.5.3	85	
2017-7-10	机械学院李××	1.5.5.1	83	
2017-7-10	机械学院李××	1.5.5.2	81	
2017-7-10	机械学院李××	1.5.5.3	83	
…	…	…	…	

表 11-3 统计汇总表

	计算机学院	机械学院	化工学院	后勤处	保卫处
1.5.5 自评	85	82	79	90	—
1.5.5 保卫处评	86	81	75	89	—
所有责任清单汇总分	85.8	82.5	80.1	90.1	92.5
所有责任清单汇总分(上级评)	86.5	82.1	78.2	89.4	92.2

基于以上评分,可以进行工作的评估以及工作品质提升,例如:

1.2.4.1 评估各二级单位消防安全检查情况;

1.2.4.2 根据情况分别:

(1)要求未进行安全检查的二级部门必须执行;

(2)要求日常检查不理想的部门加强;

(3)要求日常检查隐患突出的二级部门进行规定期限内的有效整改。

1.2.4.3 要求保卫处再次加强直接监管;

一旦有重大隐患,则直接通知学校法人。以上打分,可以对"1.1.4 督促开展消防安全

检查和重大火灾隐患整改,及时处理涉及消防安全的重大问题;"的监管情况进行评估。先将此条细化:

1.1.4.1 督促开展消防安全检查(自动形成定期督促意见,也可以手动发布);

1.1.4.2 对重大火灾隐患进行整改;

1.1.4.3 对各方面通报的涉及消防安全的重大问题,进行及时监督处理。

从二级单位、学校消防机构的整改情况中列出重大火灾隐患、重大问题的再次检查情况,并进行汇总。

当临时安排工作或出现离岗、辞职情况、岗位合并或撤销的情况时,可以通过注册器对包含所有责任项目的责任清单进行修改;相应的,每个节点根据ID同步修改后的责任项目。

通过以上步骤,责任清单重构了信息处理流程,通过区块链的有效管理,实现了监管的主体责任的层层有效落实,区块链实现了信息的互信和高效认证,同时进行了分值评估,多级多单位的主体责任落实效果得到了有效评估,既实现了主体责任的落实,又实现了监管责任的落实,通过信息化方式,实现了全过程的精确管理。

11.3.3 构建组织间信赖的信息管理

城市消防安全责任,责任清单的面比学校更广,包括省、市、区、街道、居委会等,并包括各级的自身单位和归属单位(或行业主管部门),比如高校1属于省教育厅,高校2属于市教育局。

在11.3.2节私有区块链例子的基础上,引入联盟区块链,让私有区块链作为一个单位整体的情况进行打分,并提交到上一级的联盟区块链中,实现上一级对下一级的有效监管。

实例:城市安全生产责任(表11-4至表11-6)

相关责任清单(包括"三个必须""党政同责"等联盟型责任区块链的归属关系)

表 11-4   **市领导**

职务	相关的职责(责任)清单
市委书记、市人大常委会主任	1.履行安全生产工作领导责任
	2.贯彻执行安全生产法律法规和方针政策,将安全生产工作列入市委重要议事日程,与经济发展和社会各项事业一并研究部署
	3.每年至少2次在市委常委会上专题研究解决安全生产工作重点、难点问题,每年至少2次带队开展安全生产检查
	4.对发生重大及以上的生产安全事故或其他社会影响较大的恶性群死群伤安全事故及重大涉险事故,必须在接报后第一时间赶赴事故现场,指导、协调事故抢险救援工作
	5.督促党委领导班子其他成员落实安全生产"一岗双责"制度,支持政府依法履行安全生产工作职责。联系××区安全生产工作
	6.发挥人大对安全生产工作的监督促进作用、政协对安全生产工作的民主监督作用
市委副书记、市长	1.对全市安全生产工作全面负责,担任市安全生产委员会主任,承担安全生产第一责任人的责任

(续表)

职务	相关的职责（责任）清单
市委副书记、市长	2.建立健全和督促落实全员安全生产责任制，把安全生产工作纳入绩效考核的重要内容
	3.每季度1次以上或者根据安全生产需要及时听取安全生产工作汇报，分析安全生产形势，研究制定安全生产政策措施；每年2次以上在市政府常务会议或召开专题工作会议，研究解决安全生产重大问题，每年2次以上带队开展安全生产检查
	4.抓好全市安全生产监督管理机构、人员、经费等的落实
	5.对发生重大及以上的生产安全事故或其他社会影响较大的恶性群死群伤安全事故及重大涉险事故，必须在接报后第一时间赶赴事故现场，组织指挥事故抢险救援工作
	6.支持、督促市政府领导班子其他成员抓好分管行业领域的安全生产工作。联系××区安全生产工作
市委副书记	1.按照工作分工，对分管部门的安全生产工作负直接领导责任，负责指导联系部门的安全生产工作。联系××区安全生产工作
	2.在研究、部署、检查相关工作时，对安全生产工作同时研究、同时部署、同时检查；督促、检查、指导分管、联系部门认真履行工作范围内的安全生产职责，每季度带队检查安全生产工作1次以上
	3.指导、监督分管、联系领域相关场所的安全检查，协调重大隐患整治工作
	4.分管、联系领域发生较大及以上生产安全事故或其他社会影响较大的恶性群死群伤安全事故及重大涉险事故，必须在接报后第一时间赶赴事故现场，指导、协调事故抢险救援工作
市委常委、常务副市长	1.分管全市安全生产工作，对全市安全生产工作负综合监管领导责任，协助书记、市长对全市的安全生产工作进行具体领导、综合协调、监督检查，负责市安委会日常工作。对分管行业（领域）的安全生产工作负直接领导责任，负责指导联系部门的安全生产工作。联系××区安全生产工作
	2.具体负责组织落实安全生产法律法规、方针政策及上级有关安全生产工作的决策、部署、指示
	3.在研究、部署、检查相关工作时，对安全生产工作同时研究、同时部署、同时检查；主持研究制定本市安全生产监管办法和措施；每季度至少1次或者根据安全生产需要及时听取安全生产工作汇报，分析安全生产形势，研究制定安全生产政策措施
	4.指导和协调安全生产监督、检查和考核，落实安全生产控制指标并加强考核，建立安全生产约束、激励机制
	5.督促、指导全市重大安全隐患的整改，协调解决安全生产管理中的重点难点问题
	6.督促、检查、指导分管、联系部门认真履行工作范围内的安全生产职责；督促指导市级其他各部门和县市区落实安全生产决策部署。每季度带队检查安全生产工作1次以上

(续表)

职务	相关的职责(责任)清单
市委常委、常务副市长	7.分管、联系领域发生较大及以上生产安全事故或其他社会影响较大的恶性群死群伤安全事故及重大涉险事故,其他行业领域发生重大及以上事故,必须在接报后第一时间赶赴事故现场,指导、协调事故抢险救援工作
	8.组织协调开展事故调查处理工作
副市长	1.按照工作分工,对道路交通、消防、民爆物品、大型群众性活动安全等行业(领域)及分管部门的安全生产工作负直接领导责任,负责指导联系部门的安全生产工作
	2.在研究、部署、检查相关工作时,对安全生产工作同时研究、同时部署、同时检查;督促、检查、指导分管及联系部门认真履行工作范围内的安全生产职责,每季度带队检查安全生产工作1次以上
	3.指导、监督分管、联系行业领域相关场所的安全检查,协调重大隐患整治工作
	4.分管、联系行业领域发生较大及以上生产安全事故或其他社会影响较大的恶性群死群伤安全事故及重大涉险事故,必须在接报后第一时间赶赴事故现场,指导、协调事故抢险救援工作
	5.协调驻X武警配合地方政府开展重大生产安全险情处置、应急救援等工作
副市长	1.按照工作分工,对公路(水路)交通运输突发安全事件处置、危化品道路运输、电力、地震、食品药品、铁路安全、特种设备安全、矿山安全、地质灾害(城市地质灾害除外)、邮政(联系)等行业(领域)及分管部门的安全生产工作负直接领导责任,负责指导联系部门的安全生产工作
	2.在研究、部署、检查相关工作时,对安全生产工作同时研究、同时部署、同时检查;督促、检查、指导分管及联系部门认真履行工作范围内的安全生产职责,每季度带队检查安全生产工作1次以上
	3.指导、监督分管、联系行业领域相关场所的安全检查,协调重大隐患整治工作
	4.分管、联系行业领域发生较大及以上生产安全事故或其他社会影响较大的恶性群死群伤安全事故及重大涉险事故,必须在接报后第一时间赶赴事故现场,指导、协调事故抢险救援工作

表 11-5　　　　　　　　　　　　　　市直机关

职务	相关的职责(责任)清单
市应急管理局	1.一把手是安全生产第一责任人,原则上班子成员排名第二的领导分管安全生产工作,其他班子成员按照一岗双责的要求负责分管领域和部门的安全生产工作。明确专门的安全管理机构和安全生产人员
	2.负责应急管理工作,指导应对安全生产类、自然灾害类等突发事件和综合防灾减灾救灾工作

(续表)

职务	相关的职责(责任)清单
市应急管理局	3.负责安全生产综合监督管理工作,指导协调、监督检查和巡查考核下级人民政府和本级人民政府有关部门的安全生产监督管理工作,依法组织指导生产安全事故调查处理,负责应急管理统计分析工作
	4.依法监督检查工矿商贸行业(煤矿除外)生产经营单位安全生产工作,负责化工(含石油化工)、医药、危险化学品和烟花爆竹安全生产监督管理工作,负责非煤矿山(含地质勘探)、石油(炼化、成品油管道除外)、冶金、有色、建材、机械、轻工、纺织、烟草、商贸等工矿商贸行业安全生产基础工作;对目前正在生产的非煤矿山企业形成的采空区,牵头督促县区政府和矿山企业制定并落实治理方案;负责对不具备安全生产条件的非煤矿矿井关闭及关闭是否到位情况进行监督和指导
	5.负责监督检查职责范围内新建、改建、扩建工程项目的安全设施与主体工程同时设计、同时施工、同时投产使用情况,对安全评价、安全生产检测检验等安全生产社会中介机构进行监督管理
	6.指导应急预案体系建设,组织编制总体应急预案和安全生产类、自然灾害类专项预案,组织指导协调安全生产类、自然灾害类等突发事件应急救援,统一协调指挥应急救援队伍,统筹应急救援力量建设
	7.负责消防工作,指导消防监督、火灾预防、火灾扑救等工作
	8.指导协调森林和草原(地)火灾、水旱灾害、地震和地质灾害、海洋灾害等防治工作,负责自然灾害综合监测预警工作
	9.组织协调灾害救助工作,组织指导灾情核查、损失评估、救灾捐赠工作
市公安局	1.一把手是安全生产第一责任人,原则上班子成员排名第二的领导分管安全生产工作,其他班子成员按照一岗双责的要求负责分管领域和部门的安全生产工作。明确专门的安全管理机构和安全生产人员
	2.负责道路交通安全管理
	3.负责危险化学品的公共安全管理,核发剧毒化学品购买许可证、剧毒化学品道路运输通行证,并负责危险化学品运输车辆的道路交通安全管理
	4.负责民用爆炸物品的公共安全管理和安全生产监督管理
	6.负责大型群众性活动安全管理
	7.依法履行校车安全管理职责。依法审查校车使用许可申请材料并提出意见;依法做好校车驾驶人资格审查、审验和校车检验合格标志核发工作;依法发放校车标牌;依法查处校车道路交通安全违法行为;依法查处未经许可从事集中接送学生上下学,使用未取得校车驾驶资格的人员驾驶校车,转让、挪用校车标牌以及伪造、变造或者使用伪造、变造的校车标牌等行为;加强对校车行驶线路的道路交通秩序管理,查处机动车驾驶人不按照规定避让校车等扰乱校车运行秩序的违法行为,保障运载学生的校车优先通行;协助教育行政部门组织学校开展交通安全教育,对校车服务提供者和配备校车的

(续表)

职务	相关的职责(责任)清单
市公安局	学校开展校车驾驶人安全教育情况进行监督检查,将校车驾驶人的道路交通安全等违法行为和交通事故信息抄送其所属单位、学校和教育行政部门
	8.指导公安派出所负责辖区内日常消防监督检查、开展消防宣传教育工作
	9.查处涉及安全生产的刑事犯罪案件和治安管理案件
	10.承办市人民政府交办的其他安全生产事项
市教育局	1.一把手是安全生产第一责任人,原则上班子成员排名第二的领导分管安全生产工作,其他班子成员按照一岗双责的要求负责分管领域和部门的安全生产工作。明确专门的安全管理机构和安全生产人员
	2.负责教育行业的安全监督管理
	3.指导、监督各类学校(含幼儿园)及其教学、科研、实验机构的安全管理工作,指导各类学校制定突发事件应急预案
	4.将安全教育纳入义务教育学校教学内容,指导各类学校开展安全教育活动。指导职业院校开展安全生产相关专业职业教育
	5.负责学生在校活动、参加学校组织的校外社会实践活动的安全监督管理
	6.依法负责校车安全管理工作。监督指导县、区相关部门做好校车使用许可申请的受理、分送、审查和上报等工作;负责校车安全管理责任书备案管理工作;加强对学校的监管,指导、督促学校建立完善校车安全管理制度,明确和落实校车安全管理责任,组织学校开展交通安全教育,督促学校加强学生乘车管理;会同有关部门建立校车安全管理工作协调机制和信息共享机制;会同有关部门制定并实施与当地经济发展水平和校车服务需求相适应的校车服务方案;掌握学生上下学和现有校车状况以及校车需求,建立校车车辆及驾驶人管理档案,建设校车信息管理系统,采集录入校车信息
	7.对生产经营单位利用学校、幼儿园场所从事危险物品的生产、经营、储存活动或者作为机动车停车场的行为依法进行检查,发现违法行为告知有关部门查处;配合有关部门查处生产经营单位接受中小学生从事危险性劳动的行为
	8.负责查处未取得办学许可证违法经营的校外培训机构。牵头建立相关部门参加的联席会议制度,组织开展校外培训机构、托管机构专项治理,加强日常监管
	9.承办市人民政府交办的其他安全生产事项
……	……

注:另外还包括发展和改革部门、工业和信息化部门、科学技术部门、司法行政部门、财政部门、人力资源和社会保障部门、自然资源和规划部门、住房和城乡建设部门、城市管理部门、交通运输部门、水利部门、农业农村部门、林业部门、商务部门、文化和旅游部门、卫生健康部门、国有资产监督管理机构、生态环境部门、体育部门、统计部门、市场监督管理部门、人民防空部门、粮食部门、气象部门、烟草专卖部门、邮政管理部门等的职责清单,由于篇幅未列出。

表 11-6　　　　　　　　　　生产经营企业主体责任

企业主体责任	具体款项
生产经营建设行为合法合规责任	1.企业依法取得《工商营业执照》 2.矿山企业、建筑施工企业和危险化学品、烟花爆竹、民用爆炸物品生产企业依法取得《安全生产许可证》 3.矿山企业依法取得《采矿许可证》；且在采矿许可证核定范围内从事生产活动 4.其他生产经营企业依据本行业法律法规的规定取得相关证照。且在证照核定范围内从事生产经营活动 5.生产经营企业新建、改建、扩建工程项目的安全设施和职业病防护设施，必须与主体工程同时设计、同时施工、同时投入生产和使用。安全设施投资应当纳入建设项目概算 6.矿山、金属冶炼建设项目和用于生产、储存、装卸危险物品的建设项目的施工单位必须按照批准的安全设施设计施工，并对安全设施的工程质量负责。矿山、金属冶炼建设项目和用于生产、储存危险物品的建设项目竣工投入生产或者使用前，应当由建设单位负责组织对安全设施进行验收；验收合格后，方可投入生产和使用
组织机构保障责任	1.矿山、金属冶炼、建筑施工、道路运输单位和危险物品的生产、经营、储存单位，应当设置安全生产管理机构或者配备专职安全生产管理人员；前款规定以外的其他生产经营单位，从业人员超过一百人的，应当设置安全生产管理机构或者配备专职安全生产管理人员；从业人员在一百人以下的，应当配备专职或者兼职的安全生产管理人员；企业设置的安全管理机构及管理人员符合行业要求 2.危险物品的生产、储存单位以及矿山、金属冶炼单位应当有注册安全工程师从事安全生产管理工作。中小企业可以委托有资质的安全生产中介机构或注册安全工程师提供安全生产管理服务 3.煤矿必须配备矿长、总工程师和分管安全、生产、机电的副矿长，以及负责采煤、掘进、机电运输、通风、地质测量工作的专业技术人员。矿长、总工程师和分管安全、生产、机电的副矿长必须具有安全资格证，且严禁在其他煤矿兼职；专业技术人员必须具备煤矿相关专业中专以上学历或注册安全工程师资格，且有 3 年以上井下工作经历 4.矿山、建筑施工单位和危险化学品、烟花爆竹、民用爆炸物品等危险物品的生产、经营、储存单位应当遵守下列规定：按照不低于从业人员百分之一的比例配备专职安全生产管理人员；井工矿山企业从业人员不足五百人的，应当至少配备五名专职安全生产管理人员 5.开采矿产资源，生产建设规模为大型、中型的，应当具下列技术和生产作业人员： （一）地质、采矿高级专业技术职称的人员各 1 人以上； （二）地质、采矿、测量等中级专业技术职称的人员各 1 人以上； （三）地质、采矿、测量等初级专业技术职称的人员各 2 人以上

(续表)

企业主体责任	具体款项
组织机构保障责任	6.开采矿产资源,生产建设规模为小型的,应当具有下列技术和生产作业人员： (一)地质、采矿、测量等中级专业技术职称的人员各1人以上； (二)地质、采矿、测量等初级专业技术职称的人员各1人以上
规章制度保障责任	1.建立健全全员安全生产责任制;应当明确各岗位的责任人员、责任范围和考核标准等内容。生产经营单位应当建立相应的机制,加强对安全生产责任制落实情况的监督考核,保证全员安全生产责任制的落实 2.安全生产管理制度:(1)安全生产会议制度;(2)安全生产投入及安全生产费用提取和使用制度;(3)安全生产教育培训制度;(4)安全生产检查制度;(5)安全生产目标考核制度;(6)安全生产奖惩制度;(7)生产安全事故隐患排查治理制度;(8)职业卫生管理制度;(9)劳动防护用品管理制度;(10)特种作业人员管理制度;(11)重大危险源检测、监控、管理制度;(12)安全设施、设备管理制度;(13)生产安全事故报告、应急救援、调查处理、档案管理制度;(14)领导值班及交接班制度;(15)符合本行业、本单位生产特点的安全生产管理制度 3.安全操作规程:企业制定符合国家标准、行业标准规定的岗位安全操作规程和作业规程
安全投入保障责任	1.生产经营单位应当按照规定提取和使用安全生产费用,专门用于改善安全生产条件,安全生产费用在成本中据实列支 2.生产经营企业应当依法参加工伤保险,为从业人员缴纳保险费 3.在矿山、化学危险品、烟花爆竹、交通运输、建筑施工、民用爆炸物品、金属冶炼、渔业生产等高危行业领域强制实施安全生产责任保险 4.生产经营单位应当安排用于配备劳动防护用品、进行安全生产培训的经费 5.全面开展安全达标。深入开展以岗位达标、专业达标和企业达标为内容的安全生产标准化建设,凡在规定时间内未实现达标的企业要依法暂扣其生产许可证、安全生产许可证,责令停产整顿;对整改逾期未达标的,地方政府要依法予以关闭
教育培训保障责任	1.企业主要负责人和安全生产管理人员必须具备与本单位所从事的生产经营活动相应的安全生产知识和管理能力。安全生产监督管理职责的部门对其安全生产知识和管理能力考核合格 2.生产经营单位应当对从业人员进行安全生产教育和培训,未经安全生产教育和培训合格的从业人员,不得上岗作业。生产经营单位使用被派遣劳动者的,应当将被派遣劳动者纳入本单位从业人员统一管理,对被派遣劳动者进行岗位安全操作规程和安全操作技能的教育和培训。生产经营单位接收中等职业学校、高等学校学生实习的,应当对实习学生进行相应的安全生产教育和培训,提供必要的劳动防护用品。学校应当协助生产经营单位对实习学生进行安全生产教育和培训

(续表)

企业主体责任	具体款项
教育培训保障责任	3.生产经营单位采用新工艺、新技术、新材料或者使用新设备,必须了解、掌握其安全技术特性,采取有效的安全防护措施,并对从业人员进行专门的安全生产教育和培训 4.生产经营单位的特种作业人员必须按照国家有关规定经专门的安全作业培训,取得相应资格,方可上岗作业 5.生产经营单位应当建立安全生产教育和培训档案,如实记录安全生产教育和培训的时间、内容、参加人员以及考核结果等情况
安全管理保障责任	1.安全设备的设计、制造、安装、使用、检测、维修、改造和报废,应当符合国家标准或者行业标准 生产经营单位必须对安全设备进行经常性维护、保养,并定期检测,保证正常运转。维护、保养、检测应当做好记录,并由有关人员签字 2.生产经营单位使用的危险物品的容器、运输工具,以及涉及人身安全、危险性较大的特种设备,必须按照国家有关规定,由专业生产单位生产,并经具有专业资质的检测、检验机构检测、检验合格,取得安全使用证或者安全标志,方可投入使用 3.生产经营单位不得使用应当淘汰的危及生产安全的工艺、设备 4.生产、经营、储存、使用危险物品的车间、商店、仓库不得与员工宿舍在同一座建筑物内,并应当与员工宿舍保持安全距离。生产经营场所和员工宿舍应当设有符合紧急疏散要求、标志明显、保持畅通的出口。禁止锁闭、封堵生产经营场所或者员工宿舍的出口。地下矿山的安全出口符合本行业相关规定 5.生产经营单位应当在有较大危险因素的生产经营场所和有关设施、设备上,设置明显的安全警示标志 6.生产经营单位进行爆破、吊装以及国务院安全生产监督管理部门会同国务院有关部门规定的其他危险作业,应当安排专门人员进行现场安全管理,确保操作规程的遵守和安全措施的落实 7.两个以上生产经营单位在同一作业区域内进行生产经营活动,可能危及对方生产安全的,应当签订安全生产管理协议,明确各自的安全生产管理职责和应当采取的安全措施,并指定专职安全生产管理人员进行安全检查与协调 8.生产经营单位不得将生产经营项目、场所、设备发包或者出租给不具备安全生产条件或者相应资质的单位或者个人。生产经营项目、场所发包或者出租给其他单位的,生产经营单位应当与承包单位、承租单位签订专门的安全生产管理协议,或者在承包合同、租赁合同中约定各自的安全生产管理职责;生产经营单位对承包单位、承租单位的安全生产工作统一协调、管理,定期进行安全检查,发现安全问题的,应当及时督促整改

(续表)

企业主体责任	具体款项
安全管理保障责任	9.生产单位必须具备本行业安全生产标准的安全生产条件、使用国家标准或行业标准的生产设备和安全设施
	10.生产经营企业具有较大危险性的岗位或作业场所实行24小时安全监控和作业人员定位管理
	11.生产经营企业对存在安全生产风险的岗位设置告知牌,向从业人员告知作业岗位、场所存在的危险因素、后果、安全操作要点、防范措施以及事故应急措施
隐患排查治理责任	1.生产经营单位应当建立健全事故隐患排查治理制度。采取技术、管理措施,及时发现并消除事故隐患。事故隐患排查治理情况应当如实记录,并向从业人员通报
	2.生产经营单位是事故隐患排查、治理和防控的责任主体。生产经营单位应当建立健全事故隐患排查治理和建档监控等制度,逐级建立并落实从主要负责人到每个从业人员的隐患排查治理和监控责任制
	3.生产经营单位应当保证事故隐患排查治理所需的资金,建立资金使用专项制度
	4.生产经营单位应当每季、每年对本单位事故隐患排查治理情况进行统计分析,并分别于下一季度15日前和下一年1月31日前向安全监管监察部门和有关部门报送书面统计分析表。统计分析表应当由生产经营单位主要负责人签字 对于重大事故隐患,生产经营单位除依照前款规定报送外,应当及时向安全监管监察部门和有关部门报告
	5.生产经营单位对于一般事故隐患,由生产经营单位(车间、分厂、区队等)负责人或者有关人员立即组织整改。对于重大事故隐患,由生产经营单位主要负责人组织制定并实施事故隐患治理方案
	6.生产经营单位对重大危险源应当登记建档,进行定期检测、评估、监控,并制定应急预案,告知从业人员和相关人员在紧急情况下应当采取的应急措施
职业健康保障责任	1.生产经营单位必须为从业人员提供符合国家标准或者行业标准的劳动防护用品,并监督、教育从业人员按照使用规则佩戴、使用
	2.用人单位应当为劳动者创造符合国家职业卫生标准和卫生要求的工作环境和条件,并采取措施保障劳动者获得职业卫生保护
	3.用人单位应当建立、健全职业病防治责任制,加强对职业病防治的管理,提高职业病防治水平,对本单位产生的职业病危害承担责任
	4.用人单位应当实施由专人负责的职业病危害因素日常监测,并确保监测系统处于正常运行状态
	5.用人单位应当为劳动者建立职业卫生档案,并按照规定的期限妥善保存

(续表)

企业主体责任	具体款项
职业健康保障责任	6.用人单位工作场所存在职业病目录所列职业病的危害因素的,应当及时、如实向所在地安全生产监督管理部门申报危害项目,接受监督
	7.用人单位应当采取下列职业病防治管理措施:(1)设置或者指定职业卫生管理机构或者组织,配备专职或者兼职的职业卫生管理人员,负责本单位的职业病防治工作;(2)制定职业病防治计划和实施方案;(3)建立、健全职业卫生管理制度和操作规程;(4)建立、健全职业卫生档案和劳动者健康监护档案;(5)建立、健全工作场所职业病危害因素监测及评价制度;(6)建立、健全职业病危害事故应急救援预案
事故报告和应急救援责任	1.生产经营单位应当制定本单位生产安全事故应急救援预案,与所在地县级以上地方人民政府组织制定的生产安全事故应急救援预案相衔接,并定期组织演练
	2.危险物品的生产、经营、储存单位以及矿山、金属冶炼、城市轨道交通运营、建筑施工单位应当建立应急救援组织;应当配备必要的应急救援器材、设备和物资,并进行经常性维护、保养,保证正常运转
	3.生产经营单位发生生产安全事故后,事故现场有关人员应当立即报告本单位负责人。单位负责人接到事故报告后,应当迅速采取有效措施,组织抢救,防止事故扩大,减少人员伤亡和财产损失,并按照国家有关规定立即如实报告当地负有安全生产监督管理职责的部门,不得隐瞒不报、谎报或者迟报,不得故意破坏事故现场、毁灭有关证据

不同单位隶属不同的行业主管部门,对不同的行业主管部门进行责任监管,并实现政府各职能部门之间的监管责任和领导责任,通过区块链来进行工作的部署、对工作的过程进行跟踪认证,并形成上级部门的相应数据依据,更好地实现各单位的责任到位,尤其是每个社会单位的主体责任到位。

11.4 人与设备间的责任区块链

11.4.1 责任人对智能设备的依赖

目前,设备认证主要是通过标签(包括RFID等电子标签)、在线认证、加密数据库认证等。这些方式存在的缺点:很容易被物理复制,无法实现精准式追溯,无法实现动态信息(可以有效防止物理复制)的认证管理。

另外随着人脸识别、行为识别、智能机器人、自动驾驶等智能型设备越来越普及,对这些设备的厂家、内嵌软件的认证管理,及其智能处理成果的认证管理,都是智慧物联网急需解决的问题。

如果没有针对设备厂家的认证、没有对其内嵌软件的有效认证、没有对智能处理成果的有效认证,会有如下几方面的问题:

(1)使用不规范:无法识别仿冒或假货,以及对不同厂家或同厂家不同型号(包括软件版本)的识别。

(2)智能设备成果认证无法自动化:一旦成果是文本形式,易被篡改,还需人工查阅整个过程数据进行确认,无法体现智能成果的优势。

(3)智能设备存储有限:比如视频人脸识别,目前基本的存储是一个月左右,通过区块链技术可以实现公证级的存储,可以避免一个月的存储期限,导致很难追查取证的问题。

(4)不同智能设备成果无法相互使用:以上点如述,结构化成果数据无法得到认证,则不同智能设备之间的数据无法相互认可或集成,会造成智能化设备的应用效果不佳。

(5)智能设备有多种用途,可以用于不同特征的识别学习,其深度学习训练后的学习效果也需要认证,通过相关智商或学习能力的评估,以确认可用于不同的场景。

(6)智能成果无法实现与设备、人员之间的自动交易,这样智能过程的所有权、使用权很难进行鉴价和交易。

11.4.2 构建有责任芯的设备

目前,消防设施主要采用防伪标签或各种认证证书(如中国的 CCCF 认证、美国的 UL 认证等)。

对设备加装区块链接口模块,将接口模块与原电路系统集成,用于从原设备中采集所需的数据(如消防水系统的水压、水流速度等数据),实现物联网接口。同时生成一个非对称密钥对 EK(EKpub,EKpri),其中密钥 EKpri 只在本地保存,用于系统的认证,公钥 EKpub 则可以直接被访问。

(1)认证有两种方式,一种是厂家认证;另一种是区块链认证。

①厂家认证

厂家认证是通过厂家签名+设备签名这两重签名方式来实现。厂家自身的 MK(MKpub,MKpri)将相关认证信息(包括产品型号、序列号、认证信息、出厂日期等验证信息,还可以包括照片等)用 MD5256 等方式生成摘要(厂家摘要),厂家摘要以厂家密钥 MKpri 加密生成厂家签名,同时将相关认证信息+厂家摘要+厂家签名+使用更新认证信息(包括内置软件版本升级、保养、维护、检测信息等)用 SHA256 方式生成设备摘要,再将设备摘要以设备密钥 EKpri 加密生成设备签名,再在设备中保存相关认证信息+厂家摘要+厂家签名+使用更新认证信息+设备摘要+设备签名,可直接访问。

认证时可以访问智能终端获取设备公钥,通过解密得到原设备摘要,与已有的明文设备摘要进行验证,无误后则再从厂家的远程接口中获取厂家公钥,同样经过第二道验证后,即可认可相关认证信息。

将相关认证信息,使用更新认证信息与设备进行对比即可。

②区块链认证

认证用的手持终端与设备(区块链接口模块)一起登记在认证区块链中(可以是单独通道),查询当前状态获取认证区块,再结合设备将保存有相关认证信息的区块,由设备密钥解码,并将上一步的二次签名信息发送到手持终端上,即可获得相关认证信息。

该认证方式与上一认证方式是不需要访问厂家的远程接口的,但需要设备联网操作。

以上两个认证方式,当有重大更新时,如内置软件版本升级、系统大维护、大保养等,都可以再生成新的相关认证信息,可以分别存放。

(2)应用过程认证

当设备(如火灾自动报警系统)出现火情报警时,可记录时间,也可以生成区块,并进行相关的广播;当报警完成时,也可以记录时间,也可以生成区块,或者将整个过程在结束时统一生成一区块,进行广播。

通过区块链方式发布整个过程,可以记录在责任管理中,整个过程记录有效。

11.4.3 人工智能设备与责任人的关系

在原电路中置入区块链接口模块(可以是软件方式),可以获取智能摄像头生成的数据(如人脸识别结果、行为识别结果等数据)。同时生成一个非对称密钥对EK(EKpub,EKpri),其中密钥EKpri只在本地保存,用于系统的认证,公钥EKpub则可以直接被访问。

(1)认证有两种方式,一种是厂家认证;另一种是区块链认证。

①厂家认证

厂家认证是通过厂家签名+设备签名这两重签名方式来实现。厂家自身的MK(MKpub,MKpri)将相关认证信息(包括产品型号、序列号、认证信息、出厂日期等验证信息,还可以包括照片等)用MD5256等方式生成摘要(厂家摘要),厂家摘要以厂家密钥MKpri加密生成厂家签名,同时再将相关认证信息+厂家摘要+厂家签名+使用更新认证信息(包括内置软件版本升级、保养、维护、检测信息等)用SHA256方式生成设备摘要,再将设备摘要以设备密钥EKpri加密生成设备签名,再在设备中保存相关认证信息+厂家摘要+厂家签名+使用更新认证信息+设备摘要+设备签名,可直接访问。智能摄像头认证数据示例见表11-7。

表 11-7　　　　　　　　　智能摄像头认证数据示例

项目	示例数据	备注
相关认证信息	品牌:大华 型号:CD01010101 序列号:8203490234234980 认证信息:UL210238 出厂日期:2017-1-8 芯片:华为海思×× 内嵌软件版本号:V1.1 智能识别模型:TensorFlow 公安认证许可号:201620283830 ……	—
厂家摘要	48a2d83a523893ead43787e8eb3edd0d315d2f860f68c2f7ecbf57d96fe87c12	SHA256(示例) 图11-1

(续表)

项目	示例数据	备注
厂家签名	MEUCIQCpSOMWjSQtuCaRNPus8ukUwQ55c7HEc5Tx28al2zYg7wIgbKTtGEFoOZCtlxtT0gh08vhMJ0CO6on2juX4uTD7Wg0＝	椭圆曲线签名（示例）
使用更新认证信息	2017-3-10　内嵌软件版本升级为：V1.2 2017-7-10　半年检查，完好	—
设备摘要	1b9e78f28e296f070db4f415edd2091989d7125d60b77ec38140114db35ebe1f	SHA256（示例）图11-2
设备签名	sdiURi3282iosDfji8r23l4j23o4uelrjq92riquweriulksajfd88bidfahiQweriTo2uq34uoiwaruiower8IoweDSijo38lifiqwerijjSFIoiq	椭圆曲线签名（示例）

认证时可以访问智能终端获取设备公钥，通过解密得到原设备摘要，与已有的明文设备摘要进行验证，无误后则再从厂家的远程接口中获取厂家公钥，同样经过第二道验证后，即可认可相关认证信息。

将相关认证信息，使用更新认证信息与设备进行对比即可。

②区块链认证

认证用的手持终端与设备（区块链接口模块）一起登记在认证区块链中（可以是单独通道），查询当前状态获取认证区块，再结合设备将保存有相关认证信息的区块，由设备密钥解码，并将上一步的二次签名信息发送到手持终端上，即可获得相关认证信息。

该认证方式与上一认证方式是不需要访问厂家的远程接口的，但需要设备联网操作。

以上两个认证方式，当有重大更新时，如内置软件版本升级、系统大维护、大保养等，都可以再生成新的相关认证信息，可以分别存放。

(2) 应用过程认证

应用过程认证有两种方式，一种是设备认证；另一种是认证后置入区块链。

①设备认证

设备认证是通过设备签名方式来实现的。将相关认证信息＋厂家摘要＋厂家签名＋智能识别结果（包括时间、识别结果、识别过程等）用SHA256方式生成设备摘要，再将设备摘要以设备密钥EKpri加密生成设备签名，再在设备中保存相关认证信息＋厂家摘要＋厂家签名＋智能识别结果＋设备摘要＋设备签名，可直接访问或发送到相关系统中（用于集成或互换）。智能摄像头识别结果数据示例，见表11-8。

表11-8　　　　　　　　智能摄像头识别结果数据示例

项目	实例（示例数据）	备注
设备名称	人脸智能识别摄像头	可以在上面认证品牌等
识别结果区块数据	时间：2017-3-1　10：10：05 人名：张为健 …… 照片数据：fdsi238239237sd9f9af9jhsaf…	可以以结构化数据方式进行互信交换

认证时可以访问智能终端获取设备公钥，通过解密得到原设备摘要，与已有的明文设

备摘要进行验证,无误后则可以认可智能识别结果。如果进一步需要厂家认证,则可以从厂家的远程接口中获取厂家公钥,同样经过第二道验证后,即认可相关认证信息。

②认证后置入区块链

当设备有智能识别结果时,区块链通过对设备和厂家的认证,才能将智能识别结果、时间和认证内容生成区块,并进行广播。智能识别的视频可以不保存;或在认证后,访问摄像头内存,并将摄像头的内存(采集的图像、视频信息)在区块链中进行保存或共享。

该认证方式与上一认证方式是不需要访问厂家的远程接口的,但需要设备联网操作。

(3)学习机制的认证

由于学习机制不同,识别效果也会有区别,可以对学习机制进行区块链登记。人脸识别智能摄像机,通过各种训练数据,经过多层隐形特征的统计分析,可以得出所识别的人脸特征值,并通过测试样本的结果准确值测试,即认可智能摄像机的正常应用。智能摄像头学习过程及训练数据示例见表11-9。

表11-9　　　　　　　智能摄像头学习过程及训练数据示例

项目	实例(示例数据)	备注
设备名称	人脸智能识别摄像头	可以在上面认证品牌等
学习过程网络	网络模型:TensorFlow 层数:5层 输入:不同表情的人脸 输出:识别相关特征(一旦匹配,则可以给出人名) 中间隐形特征:图形轮廓、尖点、测量点、距离、多特征距离积	—
训练数据	训练数据标准集 输入:标准的几万张人脸库 输出:识别相似人脸(孪生)能力,准确率(或智商度)	—

为了认证此学习机制,并结合到智能摄像机的应用结果中,可采用以下两种方式来进行:

①设备认证

设备认证是通过设备签名方式来实现的。将相关认证信息+厂家摘要+厂家签名+深度学习机制信息(包括训练机制信息和测试机制信息等,训练机制信息包括训练数据、学习层次、相应训练参数、特征值集、结果、学习前后的相关数据变化等;测试机制信息包括相关测试样本、结果和准确值等)用SHA256方式生成设备摘要,再将设备摘要以设备密钥EK_{pri}加密生成设备签名,在设备中保存相关认证信息+厂家摘要+厂家签名+深度学习机制信息+设备摘要+设备签名,可直接访问或发送到相关系统中(用于学习能力的评估和认证)。

认证时可以访问智能终端获取设备公钥,通过解密得到原设备摘要,与已有的明文设备摘要进行验证,无误后则可以认可学习机制信息。如果进一步需要厂家认证,则可以从厂家的远程接口中获取厂家公钥,同样经过第二道验证后,即认可相关认证信息。

②认证后置入区块链

当设备出厂、更新或实现新的学习机制时,区块链通过对设备和厂家的认证,才能将深度学习机制信息、时间和认证内容生成区块,并进行广播,用于学习机制的评估和认证。

该认证方式与上一认证方式是不需要访问厂家的远程接口的,但需要设备联网操作。

另外由于智能摄像机可以有多种学习机制,比如用于人脸识别、手写字识别、其他特殊图像特征识别,因此可以有多种深度学习机制信息的存储、认识等。

(4)数据交易

通过对应用认证过程和学习机制的认证来实现所有权和使用权的商业化,可以评估或给出大致的估价,实现设备间、软件与设备间的商业交易过程。

交易的内容可以包括摄像头采集的数据(过程数据),以及摄像头本身的技术情报项目(图像压缩技术、自动聚焦技术、光强自适应技术等),在认证完成后,即获得交易条件(如价格),同意交易条件才能获得智能终端的过程数据、或技术情报项目等。

①交易过程的设备认证

交易过程的设备认证是通过设备签名方式来实现的。将相关认证信息+厂家摘要+厂家签名+价格信息(包括智能识别结果的价格、深度学习模型的价格和测试价格)用SHA256方式生成设备摘要,再将设备摘要以设备密钥EKpri加密生成设备签名,再在设备中保存相关认证信息+厂家摘要+厂家签名+价格信息+设备摘要+设备签名,可直接访问或发送到相关系统中(用于智能成果的交易)。

认证时可以访问智能终端获取设备公钥,通过解密得到原设备摘要,与已有的明文设备摘要进行验证,无误后则可以认可价格信息。如果进一步需要厂家认证,则可以从厂家的远程接口中获取厂家公钥,同样经过第二道验证后,即认可相关认证信息,并获得交易条件,若同意交易,付费后即可获得相关交易项目,例如过程数据、技术情报项目等。

联网购买时,可以选择该设备以上信息的单次或多次购买,再实现电子支付。这样完成智能识别过程、深度学习模型和测试过程数据等各种数据的交易。

另外该设备通过测试数据的比较,可以发现更好的深度学习模型,也可以选择其他智能程度更高的深度学习模型或测试过程数据,并进行电子交易。

②交易过程的区块链

用户在同意或拒绝交易条件时,即生成交易信息,包含价格信息、时间和认证等内容,构成合约,并生成区块、广播。

联网购买时,可以选择该设备以上信息的单次或多次购买,再实现区块链式的电子交易。这样通过区块链货币完成智能识别过程、深度学习模型和测试过程数据等各种数据的交易。

另外该设备通过测试数据的比较,可以发现更好的深度学习模型,该设备也可以选择其他智能程度更高的深度学习模型或测试过程数据,并进行区块链式的电子交易。

该认证方式与上一认证方式是不需要访问厂家的远程接口的,但需要设备联网操作。

图 11-1　生成 SHA256 摘要（厂家信息）

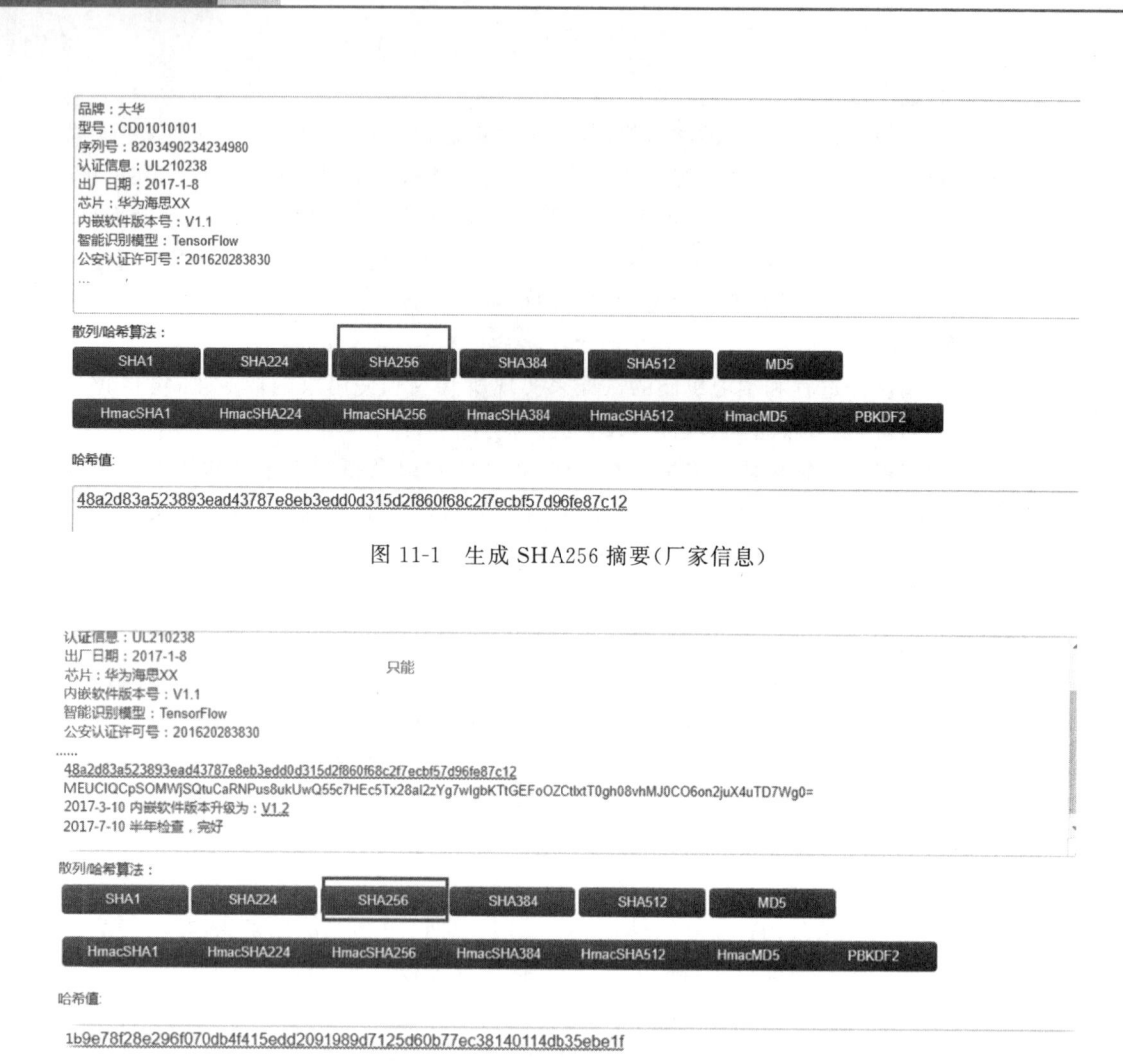

图 11-2　生成 SHA256 摘要（厂家信息＋内嵌软件信息）

第 12 章

人工智能责任计算

人工智能将极大地影响人类社会,如何建立人工智能在人类社会中负责任的应用机制,才能使人工智能应用风险被大众所接受,使得人工智能时代真正到来。

12.1 人工智能和机器智能

12.1.1 责任信息化的五级架构

信息域是认知域的重要基础,信息域可以分成如图 12-1 所示的五层,从数据层到信息层、知识层、智能层和精神层,代表的技术分别是大数据、区块链、机器智能、人工智能和强 AI(强人工智能)。其中机器智能、人工智能和强人工智能,通常被称为人工智能。

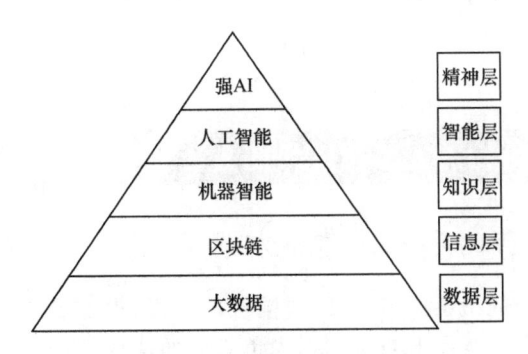

图 12-1 信息域的层次模型

所以大数据、区块链、人工智能将直接影响认知域,从高应用层面上看,区块链、人工智能基本就形成了信息域的主要内容。

如图 12-2 所示,人工智能、区块链是影响认知域的最重要的两部分,其中人工智能解放了生产力,而区块链则解决了生产关系。

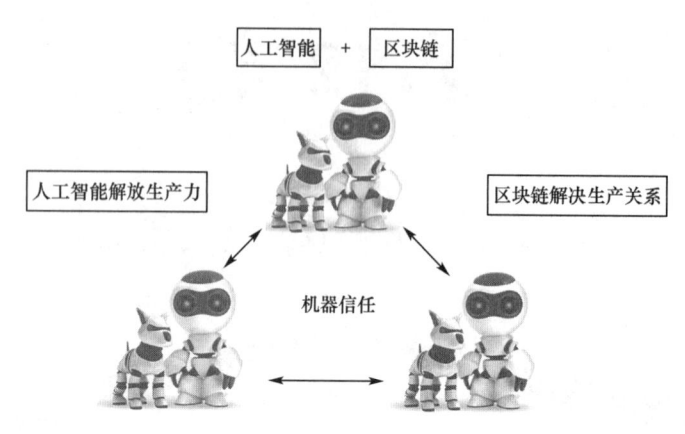

图 12-2　人工智能、区块链对认知域的影响

12.1.2　人工智能和机器智能的区别

在图 12-1 中可以看出,人工智能和机器智能是属于不同层面的。责任管理中将有责任行为的称为人工智能,而无责任行为的称为机器智能。

可以认为能被问责或部分问责的就是人工智能,而无法被直接问责的是机器智能。所以我们也称人工智能的核心技术为责任智能。

责任智能可以确定人工智能的担责能力,能形成与人的协同能力、信任能力,以及可以被有效问责,也可以成为人工智能的协同能力。

12.1.3　区块链和人工智能的互补

区块链更多的是用于确定的一面(或显性信息),而当前的人工智能更多的是如何将不确定的一面转化到确定的一面。即人工智能将隐性的信息转变成显性的信息,然后再通过区块链固化成为共识的信息。

这样也形成了区块链和人工智能的互补。

12.2　有责任行为的人工智能机器人

12.2.1　责任行为和人工智能机器人

责任行为是人工智能机器人自主性、协同性的一面,也是需要有法律适用性的一面,也就是说人工智能机器人需要对自身的行为负必要的法律责任,且相应的受害人可以对人工智能机器人有追责的权利。

强人工智能机器人还将有一定的创造力,比如为未知风险进行认知拓展的能力以及为这些创造力担责的验证能力。

12.2.2　人工智能机器人责任设计

人工智能机器人应用时存在以下问题:

①制造商范围大,包括代码编写者。
②产品线长,包括制造者、代码更新者、用户。
③产品的检验要求高:
- 需要对不良数据的风险管控。
- 需要对用户安全风险管控提示,有些无法用人工监督方式。
- 需要对网络安全漏洞风险的管控。
- 需要对人类心理影响的风险管控。
- 需要对软件升级的风险管控。
- 需要对利益链上的前后风险提醒(尤其是前利益方对后利益方)。

④利益链(价值链)复杂:
- 涉及产品的设计人、供应商、集成商、数据提供方、定制方、维护人员等。

⑤追责的举证:减少受害者举证义务。
⑥责任调查:可以对算法、数据进行公开、专业分析(调查的充分性、公开性、重现性和改进的容错能力)。

针对以上问题,需要有相应的问责机制,如图12-3所示是实现责任智能的技术对策,需要对数据提供方、算法设计方、设备集成方等进行不同的问责设计。这些涉及人工智能治理的范围,甚至是将人工智能的可解释认知阶段带入责任信任、责任智能认知阶段,涉及面较广,有兴趣的读者可以联系作者进一步沟通,本书不详细展开。

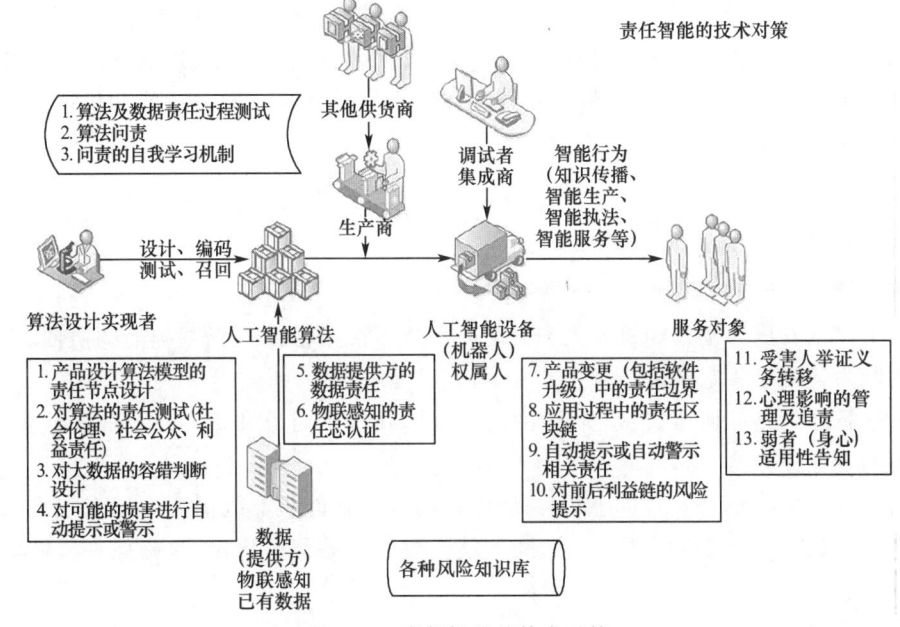

图 12-3 责任智能的技术对策

12.2.3 具身性和责任行为

由于人工智能机器人会被追责,因此该机器人具有一定的身份称为具身(至少是法理上的身份)。至少具有一定的民事能力,即赔偿能力。

关于刑事的能力和依据目前都还欠缺,所以具身能力也是需要在有限问责集下的。我们也将此种具身称为有限问责具身。

以下实例是用人工智能机器人替代消防控制室值班人员,进行全过程问责式产品验证或管理。值班人员的静态主体责任有:

(1)每一次报警都要通知人员现场确认,电话、对讲机逐级通知确认。

(2)对现场确认后的情况进行处理,如果是火警则需要按火警进行处理;如果是误报,则对报警主机进行消音或复位,并确认。

(3)对故障进行相应的通知,并及时跟进。

(4)语音处理一些电话报警求助。

(5)保持台面的干净整洁,检查室内卫生情况,及时对扫地机器人进行通话要求打扫。

值班人员的动态主体责任有:

(1)接受相关岗位的查询要求,并将查询的结果及时上报。

(2)通过会责上报每日工作情况,尤其是故障情况及故障的修复情况。

(3)通过会责接受问责的情况,并实现任务执行能力的提升。

以上责任形成相应的执行结果,并进行评估,按分值汇总,结合值班期间的监管责任的评估,以验证阶段性的尽职尽责程度。

一旦人工智能机器人有升级,也可以对比升级前后的尽责能力。同时对机器人的问责还会涉及机器人算法设计商、数据来源商(火灾报警主机)、机器人各控制部件供货商、机器人设计商(尤其是健康自检)、机器人集成商、机器人维保商等的相关责任。

动态问责的过程也可以直接设计到人工智能机器人的算法中,以实现对担责能力的更好的学习,也可以对不同价值链的责任实体进行有效问责。同时也能和价值链共享尽职尽责带来的权利。

12.3 人机协同和责任智能

以上可以看出人工智能机器人和人之间形成了民事法律责任基础上的协同,即人机协同的能力达到了一定的地步。

责任智能就是如何授权、担责和相关的设计,在权责对等和责利对等的设计上,来执行相关的责任任务。

当以人工智能机器人为主协同时,所设计的人工智能机器人需要有动态权力系数和动态责任系数的对等变化情况。一旦失衡就需要有动态调整机制,以确保人机协同机制的可靠性。

责任智能就是这一过程,它不光是权责细化,而且是动态的时间化,即权责的时空可控能力。

当创造力大的时候,其破坏力也足够大,而人机协同需要有一个人文正向和逆向影响的考虑,所以这就涉及责任智能和责任意识智能的协调问题。

责任智能也实现如图 12-3 所示的责任归位、问责智能计算。

12.4 责任意识的智能化

需要对责任边界进行智能判断来实现一定的责任意识,即能自动学习风险辨识、自动学习分级风险、自动设计风险责任管控、自动跟踪责任履行、自动评估履责风险。一旦能理顺这些内容,也就实现了责任意识的智能化。

12.4.1 现象哲学和责任意识

现象哲学需要一个身体,即将智能归于具身化的智能体,也就是其行为能够在同周围环境的相互作用中被观察到的真实物理系统。比如具身人工智能设计的智能体都有一个物理身体,包括传感器(如摄像头)、驱动器(如滚轮)、能源、材料等。该智能体通过具身化程度的提高,使得过程的控制变成一种类似于生物行为的反应,这样原有的过程控制的计算量就在减少。

同时智能体对环境表现为自适应,即智能的非表征性、具身性,在世界中的存在让整个智能体得以细节化和具体化。

在现象哲学的基础上引入认知管理,即智能的非表征性、具身性,在世界中的存在还要向责任素质评估转变,对智能体的责任意识、责任能力、责任行为进行评估,相对而言责任行为的评估则相对可以弱化。

这样,将现象哲学和责任意识结合,形成一个更有意义的研究和实践。

12.4.2 责任意识的层次和智能计算

一旦某一领域的风险辨识、风险分级、风险管控等方面能自动更新得比人类还到位,那责任意识的等级(或层次)在一定程度上就会超过人类在该领域的责任意识等级了。

进而可以从一领域到更全面的领域进行扩展,实现比较通用的责任意识能力,则整个智能计算也上升到了一个更高的层次。

相关的智能计算可以参考前面章节。

12.5 智能认知和强人工智能

随着人工智能逐步朝着人机协同的角度提升,同时也会产生需要有创造力的通用型人工智能和强人工智能,而创造力的分类也会产生,如果把创造力进行评分(0~100分),则可按如下分类(需要说明的是:由于分类中的边界模糊,所以分值也会有交叉):

- (70~99分)多头协作的责任智能网络(基于价值链的权责自动动态制衡)
- (60~80分)主动组团创造价值链,且风险主动可控
- (30~75分)主动任务优化,提升认知空间
- (10~60分)任务自动责任化
- (8~50分)发现深藏的风险(问题)
- (3~10分)因果认知学习及突破

- (0~5分)深度学习

所以需要构建新的认知空间,以表征创造力的能力。将这一认知空间称为智能认知,需要涉及不同认知的边界的表征,以及创造力的判别标准,这将是另一个复杂话题,涉及对哲学问题的分析,以及可能的新哲学的开创。这将极大地超出了责任信息学的范畴,所以本书不做展开。

第 13 章

责任文化及文化智能

文化的能量是巨大的,所以有必要对文化进行量化,如何才是科学的量化文化的方法?量化后的文化怎么产生更智能的影响?

13.1 可量化的责任文化

责任心是竞争力、凝聚力,责任心越强,损耗越低,失败越少,希望越大。责任文化是企业文化的重要组成部分,是提高企业执行力的有效途径,是企业"软实力"的核心内容,也是企业持续发展的重要基础。

以下均可以体现在责联网中,也可以体现在责任制的日常管理中。

(1)责任文化建设要以人为本

人的因素是各项工作的基础,也是责任文化建设中不可忽视的重要因素。

首先,责任文化建设要以共同的价值理念凝聚人心。共同的价值理念可以为责联天下、利谋万众。

其次,责任文化建设要调动全员积极性。从高层、中层到老员工形成示范效应。

再次,责任文化建设要贴近实际、贴近员工。

最后,责任文化建设要在企业内部营造一种和谐的氛围,让员工心情舒畅,乐于奉献。

(2)责任文化建设是提高执行力的重要途径

责任文化建设要从自我做起;责任文化建设要从细节做起;责任文化建设要从不找借口做起。

(3)责任文化建设的关键是分层次落实责任

在责联网中,体现责任意识、责任能力、责任行为,评估责任成果。

(4)责任文化的动态性

正确的管理需要不断地见效或达成目标。

13.2　干部及员工责任评测边界及培训课程

责任综合包括责任意识、责任能力、责任行为和责任成果,责任素质分＝责任意识分＋责任能力分＋责任行为分,责任成果分即责任成果评估的分值。责任综合评分按满分100分制,其中责任素质分为52分,责任成果分为48分,但责任成果分可以突破48分。

对责任的综合评分标准,要求CEO责任素质分在45分以上,为了实现管理上的有效衔接,要求中、高层的层次(责任素质分)都不能太低,否则会影响公司的执行力。

为让企业更好发展,需要定义员工、干部责任素质的评测边界及成长边界。

高层干部:责任素质分＞42分,且责任成果分年度＞45分,年度目标(分值完全达到目标要100分)＞90分。

准高层干部:责任素质分＞40分,且责任成果分年度＞42分,年度目标＞84分。

中层干部:责任素质分＞32分,且责任成果分年度＞42分,年度目标＞84分。

准中层干部:责任素质分＞30分,且责任成果分年度＞40分,年度目标＞80分。

普通员工:责任素质分＞22分,且责任成果分年度＞40分。

实习生(学生):责任素质分＞15分。

招聘人员:责任素质分＞20分,但责任行为很难通过面试得知,所以可以要求责任意识分＋责任能力分在14分以上;始业培训必须按规定进行,要求培训后责任素质分＞22分。

责任素质分每三个月打分,评估表可参考13.4节,责任成果分每半年一次。素质分有降低的需要查清原因并针对性管理。

始业培训教材:

1.普通员工版

(1)风险原理

(2)制度手册

(3)责联网原理

(4)业务培训:责联网工作手册,不同的岗位培训内容不同

(5)业务培训:不同岗位的不同法律责任、道德责任

(6)风险管控

2.中级干部版

(1)大数据思维和制度管控

(2)数字经济和责联网在中间的定位

(3)营销与成事

3.高级干部版

(1)责任信息学

(2)责任智能

13.3 责任综合评分依据

责任综合包括责任意识、责任能力、责任行为和责任成果,责任素质分＝责任意识分＋责任能力分＋责任行为分,责任成果分即责任成果评估的分值,是一个岗位或一个组织的管理上的竞争力,也是责任文化普及的依据。

在人力资源方面,还需要准备相应的培训教育内容,以及责任文化方面的全面普及。以下是各评分依据或等级:

1.责任意识等级(12级,12分)(表13-1)

表13-1　　　　　　　　　　　责任意识等级

等级	责任意识评判条件	评分标准
1级	责任与我无关,我不懂	说不出任何与自己有关的责任(0~1分)
2级	责任与我无关,我只做好我的基本工作	说不出责任,只懂自己要做什么(2分)
3级	部门责任与我无关,但我只做好我的工作	只关注自己的事情,没有集体组织责任(3分)
4级	部门责任与我有关,我要做好我的工作,也要兼顾部门的要求	会考虑部门内的风险(4分)
5级	公司责任与我无关,我只做好我自己和部门的工作	部门内的风险考虑比较周全(5分)
6级	公司责任与我有关,我要做好自己的工作,而且要完成领导交办的任务。	会考虑公司发展的风险(6分)
7级	公司责任与我有关,领导交办我的任务很难,也要独立去完成	公司发展的风险和部门、个人的风险能结合在一起(7分)
8级	行业发展的责任跟我有关系,我做好行业发展的工作,也兼顾了公司、部门和个人的要求	对行业综合风险的理解(8分)
9级	我要保证对行业的领头羊式发展	对行业综合风险发展有深入的理解(9分)
10级	国家发展的责任跟我息息相关,要为社会和国家的进步发展做贡献	对社会的发展风险有深入的理解(10分)
11级	人类发展的责任跟我息息相关,要为人类的进步发展做贡献	对人类社会的发展风险有独到的见解(11分)
12级	认知水平突破人类的认知边界	不断突破认知边界(12分)

2.责任能力(10级,20分)

责任能力主要是有没有成事、成难事的能力,以及有效的过程沟通能力。即是否具备以下能力:风险辨识、风险点无遗漏、各风险有效过程管控、风险管控学习提升等。

对人事部门来说,需要列出不同能力的培训教材,包括刚招进来的员工的定级培训。

具体等级见表 13-2。

表 13-2　　责任能力等级

等级	责任能力评判条件	评分标准
1 级	①没有风险辨识概念； ②完全没有成事的理念； ③对（客户、领导、任务）有效的要求没有任何回复、响应	0~3 分
2 级	①有风险辨识概念，风险点梳理齐全能力比较弱，没有风险管控能力和提升能力； ②基本没有成事的理念； ③对（客户、领导、任务）有效的要求偶尔有回复、响应，但不是积极响应	2~5 分
3 级	①风险辨识能力较弱，具备一定的风险点梳理能力和管控能力，但没有风险提升能力； ②稍有点难度的事情无法完成； ③对（客户、领导、任务）有效的要求有响应，响应情况不乐观，以抱怨为主	4~6 分
4 级	①有一定的风险辨识能力，风险点梳理齐全，能力较强，风险管理能力一般，但风险提升能力较弱； ②稍有点难度的事情做不好，岗位问题频出； ③对（客户、领导、任务）有效的要求有响应，响应情况一般，但能基本罗列出问题	6~8 分
5 级	①有较强的风险辨识能力和风险点梳理能力，风险管控能力较好，风险提升能力一般； ②岗位问题多，处理不到位； ③对（客户、领导、任务）有效的要求有响应，响应情况一般，但能基本罗列出问题	7~10 分
6 级	①有非常强的风险辨识能力和风险点梳理齐全能力，风险管控能力较强，风险提升能力较好； ②岗位问题较多，处理勉强到位； ③对（客户、领导、任务）有效的要求响应强，响应情况基本过关，对问题的沟通能力比较强	9~12 分
7 级	①有很强的风险辨识能力和风险点梳理齐全能力，风险管控能力较强，风险提升能力较好； ②岗位问题较少，善于解决问题，处理基本到位； ③对（客户、领导、任务）有效的要求响应强，响应情况过关，对问题的沟通能力强	11~14 分

(续表)

等级	责任能力评判条件	评分标准
8级	①理论水平较高,是该行业的风险辨识、风险管控多年行家; ②岗位问题基本没有,处理很到位; ③对(客户、领导、任务)有效的要求响应强,能做成难事,学习和领悟能力强	13~16分
9级	①理论水平高,是该行业的风险辨识、风险管控专家; ②岗位预警能力强,对模糊风险有极强的处置能力; ③能做成行业领先的难事	15~18分
10级	①理论水平领先,是多个行业的风险治理专家; ②岗位预警能力强,对不可预知风险也有极强的处置能力; ③能做成多个行业领先的难事	17~20分

3.责任行为(20分)

是否把责任当成良好的习惯,让执行力到位、工作反馈和沟通到位、学习思考等变成常态,是否有自我驱动及更高等级的责任行为。

责任行为等级见表13-3。

表13-3　　　　　　　　　　责任行为等级

等级	责任行为评判条件	评分标准
1级	①事不关己,高高挂起; ②屡次违反公司管理制度;工作无计划性;部门工作效率低; ③与同事或客户无法合作,并不支持及维护团队的决定	0~3分
2级	①仅限于工作本身履行职责;无合理化建议; ②偶有违反公司管理制度的现象;工作缺乏计划性;部门工作效率低; ③在团队决定与个人意识相抵触时不能服从大局	2~5分
3级	①工作仅局限于职责本身,考虑本部门多于公司整体利益;极少对工作中的问题进行思考,少有建议; ②基本能够执行公司各项管理制度;工作计划缺乏可行性,无跟进;部门工作效率较低; ③参与、接受并支持团队的决定	4~8分
4级	①不拘泥于工作本身;工作一丝不苟,尽心尽力,有始有终;偶尔会对工作中的问题进行思考,提出建议; ②基本能够贯彻执行公司各项政策及管理制度;有可行性工作计划,计划落实有偏差;部门工作效率一般; ③与同事及客户合作热忱,参与、接受并支持团队的决定	7~12分

(续表)

等级	责任行为评判条件	评分标准
5级	①不拘泥于工作本身,心怀公司全局;懂得本职工作对部门及对公司整体运作的重要性,经常对工作中的问题进行思考或深入探讨,提出可行性建议或方案; ②能正确理解公司的各项政策及管理制度并严格执行;有可行性工作计划,计划有落实;部门工作高效、有序、有条理;有执行并及时回复、沟通顺畅,效果明显; ③与同事及客户有效合作以达共同目标,善于识别各种干扰因素,并将其及时排除,充满工作激情,为团队决策提供有利于达标的做法	11~15分
6级	有做事的自我驱动: ①做事有一种拼劲,做事追求成就感; ②遵守公司的政策和管理制度; ③能促进责任文化的落实,能较好地识别人员的责任综合能力强、弱	14~18分
7级	有做事的使命感: ①做事特别拼; ②对公司的政策和管理制度,严于律己; ③能拉动责任文化,善于对责任综合力强的人进行奖励,对责任综合力差的人员进行问责、追责	16~20分

4.责任成果(原则上为48分,可以超过48分)

责任成果反映的是工作计划的达标情况,为了体现成果思维,不采用等级方式,而采用数学量化公式,即有好结果的执行才有价值:"做了×100=0,做到×1=100。"责任成果评分依据见表13-4。

表13-4   责任成果评分依据

等级	责任成果评判条件	评分标准
量化、不分级	①按阶段目标完成进度和比例来核算 ②难度系数(完成计划的难度评估,以部门中最难的为1,其余按比率减小) ③自主能力体现程度(自占部分越高,越大,如果自占部分占一半,且难度与其他相当,则系数可以是2) ④成果影响力系数(按各目标的影响力加系数) ⑤工作年限(按达标的每年加0.05,未达标的每年加相应的比例,比如在某公司工作满10年,每年都达标,则为1.5,原则上不超过1.5,超过更应该在成果影响力上评估)	完成比例×0.48×难度系数×自主能力体现程度×成果影响力系数

13.4 全视人力资源水平评估表

(一人一档)　　评审日期：

姓名	—	部门	—
职务	—	职称(内部)	—
责任意识部分			
责任意识等级	—	最终定级	—
评分正面依据	—	—	—
评分负面依据	—	—	—
提升建议			
责任能力部分			
责任能力等级	—	最终定级	—
评分正面依据	—	—	—
评分负面依据	—	—	—
提升建议	—		
相应的培训建议	—		
责任行为部分			
责任行为等级	—	最终定级	—
评分正面依据	—	—	—
评分负面依据	—	—	—
提升建议	—		
责任素质分	—	任职等级	—
责任成果部分			
目标完成比例	—	自主能力体现	—
难度系数	—	成果影响力系数	—
工作年限	—	责任能力分	—
建议部分	—		
汇总总分	—		
汇总排名	—		

13.5 评估及提升

对一个岗位或一个部门如何做到有持续性的评估和引导非常重要,这将决定岗位或组织能否良性发展。一般来说评估及提升需要重在挑战性目标(事宜)上,如果每年能完成更高难度的目标,就可以验证相关岗位的责任素质的提升;如果完成的目标越来越简单,责任素质就会下降。

所以每次制定合理的目标也有助于各岗位和各单位的责任型组织的打造。

1. 挑战性事宜

从风险是否齐全、关键风险是否考虑、过程中把控能力的情况、变化情况来实现责任意识的评估,见表13-5。

从风险的应对办法、后续可持续性考虑、完成程度、目标情况来评估责任能力。

表 13-5　　　　　　　　　　有挑战性目标的评估

事宜	目标	完成程度(独立、主导)	风险及应对办法	后续可持续性	备注
蓝海创新	形成一种新的商业模式	主导	1.技术壁垒(梳理出独特的技术点,使得开发的产品有行业领先性); 2.规模成本控制(需要采用非标准化转标准化的技术机制,来从产品角度实现); 3.样板工程的营建(从行业中有影响力也想做成些事情的用户着手); 4.市场推广风险(需要营销人员体系、实施人员体系化); 5.推广成本可控(需要将营销、推广、用户应用更好地标准化)	1.高端行业市场推广、高端客户推广; 2.吸纳有抱负的人才; 3.建立正向激励机制	—
××市场开拓	有与××合作的可能	主导	1.××人员不接受(需要及时调整,准备要充分,要有较强的换位思考能力和多几条路的思考); 2.××人员接触不上(需要有意识地从行业协会、朋友介绍等来寻找时机); 3.长期性、持续性	1.可以说市场的行业源头; 2.需要运作更大的项目和系统; 3.可以推广到所有××	

2. 前后对比

对于表13-5,可以量化展示每个评估周期的履责数据,再从事中的行为数据中来评估责任行为,从结果中评估出责任成果。

这样可以较好地反映出一个岗位或一个组织在不同时期的责任素质和成果的变化情况。

13.6 文化智能

提供一种人力资源的文化智能评估系统,如图13-1所示。

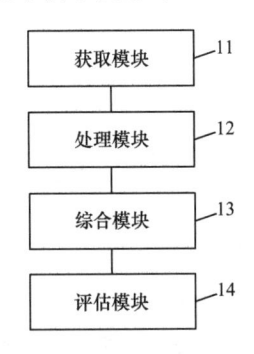

图 13-1 文化智能评估系统

获取模块11,用于获取与用户岗位职责相关的履责信息。

处理模块12,用于基于风险层次的责任评估,深度学习模型对获取的履责信息进行处理,输出与履责信息相对应的责任素质评估结果、责任成果评估结果以及与责任素质评估结果、责任成果评估结果相对应的责任素质的分值、责任成果的分值。

综合模块13,用于对用户的责任素质分值与责任成果分值进行计算,得到用户的综合分值。

评估模块14,根据得到的综合分值对用户进行评估,得到评估结果。

在获取模块11中,获取与用户岗位职责相关的履责信息。

获取用户履行的与岗位相关的责任信息,如消防员接到火警后进行灭火处理,当消防员到达现场,需要先判断室内是否有人员,需要用哪种灭火工具灭火等,这些都属于用户的履责数据。

例如,以公司以及公司员工为例具体说明:员工在面试时,需要对当前员工的责任素质进行评估,则通过该员工所要面试的工作、岗位等信息获取该员工的履责信息。

在员工任职期间,不仅对员工的责任素质进行评估,还需要对该员工的责任成果进行评估,通过该员工对于所处的岗位信息来获取该员工的履责信息。

获取的履责信息是公司员工从面试到离职的分值阶段均会获取。

面试时的履责信息主要是对责任意识、责任能力进行面试,通过面试后再测试责任行为。

在处理模块12中,基于风险层次的责任评估,深度学习模型对获取的履责信息进行处理,输出与履责信息相对应的责任素质结果、责任成果评估结果以及与责任素质评估结果、责任成果评估结果相对应的责任素质的分值、责任成果的分值。

基于风险层次的责任评估深度学习模型详细说明。

如图13-2所示为风险层次的责任评估深度学习模型,包括输入层、隐藏层以及输出层。

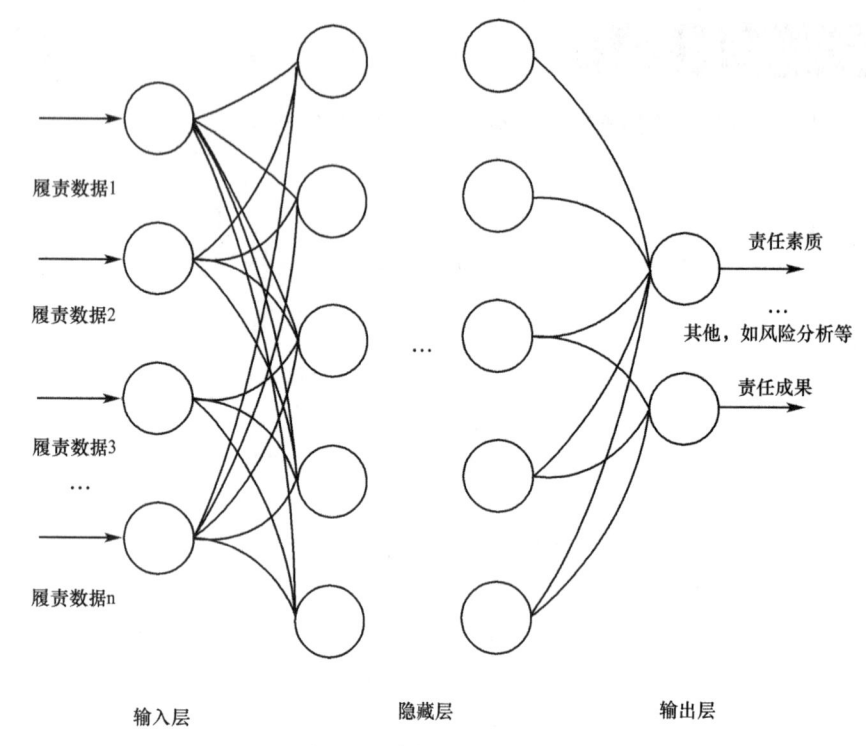

图 13-2　责任文化深度学习模型

输入层，用于输入与用户岗位职责的相关责任信息的履责数据。

隐藏层，用于将输入的履责数据进行分解，得到风险层、责任分析层。

输出层，用于根据风险层、责任分析层输出责任素质评估结果、责任成果评估结果、责任风险评估结果以及责任风险评估结果。

输入层为各岗位或各部门的履责数据。隐藏层（简称隐层）有风险层、责任分析层，各隐层还可以细化，比如法律风险又分刑事风险层、民事风险层、行政党纪风险层；刑事风险层还可以再细分，比如安全生产刑事层、消防刑事层、民法刑事层等；责任分析层也可以细分为风险责任设计层、责任管控层、责任管理层等；责任管理层可以再细分为责任意识层、责任能力层、责任行为层等。输出层主要是责任素质和责任成果评估，另外还可以有风险评估等可以输出。

例如，消防员的履责数据输入深度学习模型中后，模型自动根据履责数据进行判断，如针对消防员对该火警的处理结果是否正确，选用的工具是否合适等进行判断，并结合风险层以及责任分析层给出履责信息相应的结果，结果包括责任素质结果、责任成果评估结果以及责任风险评估结果。

责任素质信息包括责任意识信息、责任能力信息和责任行为信息。

责任意识信息指的是风险面扩大的内心评估，比如个人、家庭层面主要是法律风险、个人或家庭风险、岗位风险；部门层面则需要增加部门发展风险；单位层面还要增加单位发展风险；社会层面则要增加社会发展风险；人类层面则有人类发展风险。当然不同层面的侧重点也会有所不同，之前的风险很可能不是扩大后风险的基础。

责任能力信息是对以上风险的辨识、分析、分级、管控的综合能力，在成事的过程中不至于让以上风险变成隐患（会有事情不成的可能）、隐患不发展成事故（无法成事）。事情的难度系数可以按风险的多少来评判，成事的难度、效果则代表责任能力。

责任行为信息是对风险的管控，能否通过行为提前将今后的风险也管控起来，而不是在应付，所以风险预警驱动工作很关键，即把责任当成好的习惯来形成。当然还可以有自我驱动、使命驱动。

深度学习模型为预先建立基于风险层次的责任评估模型，其中深度学习模型中包括履责的评估规则以及评估规则相对应的分值，然后基于该模型自动对获取到的履责信息进行评判，判断其属于哪个评估规则，最后得到该履责信息相对应的分值。

处理模块12包括责任意识评分模块、责任能力评分模块、责任行为评分模块、责任成果评分模块。

具体为责任意识评分模块，用于将获取的履责信息与深度学习模型中预设的责任意识信息评判条件库进行比较，得到责任意识相对应的评估结果及分值。

提供一种人力资源的文化智能评估方法，与现有技术相比，通过对人员的责任素质和责任成果的分级评估，形成人力资源评估的算法，实现人力资源管理过程中的量化规划、量化招聘配置、量化培训和开发提升、量化绩效管理、量化薪酬福利、量化劳动关系管理。通过履责大数据的挖掘，实现深度学习，并进行责任大数据的智能管理，实现动态的责任素质和责任成果评估。形成了人力资源从责任上的评估，可以更好地从责任层面进行深入挖掘人的潜能，从而给组织带来更好的成果。

参考文献

[1] 冯登国. 可证明安全性理论与方法研究[J]. 软件学报,2005,16(10),1743-1756.

[2] 赵一楠、陈一鸣. 界限不确定的多主体权责分配的完备性数学模型[J]. 燕山大学学报,2017,36(4):365-370.

[3] 杨世忠. 责权利关系定量分析初探[J]. 经济与管理研究,1997(1):29-34.

附 录

附录1　某单位安全生产责任制规定

第一章　总　则

第一条　为进一步加强对学校安全生产工作的监督、管理,明确学校各单位和各类人员在安全生产工作中的职责,防止和减少生产安全事故,维护学校正常的教学、科研和生活秩序,确保师生员工生命和学校财产安全,促进教学、科研、生产的健康发展,根据《中华人民共和国安全生产法》《地方党政领导干部安全生产责任制规定》等法律法规的规定,结合学校实际,制定本规定。

第二条　本规定中的生产工作是指学校教学、科研、管理服务、实验实训实践、校园交通、消防管理、网络维运、生产经营、医疗卫生、饮食服务、基本建设、修缮改造、后勤服务、水电气使用、危险品使用及特种设备使用维护等各类活动。本规定适用于在学校范围内从事上述各类活动的单位和个人。

第三条　学校安全生产工作贯彻"安全第一,预防为主,综合治理"的方针,实行"统一领导、归口管理、逐级负责、重在预防"、"管行业必须管安全、管业务必须管安全、管生产经营必须管安全"和"谁主管、谁负责"的管理原则,做到安全生产工作与业务工作"五同时"(同时计划、布置、检查、总结、评比),并充分考虑多校区一体化管理的实际情况,做到"纵向到底,横向到边"。

第四条　学校各单位必须严格依照有关安全生产的法律、法规和本规定,落实全员安全生产责任制,建立健全安全生产规章制度和操作规程,完善安全生产条件,实行安全生产控制指标督查考核制度和奖惩制度,确保安全生产的主体责任、监管责任和领导责任到位。

第二章　管理体系

第五条　实行全员安全生产责任制。学校每年年初与各二级单位签订安全工作责任书,各二级单位应与其下属单位、挂靠单位、业务委托单位以及安全生产岗位责任人逐级签订安全工作责任书,层层分解安全责任。

第六条 全校各单位应明确专(兼)职工作人员作为本单位以及各安全生产活动场所的安全生产管理员(联络员),负责本单位以及相应安全生产活动场所安全生产工作的监督、检查、报告等工作。

第三章 组织架构

第七条 学校成立"××大学校园安全生产工作领导小组",由分管校领导及相关单位负责人组成。

领导小组主要负责学校安全生产相关具体工作的协调、监督、检查,特别是全员安全生产责任制的全过程管理、闭环管理,包括:建立健全学校安全生产管理责任制工作体系和相关工作制度、建立健全全校安全生产管理责任制岗位标准化定义、建立健全全校安全生产管理责任制过程考核和奖惩、建立健全全校安全生产管理问责、建立健全全校安全责任制优化管理;即基于责任制管理组织学校各二级单位开展安全生产隐患的自查、整改;对学校重点危险源等进行风险、隐患、事故的过程评估,特别是对风险到隐患、隐患到事故的担责能力进行评估,并提出相应的改进方案;及基于责任制管理加强对全校各二级单位安全生产工作的督查督办;撰写学校的安全生产工作报告,责任制效果报告等。下设办公室,办公室设在保卫处(部)办公室主任由保卫处(部)长兼任。

领导小组分成以下各分组:责任制体系制度分组、责任制岗位标准化分组、责任制考核和奖惩分组、责任制优化管理分组;应急处理分组。

第八条 机关、后勤等职能部门履行以下职责:

对本部门内部(含下属和挂靠单位,下同)的安全生产工作全面负责。

组织落实职能范围内的安全生产工作,并负责监督管理职责。

按现有组织进行逐级安全监管和责任考核。

部门达到一定规模和级别时,可成立二级安全生产工作小组,对监管人和考核争议进行部门裁定。

第九条 教学科研单位(含业务部门和直属单位,下同)履行以下职责:

(一)各单位成立二级安全生产工作领导小组,对本单位的安全生产工作实施组织领导和监督管理。

(二)组长由本单位正职领导担任,副组长由本单位分管安全生产工作的副职领导担任,成员由各系、部、中心等负责人及安全责任人等组成。

第四章 安全生产责任

第十条 校领导职责

(一)学校党委书记和校长是学校安全生产工作的第一责任人,对学校安全生产工作全面负责。其主要职责是:贯彻落实安全工作有关法律法规和上级决策部署,领导全校安全稳定工作;掌握全校安全工作的总体情况和存在的主要问题,把安全稳定工作纳入学校发展总体规划,纳入学校党委、行政工作重要议事日程;定期听取安全稳定工作汇报,研究重点工作事项,为安全生产工作提供组织、财力、物力保证。指导督促落实安全稳定工作责任制,发生涉校涉生重大安全事故时,按照应急工作预案及时指导救援和善后处理工作。

(二)主管安全生产工作的校领导是学校安全生产工作的直接责任人,对学校安全生产工作负直接责任,负责学校安全生产工作的组织领导和统筹协调,主持学校安全生产工作领导小组的日常工作。其主要职责是:贯彻执行国家安全生产法律法规,组织落实上级布置的安全生产工作任务,负责审定学校安全生产工作计划、规章制度以及相关文件;部署并组织监督、检查学校安全生产工作;对全校各部门的安全生产责任考核情况进行闭环监管。

(三)分管其他工作的校领导履行"一岗双责",对各自分管工作范围内的安全生产工作负主要领导责任。其主要职责是:做好分管工作范围内的安全生产工作,督促所分管部门和单位落实安全生产职责;在各自职能范围内,对安全生产相关工作给予积极支持。

第十一条 机关、后勤等职能部门负责人职责

(一)正职领导是本部门安全生产工作的第一责任人,负责实施对本部门内部的安全生产工作;负责监督管理本部门职能范围内的安全生产工作,履行职能范围内安全生产专责。

(二)部门副职领导对分管工作范围内的安全生产工作负监督管理职责。

(三)对责任考核进行闭环管理。

第十二条 教学科研单位负责人职责

1.书记、院长是本单位安全生产第一责任人,对本单位安全生产工作的组织领导和监督管理全面负责。

2.分管安全生产工作的副职领导履行安全生产组织管理职责,对本单位安全生产工作负直接领导责任。

3.分管其他工作的副职领导严格履行"一岗双责",对各自分管工作范围内的安全生产工作实施监督管理,并承担相应责任。

4.对责任考核进行闭环管理。

第十三条 安全生产管理员职责

宣传贯彻国家有关安全生产法律、法规、方针政策和学校安全生产规章制度,并对执行情况进行监督检查。

忠于职守,坚持原则,掌握安全生产管理知识,熟悉安全生产相关技术;对本单位或本场所安全生产实施综合监督管理,及时反映本单位或本场所的安全状况,提出改进安全生产工作的建议。

经常开展本单位或本场所的安全生产检查,及时纠正违章作业,对检查出的安全隐患及时报告并组织整改;发现有危及师生生命安全或其他危险情况时,有权责令停止作业。

督促本单位或本场所从业人员遵守有关安全生产规章制度和安全操作规程,切实做到不违章指挥,不违章作业,不违反劳动纪律。

确保本单位设备设施的安全运行。对于特种设备、危险设施落实安全负责人,有效期届满前向所在单位或有关管理部门提出定期检验要求,保证特种设备的按时年检。

对单位和个人的违章违规现象且不予整改的行为,对安全生产工作不力的情况,及时向所在单位领导或直接向归口管理职能部门或学校安全生产领导小组办公室报告。

对责任考核进行闭环效果有效性的核实,对考核不力的情况及时上报。

第十四条 教职工安全生产职责

遵守各项规章制度和劳动纪律,对本岗位的安全生产负责。

按规定参加安全教育培训。

熟悉有关安全生产规章制度和安全操作规程,掌握本岗位的安全操作技能,正确操作和维护仪器设备、设施。

结合岗位实际,定时进行安全检查,发现异常及时处理和报告;发生事故立即报告上级并按照事故预案程序处理,做好记录、保护现场。

加强自我保护,有权拒绝违章作业的指令,有义务对他人违章作业加以劝阻和制止,做到"三不伤害"(不伤害自己、不伤害他人,不被他人伤害)。

负责对所带学生的实验和实习、实训教学工作的安全教育和管理。

第十五条 从业人员职责

从业人员指在学校直接从事第二条所列工作事项的各类人员。

从业人员应树立"安全第一,预防为主"的思想,在从业范围内,履行工作场所和工作岗位规定的安全生产职责,对自己所在岗位的作业行为负直接责任。

从业人员在作业过程中,应严格遵守有关安全生产规章制度和安全操作规程,服从管理,正确佩戴和使用劳动防护用品;作业前要检查设备及配套设施的安全情况;完成作业后,必须清理设备和场地、切断电源、气源、水源、熄灭火种、关好门窗,确保安全后,方可离开作业场所。

从业人员发现事故隐患或者其他不安全因素,应当立即采取措施,消除隐患,并向本单位安全管理人员或者本单位负责人报告;从业人员有权拒绝违章指挥。

从业人员应对安全设施、仪器、仪表、工具和各种安全、保险装置定期维护和检修;发现设备有异常情况应立即报告,严禁设备设施带故障运行。

从业人员应接受安全生产教育和培训;特种作业人员经培训、考试合格并取得操作资格证书后持证上岗。

发生安全生产事故,从业人员应及时报告,保护现场,并如实向事故调查人员提供情况。

外出从事生产活动的各类人员,根据属地管理原则,遵守属地单位及生产活动场所的安全生产规定。

第十六条 职能部门职责

1.保卫处(安全生产办公室)保障校园政治稳定,负责对全校治安、交通和消防安全的归口监督管理,建立健全学校消防安全管理办法、交通安全管理办法、校园大型活动安全管理办法等;负责监督、检查、维护学校的监控设施、消防设施等安全生产相关设备设施的正常使用；负责维护学校正常的教学、科研、生活秩序；负责保护事故现场，并组织或参加安全生产事故及其灾害事故的调查工作。

负责对全校安全生产的归口监管管理。建立健全学校安全生产管理办法、安全生产责任制管理，组织实施安全生产责任制考核，分解落实安全生产责任制。负责及时传达上级有关安全生产工作的文件，并督促检查承办情况，及时向上级有关部门呈报学校安全生产工作的报告；组织、协调、配合全校性安全生产大检查；及时转达校内各单位报送学校的有关安全生产方面的报告、报表、简报、信息等。

2.党委办公室负责全校保密安全及各保密场所安全生产工作的监督管理；负责协调处理全校的安全稳定工作；做好节假日、各类大型活动、对外联络的应急值守、统筹管理工作；做好信访接待、突发性事件的协调统筹工作；归口重大安全信息统一上报；结合责任考核平台，向校领导提出安全生产中存在的薄弱环节，并根据校领导的要求督促落实并反馈结果。

3.党委组织部应将安全生产工作纳入干部培训、考核、晋升等工作体系；教育干部自觉遵守安全生产规章制度，并把单位安全生产工作纳入考核领导班子和干部的重要内容。结合责任考核平台，向相关干部进行责任情况的预警和晋升评估。

4.党委宣传部负责学校宣传、思想、文化领域的安全稳定工作；落实全校师生学法、普法和思想政治教育工作；负责大学生思想动态研判、网上舆情监控及处置工作；负责各类讲座、论坛等的意识形态管控工作；负责将校报、校刊、校园网、校园微信、微博、宣传橱窗等作为安全生产的有效宣传阵地。

5.党委教师工作部将安全教育纳入新教师入职教育、教师日常教育培训内容，组织开展有关安全教育培训。围绕建立健全高校师德师风建设与立德树人责任制长效机制，制定、完善师德师风管理、监督、考核、查处等办法，建立教师师德师风档案。

6.学生工作处（部）负责全校本科生的思想政治教育及日常管理。建立健全学校大学生安全教育和管理实施办法，增强学生安全意识、纪律意识及自我保护意识。指导督促检查各院系本科生安全教育和管理落实情况。负责学生违纪处分条例的制订、修改和实施。做好"三困"学生和重点关注对象的帮扶工作。

7.党委研究生工作部（研究生院）负责全校研究生教育教学的归口管理。将政治安全、意识形态安全等纳入研究生教育培养管理体系。研究制订研究生教育培养各个环节的安全规章制度，并组织实施。在制订和审查实验教学、工程训练、实习实训、研究生工作站等培养方案时，将安全教育列入计划，并督促院系执行。负责研究生违纪处分条例的制订、修改和实施方案，并及善后。做好"三困"群体和重点关注对象的帮扶工作。

8.工会负责发挥党和教职工作为学校主人翁意识和主体的桥梁纽带作用；关心教职工在安全生产工作中的安全保障；参与调解学校内部职工之间的矛盾，教职工伤亡事故的调查和处理；维护教职工的合法权益。

9.团委履行学生社团的主要管理职能，挂靠单位和指导教师是学生社团管理工作的直接责任人，切实承担学生社团活动安全监督把关责任，引导学生参与校园安全管理和安全监督，积极营造校园安全文化，加强对社团活动、大学生"三下乡"等社会实践活动师生的安全教育和管理。

10.校长办公室(法制办公室)传达。

11.人力资源处负责将安全生产教育纳入教职工培训计划,搞好职工劳动纪律教育;参加安全生产事故的调查和处理,根据工作职能执行对事故责任者按学校相关规定做出的处理决定;提出人员聘用、晋升、评奖的安全生产责任方面的相关标准。

12.教务处负责本科生课堂教学活动安全的归口监督管理。将全教育类知识和课程纳入本科生教学内容和体系,并将教学过程中涉及师生安全的事项作为教学评估与监督的一项重要指标;根据"管生产,必须管安全"的管理原则,配合国有资产管理处等有关部门指导院系和实验教学中心做好本科生教学实验室安全管理,与学生工作处(部)协同做好本科生各类违纪事件的处理和违纪学生的教育。

13.科学技术处负责各类我校负责的科技项目的规范科研经费管理,监督科技应用开发过程中安全措施,根据"管生产,必须管安全"的管理原则,与国资处等共同指导做好各类科研实验室的安全管理。

14.信息化建设与管理办公室建立健全学校网络信息安全管理办法;负责对全校网络信息系统的统筹管理,切实落实网络信息安全工作责任制,完善网络信息安全事件的应急管理。

15.创新创业与成果转化工作办公室,确保创新创业与成果转化过程中的安全管理工作,完善安全管理制度,落实安全防范措施,根据"管生产,必须管安全"的管理原则,指导做好平台实验室的安全管理。

16.国际合作与交流处、台港澳事务办公室承担涉外交流总体规划,执行有关方针政策,统筹协调全校涉外事务。做好中外合作办学和对外交流等活动的安全管理,负责学校师生出国访问、学习安全教育培训工作,会同有关部门做好涉外安全与突发事件应急处置工作。

17.财务处负责根据国家和上级规定,按照实际需要,确保安全生产工作、安全技术改造所必需的运行经费纳入年度预算,并监督专款专用。负责学校处理安全事故及应急处置的经费保障;负责本部门的财务安全管理,指导、监督各部门落实财务安全措施。

18.监察处负责对全校各单位履行安全生产监督、管理职责的情况进行再监督和学校重大活动、重大事务的安全保障监督工作,并参与学校安全生产责任事故的调查处理。

19.房地产管理处负责各类住房的安全达标交付验收,特别是做好危旧房的普查管理和整修,确保住房安全。制订学校住房、家具和公车等资产管理使用规定,维护国有资产的完整和保值增值,负责经营性用房招租、装修审批、食品卫生安全及日常巡查。

20.国有资产管理处建立健全实验室安全管理规章制度;负责对学校各类实验室和归口管理单位的技术安全指导和监督检查;加强对危险化学品、实验室危险废物、放射性物质等安全管理的技术指导和监督检查;监督检查危险化学品购买、存储、使用、废弃处置等环节的制度落实情况;监督检查实验设施设备安全运行情况;加强对学校实验室工作人员的安全教育培训和监督管理;结合目标责任考核,提出实验室关停、整顿的标准。

21.基本建设处建立健全学校基本建设安全管理规章制度,严格审查投标单位资质、安全证书,严格落实工程建设各项安全措施,对施工单位安全生产负全面监督责任,依法接受建设行政主管部门监督。

22.后勤服务集团负责食堂、超市、食品安全、饮用水等方面安全管理,保障学校水、电、气、车辆等设施的安全运行,负责所辖实施物业管理服务的学生公寓、办公楼宇等场所公共区域的安全。严格落实后勤员工安全教育和培训,规范各类后勤安全生产操作规程,配合做好学校突发事件的应急处置与后勤保障。

23.资产经营公司负责全校校办企业安全生产工作的归口监督管理。建立健全学校校办产业经营安全管理办法;组织并督促各单位完善有关制度、组织安全检查、落实安全防范措施、及时消除事故隐患;会同有关部门做好校办企业安全生产事故的调查处理工作。

24.校医院负责医院日常生产安全,严格执行各项医疗制度和操作规程,确保医疗质量和医疗安全。负责确保精麻药品安全,负责医疗设备、医疗废弃物的专业规范管理,防止医源性物理、化学、生物污染。负责学校公共卫生监管、健康教育、传染病防控和突发公共卫生事件应急处置;组织开展卫生安全宣传、教育活动;提供学校教学、重大活动、体育赛事等医疗服务;配合做好学校突发事件的应急处置医疗保障。

25.体育部落实教育部《学校体育运动风险防控暂行办法》,协同学校其他行政部门建立健全校园体育运动风险防控机制。在体育教学、运动竞赛等活动中应当加强体育运动风险防控工作。定期检查体育设施与场地安全的安全隐患,出现问题积极上报处理等。

26.心理健康教育与研究中心负责大学生心理健康教育,做好学生心理健康普查和心理咨询服务,完善大学生心理危机干预方案,发现紧急心理问题,及时向相关院系、职能部门提供预警,配合做好学校突发事件的应急处置。

第十七条 教学科研单位职责

贯彻执行上级学校有关安全生产的规章制度和落实学校安全生产工作任务,建立健全本单位安全生产管理制度,组织落实本单位安全生产工作,对本单位安全生产工作实施全面监督管理。

在本单位各场所、各危险点均应设立专(兼)职安全管理员岗,负责日常生产活动中安全生产的监督、管理、报告工作,健全台账制度。

制定安全生产检查制度,定期开展安全生产检查,对存在隐患及时整改;及时向相关归口管理职能部门报告本单位安全生产状况和存在问题,并提出改进建议。

积极开展安全生产宣传教育和培训工作,不断提高师生员工的安全素质,确保本单位特种作业人员持证上岗。

保证本单位设备设施的安全运行;落实特种设备、危险设施的安全负责人;对新建设备设施,及时落实相关人员的安全生产培训工作。

对下属单位的安全生产工作进行监督指导,定期与下属单位签订安全生产责任书。

制订本单位应急救援预案,开展专项演练。

第十八条 其他未列单位、新设部门和机构的安全生产职责比照本规定第八条、第九条、第十八条、第十九条执行;凡因机构调整,其安全生产职责随调整后的职能履行相应职责。

第五章　过程管理、考核、问责和奖惩

第十九条　学校将各单位安全生产工作纳入日常提醒、月度评估、年度考核中。

为有效避免法律追责大、广、深的消防、实验室安全等责任管理,可借助于责联网来实现消防、实验室等的量化明责、量化履责、量化问责(追责)、量化减责,实现责任大数据的采集、评估、优化和全过程闭环化量化管理。

日常提醒责任的到位情况,能通过OA或手机App提醒日常的责任工作情况,包含阶段性责任完成且到位信息、阶段性责任完成未到位的详细信息、阶段性责任未完成信息;月度评估:包括岗位人员责任信息采集、岗位人员责任信息共识、岗位人员责任信息封存、岗位责任打分等,根据静态岗位责任清单、管理型动态岗位责任清单和风险型动态岗位责任清单,结合工作规程来提交相应的信息;年度考核:每年进行一次,考核内容主要包括:月度责任评估及汇总、安全生产责任制、安全生产管理制度、安全管理网络、安全检查与隐患整改、安全教育与培训等安全生产管理内容的落实情况及安全事故发生处置情况。对于学校级的综合考核,可以采用压力型责任、动力型责任、平衡力型责任综合评估,以体现学校安全事业发展的全面性、良性和可扩展性。由学校安全生产领导小组组织进行考核。

安全生产月度评估中的责任清单包括以下工作规程,但不限于以下几个方面:

1.消防安全:以学生宿舍、教职工公寓、食堂、教室、实验室、体育场馆、图书馆、档案馆、礼堂、大学生活动中心、幼儿园、地面及地下停车场等人员和财物密集场所为重点,着重检查消防安全责任制落实、日常防火检查巡查、消防设备设施和安全出口及疏散通道是否符合要求、实验室内消防器材是否齐全有效、易燃品和助燃品是否按照规范进行存储、应急疏散预案制定及演练情况;突出检查学生宿舍内床铺、水电设备设施安全使用情况;检查各类消防设施状态是否良好,消防通道是否通畅。

2.危险品安全:以学校各级各类实验室、校医院为重点,注重对危险化学品、危险废物、管制类化学品(或药品)的安全检查和隐患排查;检查实验室和医疗人员管理以及危险化学品购买、存储、使用、废弃处置等各个环节制度落实情况;实验设施设备安全运行情况、危险品相关重点部位自动监控、泄漏检测报警、通风、防火防爆设施设置维护及运行情况;加强对学校危险品相关工作人员的安全培训。

3.交通安全:以校车、公务用车、校内道路交通、校内停车、校门口安全为重点,着重检查校车和公务车使用许可管理制度、校内车辆驾驶人员的驾驶资格和管理制度、安全行车教育培训考核制度、日常检修制度、交通违法处置制度、车辆核载定员制度、车辆动态管理制度落实情况,车辆的技术状况是否存在故障隐患,大学生乘车安全知识和假期实践活动安全常识的掌握,校内道路交通和停车是否合理有序,校门口及其周边交通安全是否存在隐患等。

4.饮食安全及卫生防疫:以校内学生食堂、超市、餐饮经营商铺、幼儿园食堂和预防季节性传染病为重点,着重检查食堂及餐饮服务人员卫生、从业培训、环境卫生、食品操作程

序以及食品原料采购、存储、加工、销售等各环节食品安全管理制度和规范的落实情况。学校传染病疫情预防、监控及报告制度落实情况。

5.自然灾害防范：以校内建筑物、地下管网和防范洪灾、泥石流、雷电、大风、雨雪等重大自然灾害为重点，着重检查有关措施和制度的落实情况，防灾减灾知识和技能教育开展情况。

6.集体活动安全：以学生教学、生活场所及集体活动的安全为重点，着重检查实习实训实践活动、大型活动、集体外出等活动的安全教育、应急预案、安全措施的落实情况，严防踩踏、溺水、人身伤害等意外事故的发生。注重教室内设施使用安全情况、操场及游泳池等室内外教学场地安全情况。

7.建筑、构筑物等基础设施安全：以校舍安全为重点，着重检查校园内建筑物，教室、宿舍、图书馆、实验室、食堂、体育场馆、体育设施、楼道、道路井盖、电力设施与用电等学生及教职工集中活动的场所是否达到安全要求，是否对各类建筑、构筑物进行定期维修维护，坚决杜绝校园建筑物垮塌、坍塌等事故发生。

8.基本建设、维修、施工项目安全：以学校建筑与基础设施的维修、修缮、施工为重点，对安全管理有要求、施工规范、有措施，安全管理落实到人。加强校内施工队伍的管理，明确注意事项，遵守校园管理制度，做到安全施工，文明施工。

9.科研、产业单位、出租经营场所安全：加强监督检查，落实操作规程，特殊岗位人员要加强培训，做到持证上岗。严格按照营业执照范围合法经营。

10.特种设备使用安全：以校内建筑物、实验室、开水房、食堂等使用的锅炉、压力容器、电梯、起重设备、场内机动车等特种设备安全为重点，建立健全特种设备安全管理制度和操作规程，杜绝违章操作，禁止私自改造；设置设备使用登记台账，定期进行检修，按期校验安全保护装置；操作人员应持证作业，并加强安全教育培训。

11.信息网络安全：加强信息网络安全责任体系、制度体系、管理体系建设。着重检查校园网站、网页、核心数据库等重点网络信息系统的日常运行维护情况，着重检查各二级单位网站是否按照要求进行相关备案及规范管理。

安全生产责任月度评估、年度考核的主要信息来源和打分依据包括：

1.师生员工自检并提供

师生员工按每日提醒，根据岗位责任清单进行自我检查，同时每天要对自己所在岗位、作业现场工作、生活场所进行安全自检（包括对所带学生进入实验、实训、实习、实践场所的安全检查），重点检查设备安全状态、安全防护装置有效性、安全措施落实情况、作业场地安全规范符合情况、个人防护用品、用具准备情况等。

2.各二级单位自查并达成共识

各教学科研单位要形成安全生产自查、预判、分析、评估长效机制，定期或不定期排查整治安全隐患、堵塞管理漏洞、强化源头治理。凡寒暑假、节假日放假前，应组织进行全面深入细致彻底的安全大检查，检查事故易发的重点场所、要害部位、关键环节和时点，对排查出的隐患要制表列出问题清单，建立台账，制订整改方案，落实整改措施、责任、资金、时限和预案，并对本单位安全生产状况进行全面评估。排查情况、整改方案和整改结果，经本单位主要负责人签字,在本单位内部公布并达成共识。

3.归口管理部门组织专项检查

(1)各归口管理职能部门每个月至少组织开展 1 次定期检查,同时要根据职能范围内生产工作的特点开展定期或者不定期的专项检查。每次检查要制定检查计划,对职能范围内和本规定所列重点领域,全面检查各教学科研单位安全生产工作情况,每次检查后要将检查情况汇总、建立档案,并形成专项检查报告和安全生产工作台账,提交安全生产工作领导小组办公室汇总分析。

(2)发现问题及时整改。根据检查情况,分析研究重点难点问题和整改方案,对未解决的隐患集中相关力量进行督促整改,力争发现一处、整改一处。对存在问题多、整改难度大的单位及时报告学校安全生产工作领导小组。

4.学校组织安全生产大检查

由学校安全生产工作领导小组办公室总负责,每学期开学后 15 天内和每学期结束前 15 天内以及重大节假日、重要活动前,组织领导小组成员单位和相关领域专家,对各归口管理部门、重点教学科研单位、重点领域和重点岗位的安全生产情况检查。检查过程中要按照附件一对照内容逐项进行,并予以评分。

5.学校组织不定期抽查

由学校安全生产工作领导小组办公室总负责,每学期不定期对学校重点二级单位和部门的安全生产情况进行抽查。

6.学校进行重点督查

由学校安全生产工作领导小组办公室对自查、检查和抽查过程中发现的重大隐患定期、不定期和关键时点相结合,进行督查督办,督查具体整改措施落实到位情况。

第二十条 以安全生产责任月度评估为抓手,结合年度考核,分别对符合下列条件的集体或个人给予表彰或奖励:

1.建立健全本单位的安全生产管理体系、明确各级人员安全生产职责、安全生产措施保障有力、定期开展安全生产监督检查、定期进行安全生产责任月度评估和年度考核。

2.单位领导参加月度评估、重视安全生产工作,认真贯彻执行安全生产法律、法规、制度,全员切实履行安全生产工作职责。

3.经月度评估明确单位全员安全生产日常工作有计划、有措施、有落实、有检查、有总结,评估汇总分单位排名前列。

4.在改善安全生产条件,防止伤亡事故、消除安全隐患危害等方面取得显著成效或者有重大贡献的。

5.在安全教学、科研、生产、经营、管理等方面取得科研成果、获得上级部门表彰,或者提出切合实际、行之有效并被采纳的合理化建议者。

6.发现事故征兆,及时采取果断措施避免事故发生,或在事故隐患处置、事故抢险救护中表现突出的有功单位或个人。

7.制止违章指挥、违章作业,使国家和人民利益免受重大损失的个人。

8.考评期间,单位所属各类人员无违反安全生产规章制度的行为,未发生安全生产事件和事故。

奖励方法:授予荣誉称号或作为单项奖励对安全生产工作先进集体和个人进行奖励。

第二十一条 学校各级单位领导班子对本单位安全生产及发生的安全事故,在职责范围内负有相应领导责任;在职责范围内,不履行或者不正确履行自己的职责,对造成的损失或者后果起决定性作用的行为人为直接责任人。安全事故发生后,学校将追究相关单位的领导责任和直接责任人的责任,追究责任时视事故情节、事故后果、责任大小,分别给予相应的处理。具体情况按照第二十四条至第三十八条执行;构成违法犯罪的,将移交司法部门依法处理。

第二十二条 问责方式:

(一)工作人员有过错的,可采用以下问责方式:

1.检查。违规行为人以书面形式对违规行为做出检讨,包括违规事实、违规原因、思想认识及整改措施。

2.约谈。由学校、归口管理职能部门或所在单位对违规行为人进行谈话及教育,指出其存在问题,督促其整改。

3.通报。以一定形式将违规行为人的违规事实等情况在学校或教学科研单位内予以公布。

4.取消评奖评优、职级职务晋升资格。违规行为人丧失参与学校或教学科研单位相关评奖评优的资格,或取消违规行为人的职级、职务晋升资格。

5.责令经济赔偿。违规行为给学校造成实际经济损失时,学校有权要求违规行为人赔偿相应的经济损失。

6.行政、纪律处分。处分种类及运用依照《事业单位工作人员处分暂行规定》、学校教职工行政处分规定、《××大学学生违纪处分规定》进行;对于中国共产党党员还要依照《中国共产党员纪律处分条例》《中国共产党员问责条例》及领导干部管理规定进行相应处分。

7.移送司法机关。行为人的违法行为涉嫌触犯刑法的,按照法律规定移送司法机关处理。

(二)二级单位有过错的,可采用以下问责方式:

1.约谈。由学校或归口管理职能部门对违规行为单位负责人进行谈话及诫勉教育,指出其存在问题,督促其整改,帮助其吸取教训。

2.通报。以一定形式将违规单位的违规事实等情况在学校予以公布。

3.停止实验、生产。对违规单位停止相关的实验、生产活动,进行安全整改。

4.一票否决。对违规单位年终考核降级或取最低等级,并取消相关的评奖评优资格。

以上责任追究的种类可以单独适用,也可以合并使用。

第二十三条 对违反安全生产相关规定,有下列行为之一、但尚未造成严重后果的,可视情节对相关单位进行约谈、通报或停止实验、生产,应视情节对相关责任人员进行检查、约谈或通报:

1.未按要求制定本单位安全生产规章制度(包括管理制度、责任追究制度、应急处置预案等)。

2.未落实安全管理责任制或未签订安全责任书。

3.未履行安全教育培训职责的或不认真接受安全教育培训。

4.未配备必要安全警示标识、安全防护设施及设备。

5.未按规定储存、摆放易制毒化学品及放射性物品等危险品造成安全隐患。

6.违反、指使或强令他人违反操作规程及相关规定购买、运输、使用或处理危险化学品、危险化学品废弃物、各类仪器设备等。

7.违反、指使或强令他人违反安全准入制度、项目安全审核制度、保密安全、水电气消防(包括防雷、防汛)安全及日常内务安全规定。

8.未对安全设施及相关仪器设备定期检修和维护。

9.不服从、不配合政府部门、学校或归口管理职能部门、本单位开展各类安全检查工作。

10.接到口头或书面整改通知,拒不整改或不认真整改或未及时告知、组织、督促整改。

11.未根据要求及时排查、消除安全隐患的,或未组织、督促、协助消除安全隐患。

12.发现安全隐患未及时采取整改措施或隐瞒不报。

第二十四条 对违反安全相关规定,有下列行为之一,应对相关单位进行停止实验、生产或单位考核一票否决,应视情节对相关责任人员进行约谈,通报,取消评奖评优、职级职务晋升资格,或相应的行政、纪律处分,造成实际损失的责令其赔偿相应损失:

1.屡次发生第二十五条规定的行为。

2.未经审批私自购买使用剧毒、易制毒、易制爆化学品。

3.未采取必要的措施导致危险化学品、放射性物品被盗或遗失,或发生上述情况不立即上报学校有关部门。

4.未经许可擅自启用被封实验室,或管理失误造成他人可以随便进出被封实验室,或得知他人私自启封被封实验室,有义务采取措施并报告相关部门,但未及时采取措施并及时报告相关部门。

5.由于玩忽职守、滥用职权等原因,致使在本单位或本人负责的职责范围内发生安全事故,给学校或他人造成一般财产损失,但未造成人员伤亡。

6.对涉及职业危害因素或劳动安全危险设施的新、改、扩建项目没有上报学校安全生产监督管理部门,或没有做到职业卫生或劳动安全设施与主体工程同时设计、同时施工、同时投入生产和使用而造成安全隐患的单位和个人。

第二十五条 对违反安全相关规定,有下列行为之一的,应对相关单位考核一票否决,应视情节对相关责任人员进行取消评奖评优、职级职务晋升资格,或相应的行政、纪律处分,造成实际损失的责令其赔偿相应损失:

1.由于玩忽职守、滥用职权等原因,致使负责的职责范围内发生安全事故,造成人员伤亡的或给学校或他人的财产造成重大损失。

2.发生造成财产损失或人身伤亡的安全事故后未立即组织救援、未采取措施处置、隐瞒不报或不如实反映事故情况的,或未及时将事故报告上级领导和有关职能部门。

3.由于违反国家各级部门和学校的有关规定,管理不到位、管理不善、操作失误等原因,造成安全生产事件或安全事故发生的。

4.因未履行安全职责,或发现安全隐患未及时有效整改和报告上级领导的,或接到相关报告后未采取有效措施,从而造成安全生产事件或安全事故发生的。

5.由于责任单位未进行实验室安全设施定期检修和维护,从而造成安全生产事件或轻微事故发生的。

第二十六条 有下列情形之一的,应当从轻处分:

1.日常管理中,认真贯彻执行安全生产工作有关法律、法规,落实安全生产工作责任制,非因个人主观原因发生安全生产事故的。

2.主动采取措施,有效避免或者挽回损失的。

3.检举他人安全生产重大违法违纪行为,经查证属实的。

第二十七条 有下列情况之一的相关责任人和责任单位从重或加重处理。

1.安全隐患问题或安全生产事件、事故一年内出现二次及以上的。

2.针对严重违规违纪行为,学校下发隐患整改通知单后,仍不按期整改的。

3.针对可能造成人员伤亡事故的,经学校上级主管部门告知后,仍不整改的。

第二十八条 对于在上述行为中存在违法犯罪的,依法移送司法机关追究责任。

第二十九条 责任追究权限

1.校内各单位或师生个人发现有违反安全相关规定行为的,应及时向相关归口管理职能部门或学校报告。

2.违反安全相关规定,需要在教学科研单位范围内做出检查,约谈,通报,取消评奖评优、职级职务晋升资格或停止实验、生产的,由教学科研单位安全生产工作领导小组研究决定。

3.违反安全相关规定,需要在归口管理职能部门职能范围内做出检查,约谈,通报,取消评奖评优、职级职务晋升资格或停止实验、生产的,由相关归口管理职能部门研究决定。

4.违反安全相关规定,需要在全校范围内做出检查,约谈,通报,取消评奖评优、职级职务晋升资格,停止实验、生产或实行一票否决的,由相关归口管理职能部门或事故调查处理组提出建议报学校安全生产工作领导小组审核,报学校党政联席会研究决定。

5.需给予行政、纪律处分的,由相关归口管理职能部门或事故调查处理组确定责任并提出处理建议后,报学校安全生产工作领导小组研究审核,报学校党政联席会研究,启动学校纪委、党委组织部、人事处、工会、监察处等职能部门按照对应的规定程序做出决定。

6.需移送司法机关追究法律责任的,按国家有关法律规定程序处理。

第三十条 责任追究程序

1.发现违反安全相关规定的行为时,相关归口管理职能部门或事故调查处理组应当查清事实、收集证据,认真做好调查笔录,相关单位及个人应当予以协助并配合调查工作。

2.在对责任人或单位做出责任追究决定之前,应告知其拟追究的事实、理由和依据。听取责任人或单位负责人的陈述和申辩,并对其陈述和申辩提出的事实、理由和证据进行复核。

3.责任追究决定做出后应当以书面形式将责任追究决定书送达被追究人或被追究单位负责人。

4.需给予行政、纪律处分的,处分程序应按照学校教职工行政处分、大学生违纪处分、党纪处分、组织处理等相关规定执行。

第三十一条　由政府部门负责处理的事故按政府部门的处理意见执行。

第三十二条　各归口管理职能部门应根据本规定和管理职能范围内的安全生产工作实际,制定相应的考核和责任追究办法,并报学校安全生产工作领导小组备案后实施。

第六章　应急处置预案与演练

第三十三条　应急处置预案主要包括应急处置组织及其职责、应急处置启动程序、紧急处置措施方案、应急处置组织的训练及定期演练、应急救援设备器材的储备和经费保障。

第三十四条　学校安全生产领导小组办公室牵头制定学校安全生产事故应急处置预案。

第三十五条　各归口管理职能部门根据国家法规要求及归口管理职责,制订相应的专项应急处理措施或专项预案,报学校安全生产工作领导小组审定,并按规定及时进行修订和完善。

第三十六条　各教学科研单位根据学校应急处置预案结合本部门实际情况,制定本部门或针对重点岗位的安全生产事故应急处置措施或专项应急预案,并持续修订、完善,报学校安全生产工作领导小组办公室备案。

第三十七条　各单位根据实际情况配备应急装备、设施,储备应急物资,并进行经常性的检查、维护、保养,确保其完好、可靠。各单位如有应急特殊需要,应向归口管理职能部门提交配备方案,并负责进行经常性的检查、维护、保养,确保其完好、可靠。任何单位和个人都应当支持、配合事故抢救,并提供一切便利条件。

第三十八条　各归口管理职能部门每年至少组织一次专项应急预案演练;各教学科研单位结合本单位或重点岗位实际每半年至少组织一次应急预案演练。

第三十九条　各单位建立演练档案,记录演练实际情况,对演练效果进行评估;根据评估结果,修订、完善应急预案,改进应急管理工作。

第七章　教育、培训及文化

第四十条　实行学校、部门、岗位三级安全教育。教职员工须经"三级安全教育"后方能上岗。

1.学校教职员工安全教育由人力资源处牵头组织安排,相关职能部门参与进行教育;校内企编人员的校级安全教育由人力资源处委托人员所在部门进行。

2.部门(职能范围)安全教育由各部门自行组织。

3.岗位安全教育由岗位所在单位组织,重点在于岗位责任清单、风险和目标。

第四十一条 凡从事特殊工种的作业人员如电工、电焊工、锅炉工、压力容器操作工、起重工、爆破工、金属焊接工,校内专用机动车辆驾驶员、建筑登高架设作业人员、易燃易爆危险作业人员等在"三级安全教育"或变换工种教育的基础上,还应按国家有关规定进行专业培训考核与复审教育,并取得合格操作证方能上岗作业。

第四十二条 全员安全教育

各单位要定期或不定期开展形式多样的全员安全宣传教育活动,尤其是要突出重点领域、重点岗位师生的安全教育和培训。结合国家"安全生产月"活动主题,对本部门师生组织专题安全宣传教育。

第四十三条 各单位要建立安全教育培训档案,记录参加人员、安全教育与培训内容及效果。

第四十四条 各单位根据责任评估分析报告,有针对性地进行责任制管理培训,实现单位内部责任制管理。

第四十五条 打造××大学的安全生产责任文化,包括责任语言、岗位责任文化、责任型组织文化、社会责任动力学文化等。提倡"安全生产责任文化月",让责任文化深入广大师生员工。

第八章 附 则

第四十六条 本办法若有与国家、省有关安全生产政策、法规相抵触的,按国家、省有关政策、法规执行。

第四十七条 本办法由学校安全生产工作领导小组负责解释。

第四十八条 本规定自颁布之日起执行。

附录2 推进消防监管责联网应用的工作实施细则(讨论稿)

第一章 总 则

第一条 为深化消防"放管服",落实《消防安全责任制实施办法》[国办发(2017)87号]的部署要求,更好地实现从单一监管向多头监管、从管事到管人、从管隐患向管责任落实转变,加强社会单位主体责任落实,规范消防监督管理,依据《消防法》《公安部61号令》《机关、团体、企业、事业单位消防安全管理规定》等内容,制定本细则。

第二条 责联网主体责任监管应当坚持监管责任横向到边、主体责任纵向到底的原则,依法有序开展。

第三条 监管责联网分为社会单位自身监管责联网和消防部门监管责联网,消防部门监管责联网用于内部管理以及对社会单位的主体责任进行监管用的;社会单位自身监管责联网则用于社会单位内部各岗位管理的。

第四条　为进一步增强责任管控的能力,加强对行政执法人员的教育培训,切实转变执法理念,不断提高行政执法人员对社会单位法律责任的问责、追责能力,更好地依据"尽职照单免责、失职照单追责"法定原则进行科学执法,建立更有序的消防法制治理的良性社会。

第五条　为了科学、快速地实现主体责任监管,要采用物联网、智慧消防等机制来实现过程审计、责任审计、风险评估和责任归位。

第二章　责任来源及责任单

第六条　消防部门要实现消防责任的横向到边分配,理清社会单位主体责任来源和消防部门监管责任来源,梳理清楚监管责任和主体责任的关系。

第七条　消防执法(监督)人员应该理清责任清单、责任照单、责任关系,对社会单位的岗位责任清单、追责的法律清单及追责边界、不同岗位的责任关系及关键岗位。

第八条　社会单位主体责任来源于社会单位的各种消防风险和消防隐患,来源于相应的管理风险:法律法规责任、强制标准责任;消防执法(监督)人员需要理清隐患和责任的关系,在指出隐患的同时需要指出责任体系的设计漏洞及运行漏洞。

第九条　消防部门要及时分配最新的法律、法规、标准责任单,组织社会单位学习贯彻,加强相关主体责任体系的优化设计。

第三章　社会单位关键岗位责任

第十条　社会单位应按"责任纵向到底"的原则建立消防的责任防控体系,加强对隐患排除、风险治理的协同工作。

第十一条　社会单位应在单位监管责联网中接收消防部门分配的责任清单集,并根据各自的岗位组织机构,理出全单位的消防安全责任人、管理人、相关部门的安全责任人等关键岗位,并将接收的责任清单集,逐一进行整个岗位的责任体系设计,务必要覆盖关键岗位,同时形成各社会单位各岗位(全岗位)的消防责任清单。

第十二条　社会单位应及时更新最新强制标准、法律法规等新的责任清单集,并按第十一条更新到每个岗位。

第十三条　社会单位应组织风险、隐患的责任到位检查,可以在前面分配的责任清单集组织上定制增加符合各单位自己的责任清单集,并分配到相关岗位。

第十四条　对于风险系数高的责任清单必须要设置主体责任岗、监管责任岗和领导责任岗,对于风险系数特别高的要设置多级监管责任岗,并进行日常演练。

第十五条　对于各级岗位需要进行责任制的培训,也需要让每级岗位明白责任的边界及不履责带来的法律后果或组织制度后果。

第十六条　社会单位应接受执法(监督)人员指出隐患的同时,接受其对责任防控不足的指导,并针对性地予以纠正,切实落实隐患排除是自身主体责任。

第十七条　社会单位各岗位履责时,需要对各岗位进行量化评估,并每月得出各岗位的责任评估分,该分值应上报消防管理部门或行业主管部门。

第十八条　社会单位可结合自身的组织战略目标,将消防安全融入各自的业务管控中。

第四章　执法责任

第十九条　消防执法人员可以结合上报的岗位责任评估情况,对履责不到位的社会单位加强执法检查。

第二十条　消防执法人员根据执法情况,对于责任落实不够或不到位的社会单位依法加强事前追责力度。

第二十一条　消防部门可以根据日常履责评估及执法评估,可以给予各社会单位不同的责任评级,可以和其他政府部门互换相应的数据。

第五章　信息集成

第二十二条　加强"双随机—公开"的结合,可以提供随机抽查的目标导向机制,也可以对公开之后的整改及责任防控进行后期跟踪。

第二十三条　加强和诚信中国的信息的结合,提供给予社会单位诚信度、岗位诚信度的评估。

第六章　附则

第二十四条　各消防救援大队应当将责联网监管工作纳入业务工作绩效考核、执法质量考评,制定考评标准,建立奖惩机制,督促社会单位的主体责任落实。

第二十五条　本细则自发布之日起施行。

附录3　会责软件介绍

如图附3-1所示,界面有首页、监管、我的三大模块。当前是"首页"界面包括登录人头像信息,有"创建会议"、"任务提交"和"履责汇报"三大功能模块。"履责一栏"显示当前登录人所在部门最近七天的履责统计,以及最近的"会议记录"。"会议记录"中的会议分为三种状态,分别为:未开始、进行中和已结束。单击已结束状态的会议记录有"详情",单击后能显示会议记录的信息,包括会议标题、内容、参会人、会议时长、会议发言信息等。进行中和未开始的会议可以单击"进入"按钮直接进入会议。下面对每个模块对应的页面以及功能进行详细介绍。

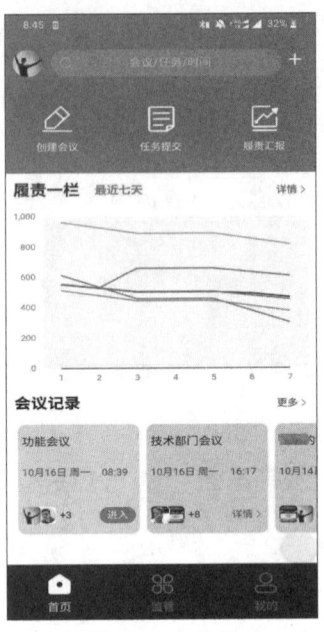

图附 3-1 会责界面

单击图附 3-1 中的"创建会议",则进入如图附 3-2 所示的页面,会议分为预约会议和实时会议。单击"预约会议"按钮进入预约会议界面,如图附 3-3 所示,填写相应的会议创建内容以及选择项,单击"创建会议"按钮,即可创建一个新的会议,单击"参会人员"会显示当前人员信息列表,根据会议需要,选择相应的参会人员(当前会议的创建人默认是参会人员)。

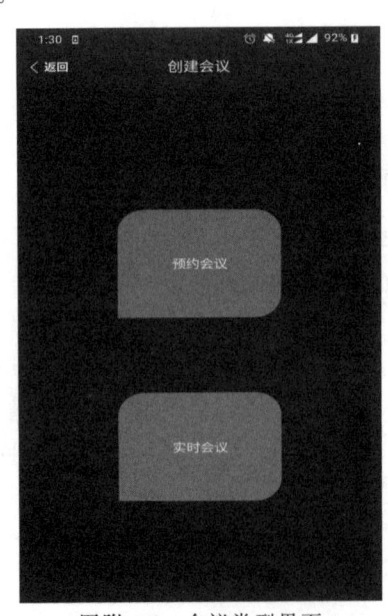

图附 3-2 会议类型界面   图附 3-3 预约会议界面

参会人信息可以按照部门进行筛选,已勾选的参会人员也可以删除,系统会自动统计勾选的参会人数,如图附 3-4 所示。填写完之后的界面如图附 3-5 所示。

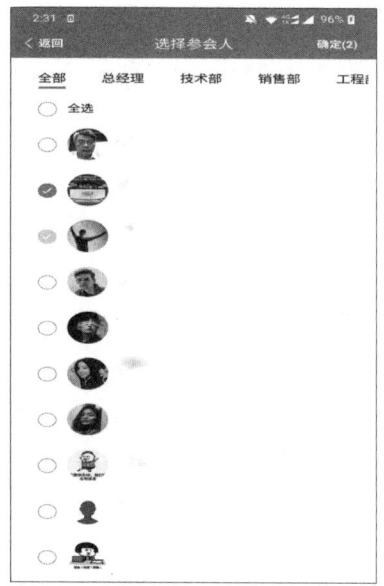

图附 3-4　人员列表信息　　　　图附 3-5　填写信息完成界面

单击图附 3-1 中"会议记录"栏中的"更多",会显示如图附 3-6 所示的会议列表,会议记录可以按全部、预约中、进行中、已结束进行筛选查看。如果会议未开始,单击"进入"按钮可以进入会议详情,如图附 3-7 所示,单击"进入会议"按钮,显示如图附 3-8 的界面,再单击"单击开始会议",即可进行开会,进入如图附 3-10 所示的界面。如果会议已结束,则只可以查看会议的记录信息,如图附 3-9 所示。

图附 3-6　会议记录界面　　　　图附 3-7　会议详情界面

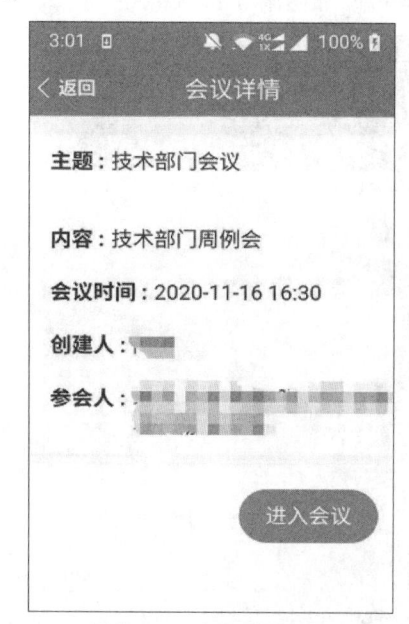

责任信息学

图附 3-8　进入会议界面　　　　图附 3-9　会议为状态为结束时进入的详情界面

会议记录、分配任务、审核任务，如图附 3-10 如示。主持人可以发言，如想要其他参会人员发言，可以单击相应的发言人，此时发言人的发言内容会通过后台自动识别为文字，显示在界面的对应框中。当前发言人的月度目标的进度也会显示。如果想给参会人员分配任务，则选择责任人，然后单击"分配任务"按钮，填写弹窗信息，单击"确定"按钮，任务即可分配，如图附 3-11 所示。

图附 3-10　会议语音转文字记录　　　　图附 3-11　分配任务界面

单击"审核任务"按钮，进入评审阶段，可以查看当前责任人的任务列表，如图附 3-12

所示,可以逐步点入,如图附 3-13 所示可以查看该项任务履行所上传的附件(包含图片、音频、视频或文档等),评审这些附件后,可以对其进行评分,单击"评分"按钮,弹出选择操作框,如图附 3-14 所示,如果同意原有的评分,单击"同意评分"按钮后,在弹出同意框内填写同意的附加理由即可,如图附 3-15 所示;如果不同意,单击"修改评分"按钮后,在弹出框填写评审后分数和相关理由,然后进行提交即可,如图附 3-16 所示。

图附 3-12　评审任务任务列表界面

图附 3-13　评审任务小项

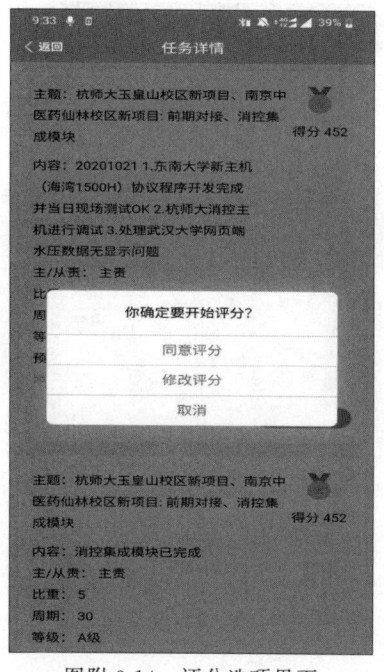

图附 3-14　评分选项界面

图附 3-15　同意界面

图附 3-16　不同意界面

关联任务项,会议任务分配之后,要把分配的任务与责联网的清单项关联起来,单击"我的任务"按钮,进入我的任务界面,如图附 3-17 所示。如果当前会议中,有被分配的任务,且当前任务未关联任何清单,则单击"关联清单"按钮,进入关联项界面,在这个界面中,可以直接选择要关联的任务项,自己新增要关联的任务项,如图附 3-18 所示。

图附 3-17　会议记录列表界面　　　　图附 3-18　关联项界面

任务提交,如图附 3-19 所示,单击首页的"任务提交"按钮进入任务列表界面,任务列表界面包括当前责任人的任务以及对应的分值。单击"去提交"按钮进入任务的提交界面,提交界面包括了任务的详细内容,以及提交任务的参数,如图附 3-20 所示。根据提示信息,填写相应的内容,然后单击"提交"按钮进行提交。

图附 3-19　任务列表界面 　　　　　图附 3-20　任务提交界面

任务提交之后,可以在记录中去查看提交的任务记录,如图附 3-21 所示。单击对应的任务"详情"按钮进入记录详情界面。详情界面包括任务的参数信息提交的内容以及附件,如图附 3-22 所示。

图附 3-21　任务提交记录界面 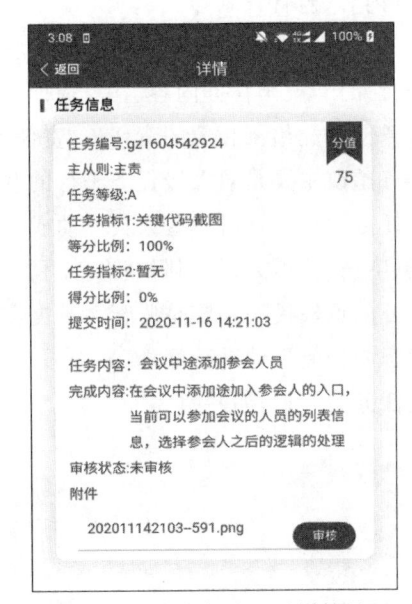　　　　图附 3-22　任务提交记录详情界面

履责汇报,主要的功能是实现下级人员向上级人员汇报内容。对于下级人员发现的问题或者对当前项目有好的建议,都可以向上级汇报。单击首页的"履责汇报"进入履责登记界面。填写对应的信息。选择要审阅的人员,如图附 3-23 所示。

汇报的数据内容可以到汇报记录中去查看,包含汇报的内容和所传的附件内容,如图附 3-24 所示。

图附 3-23　履责汇报界面　　　　图附 3-24　履责汇报记录界面

监管模块主要是监管人(上级)对下级人员的监督功能,任务下发、任务整改、沈河任务、监管内容、监管计划等。

任务下发模块主要针对上级有一个临时任务需要给到某位下级去完成,就可以在此模块进行操作,说出任务内容、任务周期、任务比重、任务等级、请选择责任人等之后,此项临时任务便分配给了相应的责任人,责任人就能收到此临时任务,如图附 3-25 所示。

任务整改主要是对下级任务进行的调整、修改。对于一些暂且搁置的任务,监管人可以对该任务中止。针对一些人员变动或则某一人员任务过多的情况,监管人可以对分配(或同意申请)到他人,如图附 3-26 所示。

任务的审核模块主要是监管人对提交上来的任务进行审核。监管人可以按照人员、任务状态和任务事件进行筛选,并查看审核,如图附 3-27 所示。单击"详情"按钮可以查看提交任务的详情,如图附 3-28 所示。

图附 3-25　任务下发界面　　　　　　　图附 3-26　任务整改界面

图附 3-27　审核任务记录界面　　　　　图附 3-28　审核任务详情界面

  我的模块主要是个人的一些功能，包括个人信息的查看、个人接收到上级分配的任务、个人的任务计划、账户管理、意见反馈和 App 的设置，如图附 3-29 所示。

图附 3-29　我的界面

附录 4　尽责宝软件介绍

责任人完成相应的工作之后直接打开手机就能进行任务的提交工作，下面对尽责宝 App 主要功能模块做一个讲解。

如图附 4-1 所示，尽责宝首页显示了五大模块分别为"我的清单"、"履责记录"、"履责提交"、"履责统计"和"更多"，因为是和责联网相关联的，所以责联网中上级发布的公告，部门岗位责任清单等内容在尽责宝中也都能体现出来。首页有两个提示：今日任务和本周任务，提醒责任人每天有哪些工作需要去完成，每条任务后都有"＞＞＞"的按钮，如果哪一项已经完成的直接单击此按钮进入此条任务提交的界面进行工作提交，方便操作，就不用去履责提交界面中去查找了。

我的清单，此界面显示的内容为登录人的清单大项，单击"详情"按钮进入任务细项界面，查看本条任务大项中所包含的任务小项都有哪些，如图附 4-2 所示。

履责记录中记载着每天所提交的任务项都有哪些、每项工作的提交所获得的分数是多少以及每天系统扣除分的记录，如图附 4-3、附图 4-4 所示。

图附 4-1　尽责宝首页

图附 4-2　我的清单

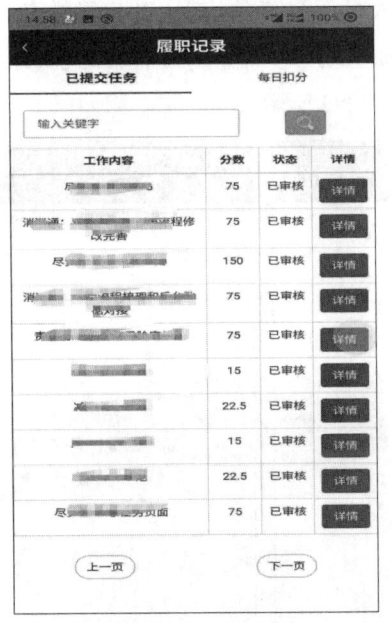

图附 4-3　履职记录

图附 4-4　履职记录详情

履职提交模块记录责任人每月的责任项,每次工作提交除了首界面的提醒中能看到,也可以在此模块中操作,在任务列表中找到已完成的工作项单击"提交"按钮,填写工作的完成情况与依据进行提交便能获得相应的分值,如图附 4-5 所示。

图附 4-5　履职工作提交

履责统计模块所展示的是每个单位的责任人尽职尽责的情况,以公司排名、部门排名、责任人所在部门排名的情况的界面展示,履责扣分少、加分多排名就靠前,还会按照"以责定利"的边界满足后得到相应的奖励,如图附 4-6 所示

图附 4-6　履职统计

更多功能模块如图附 4-7 所示，此模块包含了八个小模块分别是"临时任务"、"责任问责"、"我的监管"、"专项工作"、"安全隐患"、"交流沟通""打卡签到"和"消控预警"等。

临时任务模块主要对上级部门下发给该责任人的一些清单内容之外的、一些突然的任务的记录提醒，在此模块能查找到所被分配的任务有哪些的记录。

责任问责模块对近期或者今天要完成的任务的提醒操作。

我的监管模块是上级领导对下级人员一些工作的监管的情况显示，安全隐患模块是对发现隐患、排查隐患、解决隐患的一整个流程，也能在 App 中解决。

打卡签到模块是为了上级领导对下级人员的一个出勤情况做一个了解，也方便领导对人员的一个管理。

消控预警模块是能够让巡查人员实时收到一个火警或水压的一个情况，以便及时处理。

消防巡检（消巡通模块）如图附 4-8 所示，此模块包含了四个小模块分别是"扫码巡查"、"区域巡查"、"历史记录"和"隐患处理"。

扫码巡查模块主要用于巡检人员对于小范围的区域的消防设备进行一个扫码检查，对于发现设备的一个隐患进行上报。

区域巡查模块主要用于巡检人员对于区域内的消防设备通过筛选进行检查，对于发现设备的一个隐患进行上报。

历史记录模块是巡检人员完成的任务的记录，方便上级人员用于检查工作。

隐患处理模块用于处理巡检过程中巡检人员所发现上报的一个隐患，然后分配给专业人员去处理，处理完成后会有检察人员做一个复查，如此成为一个上报、处理、复查的闭环过程。

图附 4-7　更多功能　　　　图附 4-8　消防巡检（消巡通模块）